Liewe Anél —

Dis maart weer uit pure
verlang dat ek hierdie boek
stuur. Geniet al die lekker
boeredisse daar in jou liewe
Engeland.

Gelukkig wees.
Baie liefde
Dirkie.   Augustus 2006

Top 500
Wenresepte

SAAMGESTEL DEUR **CARMEN NIEHAUS**

Human & Rousseau
Kaapstad • Pretoria

Eerste uitgawe in 2006 deur Human & Rousseau
Druknaam van NB-Uitgewers
Heerengracht 40, Kaapstad 8000

Uitgewer   Tania de Kock
Redakteur   Dalene Muller
Ontwerp   Flame Design
Fotografie   David Briers
Stilering   Daleen van der Merwe en Bernice van der Merwe

Reproduksie deur Unifoto
Gedruk en gebind deur Tien Wah (Pte) Ltd, Singapoer

ISBN-10   0 7981 4623 0
ISBN-13   978-0-7981-4623-4

Rekwisiete met vriendelike vergunning van *The Yellow Door, Alison's for Flowers & Antiques,
The Plush Bazaar* en *Loft Living*.

Inhoud

Dankbetuiging

'n Resepteboek word nooit manalleen aanmekaar gesit nie. Daar is soveel mense wat daarby betrokke is en sonder wie se hulp hierdie boek nooit die lig sou sien nie.

Die mense hier in Huisgenoot *se toetskombuis het sommer goed hand bygesit, van Edwina Fielies wat nie net al die resepte uit die oorspronklike gefotostateer het nie, maar ook saam met Magda Herbst van* Human & Rousseau *gesorg het dat al die honderde oorspronklike resepte ingetik kom voordat ek dit verwerk het. Op Daleen en Bernice van der Merwe se nommer kan ek maar enige tyd druk. Hulle twee was verantwoordelik vir 'n iedere en elk van die pragtige foto's in die boek – al 85 van hulle. Dit het lang dae van kook, bak en mooi maak geverg, van rekwisiete en agtergronde soek en die varsste bestanddele soek sodat alles net nog lekkerder kan lyk. Sonder Pricilla Petersen se hulp kon hulle ook nie, sy het gesorg dat die bakke en borde en die kombuis skoon bly… en dat daar gereeld koffie en suurlemoenwater vir die swoegendes is. Natuurlik sal ek nie van David Briers vergeet nie, hy moes immers die kameraknoppie druk, raad gee en moed inpraat, want hierdie was 'n groot produksie. Tania de Kock van* Human & Rousseau, *wat moes sorg dat ons op skedule bly en dat alles netjies en sonder foute inpas waar dit moet. Dankie Tania vir al jou geduld.*

Voorwoord

Daar kan nie 'n beter manier wees om *Huisgenoot* se neëntigste verjaarsdag te vier as met 'n kookboek nie, want soos C. Louis Leipoldt gesê het, deur by 'n land se mense aan huis te gaan eet, leer jy die land se kultuur ken. En dis presies wat ons hier by *Huisgenoot* doen, ons boer in die kombuise van ons lesers en mede-landsburgers. Die wenresep van *Huisgenoot* se *Wenresepte* was juis hierdie kameradie van kombuisgenote wat nie omgegee het om hul gunstelingresepte met ander te deel nie, Van nommer een tot sewe en al die ander variante wat tussen-in kleur gegee het, is dit beproefde resepte, baie keer van geslag tot geslag oorgedra of kunstig aangepas om aan te pas by vandag se moderne lewe. Baie van hulle het ons oor die pos ontvang, vir vele ander het ek self persoonlik gaan besoek aflê en so die resep afgerokkel en heimlik gewens dat ek maar daar kon gebly het. Later van tyd het ons eie interpretasies hier vanuit die toetskombuis bygekom, want aan inspirasie tussen die mense wat hier in *Huisgenoot* se toetskombuis doenig is ontbreek dit nooit.

Maar *Wenresepte* sou nooit *Wenresepte* wees sonder die toedoen van Annette Human, my voorganger nie. Dis sy wat met die wen-gedagte vorendag gekom het en later van tyd die volk uit haar hand laat eet het. Niemand het die sukses van hierdie trefferboeke ooit kon dink.

Daarom is dit so gepas dat hierdie boek 'n goeie keur uit haar eerste drie *Wenresepte* boeke ook insluit, want daarsonder sou ons kookkuns soveel armer gewees het. As julle deurblaai, sal julle sien dat die boek hier na die einde se kant toe ietwat lywiger raak – met rede – want soos Annette altyd gesê het, ons mense het 'n lekker soettand. Tog dink ek, dat ons met die jare daarin geslaag het om by te bly by al die nuwerwetse kookneigings en gesonder eet, dat ons ook hier weet hoe om al die lekker nuwe geure in ons kookkuns in te span al het ons dit so hier en daar aangepas om dit makliker en eenvoudiger te maak.

Ek skroom nie om te sê dat die boek ook 'n spesiale staanplek in my kombuis gaan kry nie, want hier kan jy alles kry, van daardie ou beproefde staatmakers tot nuwerwetse idees vir vandag se kos.

Lekker kook en geniet
Tot volgende keer

Carmen Niehaus
November 2005

Sop

Sop soos uit ouma se kombuis, kitssop met blikkieskos gemaak en ook byderwetse groenteroomsop wat van klapper- of karringmelk berei word.

Outydse bonesop met broodkluitjies

Sop:
100 g spekvleis, in kleiner stukke gesny
1 pak (500 g) droëbone, geweek
3 L (12 k) koue water
500 g beesskenkelvleis, in stukke gesaag
1 ui, grofgekap
1 beesvleisaftrekselblokkie
2 ml (¹/₂ t) neutmuskaat
125 ml (¹/₂ k) fyngekapte vars pietersielie
sout en varsgemaalde swartpeper na smaak

Kluitjies:
8 snye witbrood, korsies verwyder
25 ml (5 t) botter
15 ml (1 e) fyngekapte vars pietersielie
2 eiers, geklits
sout en varsgemaalde swartpeper na smaak
koekmeelblom

Sop:
Braai die spekvleis in 'n groot kastrol tot gaar. Dreineer die bone en voeg saam met die koue water en die skenkelvleis by die spek. Bedek en laat prut tot die bone sag is. Voeg dan die ui, aftrekselblokkie, neutmuskaat en pietersielie by en laat nog ongeveer 'n uur prut. Geur met sout en peper.

Kluitjies:
Week die brood in 'n bietjie sop en druk fyn. Giet die oorblywende sop terug in die kastrol. Voeg die botter by die brood en meng goed. Voeg ook die pietersielie en eiers by en geur met sout en peper. Skep lepels vol van die broodmengsel in 'n bietjie koekmeelblom en bedek dit heeltemal daarmee. Laat ongeveer 10 minute staan.

Druk die bone in die sop fyner met 'n aartappeldrukker en skep die kluitjies bo-op. Laat 12-15 minute lank prut en roer af en toe. Skep die kluitjies uit en giet die sop in 'n sopkom. Skep die kluitjies weer bo-op.

Lewer ± 2 L (8 k) sop.

Worsie-en-boontjie-sop

3 groot uie, grofgekap
2 knoffelhuisies, fyngedruk
1-2 groen soetrissies, ontpit en in blokkies gesny
1 pak (250 g) spekvleis, in kleiner stukke gesny
1 pak (250 g) Russiese worsies, in skywe gesny (opsioneel)
3 aartappels, geskil en in blokkies gesny
3 geelwortels, geskil en in ringe gesny
± 2 L (8 k) kookwater of hoendervleisaftreksel
2-3 lourierblare
1-2 blikke (410 g elk) botterbone
1-2 blikke (410 g elk) bone in tamatiesous
1 blik (400 g) gekapte tamaties
sout en varsgemaalde swartpeper na smaak
fyngekapte vars pietersielie vir garnering

Vir dié geurige sop span jy geblikte bone in.

Braai die uie, knoffel en soetrissie(s) saam met die spekvleis en worsies in 'n groot kastrol tot die uie sag en deurskynend en die spek en worsies gaar is. Voeg die groente by, asook die kookwater. Voeg die lourierblare en 1 blik bone saam met die vloeistof by. Laat prut tot die groente sag en gaar is. Voeg die res van die bone saam met die vloeistof en ook die tamaties by. Geur met sout en peper en laat goed kook.

Sprinkel net voor opdiening die pietersielie oor die sop. Sit voor saam met vars brood.

Lewer 8-10 porsies.

Outydse bonesop met broodkluitjies

Ertjiesop

1 pak (250 g) spekvleis, in kleiner stukke
   gesny
1 ui, in ringe gesny
4 selderystingels, fyngekap
1 aartappel, geskil en in blokkies gesny
2 L (8 k) kookwater
1 pak (500 g) droë-ertjies, geweek
15 ml (1 e) witsuiker
15 ml (1 e) bruin asyn
15 ml (1 e) Engelse mosterd
1-2 lourierblare
knippie tiemie of roosmaryn (opsioneel)
3 hoendervleisaftrekselblokkies
varsgemaalde swartpeper na smaak
30-50 ml (2 e) room (opsioneel)
50 ml fyngekapte vars pietersielie

'n Vullende, voedsame sop wat nie veel kos nie, en jare al 'n staatmaker is.

Braai die spekvleis in 'n groot kastrol tot gaar. Voeg die ui en seldery by en soteer tot die groente sag en deurskynend is. Voeg die aartappel en kookwater by. Dreineer die geweekte ertjies en voeg ook by. Laat oor lae hitte prut tot die ertjies sag en die sop lekker dik is. Druk die groente met 'n aartappeldrukker fyner en geur met suiker, asyn, mosterd en kruie. Voeg die aftrekselblokkies by en geur met peper.
   Roer net voor opdiening die room by die sop in en sprinkel die pietersielie oor. Sit voor saam met volkoring- of tuisgebakte brood.

Lewer 8 porsies.

Variasie: Tradisionele Hollandse ertjiesop word van 'n varkskenkel en -pootjie berei. Gebruik ongeveer 1 kg en kook alles saam in 'n groot kastrol. Haal die sopbene uit wanneer die vleis sag is, sny die vleis van die bene af en voeg dit weer by die sop.

Lekkerbek-lensiesop

1 pak (500 g) bruinlensies, uitgesoek
   en gewas
2 uie, fyngekap
15 ml (1 e) kookolie
1 kg beesskenkelvleis, in stukke gesaag
3 stukke vars gemmerwortel
2 knoffelhuisies
30 ml (2 e) bruin asyn
2 L kookwater
sout na smaak
knippie fyn neutmuskaat
2 rooi brandrissies, fyngekap (opsioneel)
knippie kerriepoeier
30 ml (2 e) suurlemoensap

Dié resep was oorspronklik 'n Maleier-lensiegereg, skryf Annette Human in Wenresepte 1. *Moenie die vars gemmerwortel deur gemaalde gemmer vervang nie.*

Kook die lensies tot sag. Dreineer. Smoor uie in die olie, voeg die skenkelvleis by en braai liggies. Stamp die gemmer en knoffel saam fyn en voeg saam met die asyn en kookwater by die vleis. Laat prut tot die vleis sag is. Voeg die lensies by en geur met sout, neutmuskaat, rissies, kerriepoeier en suurlemoensap. Verdun met kookwater tot die verlangde dikte, laat 10 minute lank kook en roer gereeld.
   Dien die sop warm op.

Lewer 6-8 porsies.

Esau-sop

30 ml (2 e) kookolie
½ pak (125 g) streepspekvleis, in kleiner
   stukke gesny
3 geelwortels, geskil en gerasper
3 selderystingels, fyngekap
3 rape, geskil en gerasper
6 preie, gewas en fyngekap
2 L (8 k) groenteaftreksel (3 blokkies in
   kookwater opgelos)

Maak 'n mens lensiesop soos C. Louis Leipoldt dit gedoen het, word dit Esau-sop, genoem na Esau, wat sy eers-geboortereg verruil het vir 'n pot lensiesop. Hierdie sop is baie vullend en saam met 'n sny rogbrood is dit 'n maaltyd op sigself. Renate Coetzee, kenner van voeding en kos-geskiedenis, het hierdie sop spesiaal vir die Leipoldt-fees, wat jaarliks op Clanwilliam gehou is, ontwikkel uit resepte wat sy uit Leipoldt se boeke opgediep het.

½ pak (250 g) bruinlensies, uitgesoek
  en gewas
30 ml (2 e) tamatiepuree
1 lemoen se sap
1 ml (¼ t) fyn naeltjies
3 ml (ruim ½ t) fyn gemmer
sout en varsgemaalde swartpeper
  na smaak

Verhit die olie in 'n groot kastrol en braai die spek daarin tot gaar. Voeg al die groente by en roerbraai tot sag en deurskynend. Voeg die aftreksel, lensies en tamatiepuree by, verhit tot kookpunt en laat ongeveer 35 minute lank prut tot die lensies sag is. Voeg die lemoensap by, geur met naeltjies, gemmer, sout en peper en verhit tot geurig.
  Sit die sop voor saam met rogbrood.

Lewer 6-8 porsies.

Mosselsop

500 g bevrore mossels, ontskulp
500 ml (2 k) water
60-100 ml botter
1 groot ui, gekap
4 knoffelhuisies, fyngedruk (opsioneel)
2 L (8 k) langlewemelk
2 hoendervleisaftrekselblokkies
250 ml (1 k) koekmeelblom
3 lourierblare
knippie droë orego
25 ml (5 t) gekapte vars pietersielie
250 ml (1 k) droë witwyn
sout en varsgemaalde swartpeper
  na smaak

By die Plaaskombuis *digby Lambertsbaai word hierdie lekker sop met vars gebakte brood voorgesit.*

Plaas die mossels in 'n mengbak en giet die water oor. Hou eenkant.
  Verhit die botter in 'n swaarboomkastrol en soteer die ui en knoffel daarin tot sag en deurskynend. Verhit die melk en voeg die aftrekselblokkies by. Sprinkel die meel oor die uie-en-bottermengsel, verwyder van die stoof en roer die melk geleidelik in. Roer tot glad en plaas terug op die stoof. Voeg die lourierblare, orego en pietersielie by, asook die mossels en water, roer tot dit kook en laat stadig prut tot geurig. Giet die witwyn by, laat nog 5 minute lank prut en geur.
  Sit die sop warm voor.

Lewer 10-12 porsies.

Variasie: Jy kan ook 250 g knopiesampioene in skyfies sny en saam met die ui soteer.

Seekossop

½ pak (125 g) spekvleis, gesnipper
2 mediumgroot uie, fyngekap
3 selderystingels, fyngekap
2 preie, in ringe gesny
2 knoffelhuisies, fyngedruk
3 mediumgroot aartappels, geskil en in
  blokkies gesny
500 ml (2 k) hoendervleisaftreksel
500 ml (2 k) water
1 blik (425 g) seekossop
500 ml (2 k) melk
500 g skelvisfilette, in blokkies gesny
10 ml (2 t) Worcestershiresous
sout en varsgemaalde swartpeper na smaak
fyngerasperde suurlemoenskil
45 ml (3 e) fyngekapte vars pietersielie
50 ml (⅕ k) room
vars dille of vinkel vir garnering

'n Vinnige seekossop wat sommer gedeeltelik uit 'n blik kom.

Braai die spekvleis in 'n groot swaarboomkastrol tot gaar. Voeg die uie, seldery, preie en knoffel by en roerbraai tot sag en deurskynend.
  Kook intussen die aartappels in die aftreksel en water tot net sag. Voeg die aartappels saam met die vloeistof by die groente en spek in die swaarboomkastrol. Giet die seekossop by. Voeg die melk en skelvis by. Verhit tot die mengsel kook en die vis maklik met 'n vurk gevlok word. Laat nog ongeveer 3 minute prut tot die sop effens dik is en gaar proe. Geur met Worcestershiresous, sout en peper, suurlemoenskil en gekapte pietersielie.
  Skep die sop in bakkies of bekers. Roer 5 ml (1 t) room by elkeen in. Garneer met vars dille. Sit voor saam met geroosterde Franse brood.

Lewer 6 porsies.

Biltongsop

125 ml (½ k) botter
2 beesvleisaftrekselblokkies
10 ml (2 t) grofgemaalde swartpeper
2 ml (½ t) varsgemaalde neutmuskaat
2 ml (½ t) varsgemaalde koljander
250 ml (1 k) koekmeelblom
500 ml (2 k) melk
1,5 L (6 k) kookwater
250 ml (1 k) grofgerasperde cheddarkaas
200 g fyngekerfde klam biltong
room en port (opsioneel)
100 g bloukaas, gerasper
broodstokkies vir opdiening

Jare gelede het Niel Stemmet van Le Must *op Upington hierdie sop in sy restaurant begin voorsit. Sedertdien het daar vele improvisasies gevolg.*

Smelt die botter in 'n groot swaarboomkastrol. Krummel die aftrekselblokkies oor en voeg die speserye by. Roer die meel in en verhit, terwyl aanhoudend geroer word, tot die mengsel begin prut. Meng die melk en kookwater en roer stadig by die meelmengsel in. Verhit oor matige hitte tot die sop begin prut en verdik – roer aanhoudend.

Verwyder die sop van die stoof en roer die cheddarkaas en die helfte van die biltong in. Moenie die mengsel weer laat kook nie; hou dit net warm. Roer 'n bietjie room en port net voor opdiening in.

Skep die sop in diep sopborde, sprinkel die orige biltong oor en krummel die bloukaas oor. Sit saam met die broodstokkies voor.

Lewer 8-10 porsies.

Groentesop

6 mediumgroot geelwortels, geskil en in blokkies gesny
1 mediumgroot ui, fyngekap
1 klein blomkool, in klein blommetjies gebreek
4 selderystingels, fyngekap
4 mediumgroot aartappels, geskil en gerasper
500 ml droë-ertjies, 30 minute lank in water geweek
2 blokkies tamatiepasta
1 mediumgroot botterskorsie, geskil en in blokkies gesny
45 ml (3 e) groenteaftrekselpoeier
250 ml (1 k) klein pastavormpies (opsioneel)
2 hande vol fyngekapte vars pietersielie
1 suurlemoen se gerasperde skil
sout en varsgemaalde swartpeper na smaak

'n Heerlike dik, voedsame groentesop wat jy na smaak met water kan verdun. Ek het hierdie heerlike sop by die Horse & Mill Pub *op Colesberg geniet saam met die allerlekkerste tuisgebakte bruinbrood.*

Plaas al die bestanddele behalwe die pietersielie en geurmiddels in 'n groot kastrol. Giet ongeveer 7 x 250 ml (7 k) water by, of genoeg om die groente te bedek, en bring tot kookpunt. Verlaag die temperatuur en laat stadig prut tot die ertjies sag en gaar is. Voeg nog water by soos verkies.

Voeg die pietersielie en suurlemoenskil by die sop, geur met sout en swartpeper en sit warm voor.

Lewer 16 porsies.

Groentesop

Ma Martie se groentesop

1 kg beesskenkelvleis en sopbene
   (of soveel as wat jy wil gebruik)
250 g sopmengsel (lensies, hawer,
   ertjies en gort)
6 L (24 k) water
3 groot geelwortels, geskil en gerasper
1 groot ui, fyngekap
3 groot aartappels, geskil
500 ml (2 k) macaroni
sout en varsgemaalde swartpeper na smaak
knippie kerriepoeier
1 blik (410 g) tamatiepuree
25 ml (5 t) Worcestershiresous
50 ml fyngekapte vars pietersielie
   (opsioneel)

Haar ma, Martie, het hul kinders met hierdie sop groot-gemaak, vertel Annette Human in Wenresepte 1.

Kook die vleis en sopmengsel in die water tot baie sag. Voeg die wortels, ui en aartappels by en kook tot die aartappels sag is. Skep die aartappels met 'n dreineerspaan uit en druk fyn. Skep die vet op die sop af. Roer die fyn aartappels terug by die sop in. Voeg die macaroni by, verhit tot kookpunt en kook 25 minute. Geur met sout, peper en kerriepoeier. Voeg die tamatiepuree en Worcestershiresous by en kook nog 10 minute. Voeg die pietersielie net voor opdiening by.

Lewer 10-12 porsies.

Kaasgroente-roomsop

2 uie, fyngekap
350 g geelwortels, geskil en gerasper
350 g patats, geskil en fyngerasper
2 selderystingels, fyngekap
350 g aartappels, geskil en fyngerasper
1 L (4 k) hoendervleisaftreksel
   (2 blokkies in kookwater opgelos)
½ pak (125 g) spekvleis, in kleiner
   stukke gesny
sout en varsgemaalde swartpeper na smaak
600 ml melk
125 ml (½ k) room
250-500 ml (1-2 k) gerasperde cheddarkaas
knoffelbroodblokkies vir opdiening

Van alle soorte groentesop bly hierdie een my gunsteling. Gemaak van bekende groente, maar vullend en baie geurig oor die kaas en spekvleis wat bygevoeg word.

Plaas al die groente saam met die aftreksel en spekvleis in 'n groot kastrol en laat prut tot die groente sag en die spekvleis gaar is. Geur met sout en peper.
   Verpulp twee derdes van die mengsel in 'n voedsel-verwerker en giet terug by die orige sop in die kastrol. Voeg die melk en room by en verhit net weer tot kookpunt. Roer af en toe. Roer die kaas stadig in sodat dit kan smelt.
   Giet die sop in 'n sopkom en garneer met knoffelbrood-blokkies.

Lewer 6 porsies.

Knoffelbroodblokkies
Kneus 2 knoffelhuisies en kap 'n takkie pietersielie fyn. Soteer die knoffel en pietersielie in 30 ml (2 e) olyfolie tot sag. Sny 2-3 snye witbrood in klein blokkies en voeg by die knoffelmengsel. Braai tot goudbruin, dreineer op kombuis-papier en gebruik vir garnering.

Romerige tamatiesop

2 groot uie, fyngekap
2 groot aartappels, geskil en in stukke
   gesny
kookolie
6-8 groot, ryp tamaties, ontvel en gekap

Net 'n halfuur. Dis al wat nodig is om kos op die tafel vir vriende te kry, verseker Marietjie Koekemoer jou. In hul gesellige kuierhuis in Proteavallei naby Kaapstad is 'n verskeidenheid tafels waarom jy lekker kan kuier en heerlik kan eet. Die kos is natuurlik en eenvoudig, sonder fieterjasies, voedsaam en gesond – nuwerwetse boerekos

375 ml (1¹/₂ k) groenteaftreksel (10 ml /
  2 t) groenteaftrekselpoeier in kook-
  water opgelos)
vars basiliekruidblare

*wat hierdie eertydse Karoomeisie met flair in die stad voor-
sit. Al is die sop lekker romerig, kry dit nie room in nie.*

Braai die uie en aartappels ongeveer 5 minute lank in 'n
baie klein bietjie olie in 'n kastrol tot bruin. Voeg die
tamaties by en verlaag die temperatuur. Giet die groente-
aftreksel by. Bedek en laat prut tot baie sag. Giet die sop
deur 'n vergiettes, maar behou die vloeistof. Verpulp die
groente en voeg basiliekruid by. Plaas die pulp en vloeistof
terug in die kastrol en laat prut tot warm.
    Garneer die sop met vars basiliekruid en sit warm of
koud voor.

Lewer 4 porsies.

Spinasieroomsop

25 ml (5 t) botter
1 ui, fyngekap
40 ml koekmeelblom
500 ml (2 k) hoenderaftreksel
2 pakke (300 g elk) vars spinasie,
  deeglik gewas en ontstingel
350 ml melk
80 ml (¹/₃ k) room
2 ml (¹/₂ t) gemaalde neutmuskaat
sout en varsgemaalde swartpeper
  na smaak
¹/₂ suurlemoen se gerasperde skil en sap
kaasroosterbrood vir opdiening
  (sien onder)

*Van al die spinasiesop-resepte wat ons deur die jare heen
ontvang het, bly dié een vir my die lekkerste. Dit het 'n
witsousbasis en kry net 'n bietjie room. Nogtans is dit
lekker romerig en geurig.*

Smelt die botter in 'n kastrol en soteer die ui daarin tot sag.
Voeg die meel by en meng tot 'n gladde pasta. Verwyder
van die hitte en giet die aftreksel stadig by terwyl geroer
word. Plaas die sous terug op die stoof en verhit tot kook-
punt terwyl geroer word. Voeg die spinasie by en laat
20 minute lank prut. Verpulp in 'n voedselverwerker. Giet
die sop terug in die kastrol, plaas weer op die stoof en
voeg die res van die bestanddele behalwe die suurlemoen-
sap en -skil by. Verhit weer tot kookpunt.
    Voeg die sap en skil net voor opdiening by die sop.
Sit voor saam met kaasroosterbrood.

Lewer 4-6 porsies.

Kaasroosterbrood
Sny 2 of meer snye witbrood en druk sirkels met 'n koek-
afdrukker uit. Rooster die sirkels aan die een kant. Meng 'n
bietjie fyngerasperde cheddarkaas met botter en smeer oor
die ongeroosterde kant van die brood. Strooi paprika oor
en rooster tot die kaas net gesmelt is.

Botterskorsiesop

45 ml (3 e) botter
2 uie, fyngekap
500 ml (2 k) botterskorsieblokkies
1 groen tertappel, geskil en in blokkies
  gesny
45 ml (3 e) koekmeelblom
5-10 ml (1-2 t) kerriepoeier
knippie neutmuskaat of fyn komyn
750 ml (3 k) hoendervleisaftreksel
375 ml (1½ k) melk
1 lemoen se gerasperde skil en sap
sout, varsgemaalde swartpeper en
  knippie suiker
90 ml (6 e) room vir opdiening
fyngekapte vars pietersielie vir garnering

'n Mens onthou hierdie sop vir sy spesiale geur, mooi kleur en fluweelagtige tekstuur. 'n Resep wat deur die koskenner Ina Paarman ontwikkel is en na jare steeds 'n gunsteling is.

Verhit die botter in 'n kastrol en soteer die uie daarin tot sag en geurig. Voeg die botterskorsie en appel by en soteer 3 minute lank om die geure te laat ontwikkel. Roer die meel, kerriepoeier en neutmuskaat in en meng met die groente. Voeg die aftreksel, melk, lemoensap en -skil by die groente, verhit tot kookpunt en laat 15-20 minute lank stadig prut tot die groente sag is. Verpulp in 'n voedsel-verwerker of druk deur 'n fyn sif. Herverhit die sop in 'n skoon kastrol en geur met sout, peper en suiker.
  Sit die sop voor saam met 'n skeppie room en strooi pietersielie oor.

Lewer 6 porsies.

Nuwerwetse variasie: Voeg 250 ml karringmelk of 'n 400 g-blik klappermelk pleks van gewone melk by die sop en garneer met vars koljanderblare. Moenie die mengsel laat kook nadat dit bygevoeg is nie.

Geelwortel-en-lemoensop

25 ml (5 t) botter
400 g geelwortels, geskil en in blokkies
  gesny
1 groot ui, fyngekap
750 ml (3 k) hoendervleisaftreksel
350 ml lemoen- of mineola sap
suiker, sout en varsgemaalde swartpeper
  na smaak
125 ml (½ k) room (opsioneel)
skyfies lemoen en gekapte grasuie vir
  garnering

Die lemoen gee 'n heerlike smaak aan hierdie romerige geelwortelsop. Die sop is veral gewild in die Citrusdal-omgewing waar daar mos geen skaarste aan lemoene is nie.

Plaas die botter, geelwortels en ui in 'n kastrol en verhit oor lae hitte. Bedek met waspapier en laat 5 minute lank sweet. Verwyder die waspapier, voeg die aftreksel by en laat stadig prut tot die groente sag is. Verpulp in 'n voedsel-verwerker of druk deur 'n fyn sif. Herverhit in 'n skoon kastrol en voeg die lemoensap, suiker, sout en peper by.
  Roer die room net voor opdiening by die sop in en garneer met spatsels room, lemoen en grasuie. Dien warm of koud op.

Lewer 4 porsies.

Beetsop

1 kg gaar beet, geskil
250 ml (1 k) sterk hoendervleisaftreksel
250 ml karringmelk
sout en varsgemaalde swartpeper
  na smaak
suurroom of mascarponekaas vir
  afronding

'n Heerlike romerige sop, gemaak van karringmelk, wat ek by die eetwinkel Manna in die hartjie van Kaapstad geniet het.

Verpulp die beet in die aftreksel en karringmelk in 'n voedsel-verwerker. Geur goed met sout en peper. Verhit tot warm.
  Skep die sop in bakkies en rond af met 'n skeppie suurroom.

Lewer ± 1,5 L (6 k) sop.

Botterskorsiesop

Brood, beskuit en vinnige baksels

Vars gebakte brood bly koningskos – hier's plaasbrood, platbrode, roerbrode en vinnige bierbrode, en vir saam met koffie is daar van mosbolletjies en boerbeskuit tot die lekkerste semelbeskuite.

Plaasbrood

Basiese brooddeeg:
1 kg (1 pak) witbroodmeel of andersins
  ½ volkoring- of bruinbroodmeel
7 ml (1½ t) witsuiker
2 ml (½ t) sout
1 pakkie (10 g) kitsgis
500-600 ml (2-2½ k) louwarm water

Deur die jare heen het ons 'n swetterjoel broodresepte gepubliseer, van witbrood, volkoringbrood, potbrood en pizzapotbrood; roosterkoek en vetkoek, noem maar op. Met hierdie veeldoelige resep, waarvan ek die resep nog van Vanrhynsdorp se VLV-vroue gekry het, kan 'n mens brood, potbrood, roosterkoek, vetkoek en as jy lus is, selfs askoek bak.

Meng die droë bestanddele en voeg net genoeg louwarm water by om 'n hanteerbare deeg te vorm. Knie tot die deeg glad en elasties is en nie meer aan jou hande kleef nie. Bedek liggies met kleefplastiek en laat 15 minute lank rus op 'n warm plek of tot dubbel die volume gerys.
Gebruik vir enige van die onderstaande variasies.

Wit- of bruinbrood

1 x basiese brooddeeg

Berei die basiese brooddeeg. Smeer 2 mediumgroot brood-panne goed met botter of margarien of spuit met kleef-werende kossproei.
Knie die deeg af en verdeel gelykop tussen die panne, vorm in lang ovale en plaas in die panne. Bedek liggies en laat tot dubbel die volume rys.
Voorverhit die oond tot 190 °C en bak die brode 35-40 minute lank tot gaar of tot dit hol klink as liggies daarop geklop word. Keer die brode op 'n draadrak uit en smeer botter oor die bokors.
Sit voor saam met botter en konfyt of soos verkies.

Lewer 2 brode.

Plaasbrood

Potbrood

1 x basiese brooddeeg

Smeer 'n platboom-gietysterpot, 28 cm in deursnee en 10 cm diep, en ook die deksel goed met botter of margarien.

Berei die basiese brooddeeg, knie af nadat dit die eerste keer gerys het en vorm 'n ronde brood. Plaas in die voorbereide pot, sit die deksel op en laat weer rys tot die pot omtrent vol is.

Voorverhit die oond tot 190 °C en bak die brood 35-40 minute lank tot gaar of tot dit hol klink as liggies daarop geklop word.

Lewer 1 potbrood

Wenk: Grawe in die veld 'n gat in die grond en skep 'n paar kole onderin. Plaas die pot op klippe of stene, pak ook 'n paar kole op die deksel en bak 40-60 minute lank na gelang van hoe warm die "oond" is of tot die brood gaar is.

Pizzapotbrood

1 x basiese brooddeeg
45-60 ml (3-4 e) tamatiepuree of sondroëtamatie pesto

Bolaag:
5 ml (1 t) droë orego
sout en varsgemaalde swartpeper
  na smaak
250 g knopiesampioene, in kwarte gesny
1 rooi soetrissie, ontpit en in blokkies gesny
9 skywe salami, gehalveer en opgerol
8 swartolywe
500 ml (2 k) mozzarellakaas-blokkies

Berei die deeg soos vir die potbrood, maar smeer ook tamatiepuree oor die deeg. Pak die bestanddele vir die bolaag bo-op, sit die deksel op en laat tot dubbel die volume rys.

Voorverhit die oond tot 190 °C en bak die brood 35-40 minute lank tot gaar en 'n toetspen skoon uit die middel van die brood kom. Rooster onder 'n voorverhitte oondrooster indien verkies.

Lewer 1 potbrood.

Kruie-broodrol

1 x basiese brooddeeg

Vulsel:
125 ml (½ k) fyngekapte gemengde vars kruie (bv. pietersielie, salie en orego)
2 knoffelhuisies, fyngedruk
125 ml (½ k) gemaalde amandels
125 ml (½ k) parmesaankaas, gerasper
sout en varsgemaalde swartpeper
  na smaak
125 ml (½ k) olyfolie

Sit hierdie brood voor saam met pastageregte, braaivleis of selfs sop.

Voorverhit die oond tot 190 °C. Smeer 'n groot bakplaat goed met botter of margarien of spuit met kleefwerende kossproei.

Berei die basiese brooddeeg.

Vulsel:
Meng die vars kruie, knoffel, amandels en parmesaankaas in 'n voedselverwerker. Skakel die voedselverwerker aan en giet die olyfolie bietjie-vir-bietjie deur die tuit by tot goed gemeng. Geur met sout en peper. Verkoel tot benodig.

Knie die deeg af en rol uit tot ± 1 cm dik. Smeer die vulsel oor, maar los 'n rand van ± 5 cm reg rondom. Verf die rand met die geklitste eier en rol die deeg op. Druk die oop kante stewig vas en plaas op 'n bakplaat. Bedek en laat weer op 'n warm plek staan om te rys, 20-30 minute lank in die voorverhitte oond. Verf bo-op met geklitste eier en bak 20-30 minute lank of tot gaar.

Sny in skywe en sit warm voor saam met botter indien verkies. Skywe mozzarellakaas en tamatie, maaskaas met ham of salami en agurkies sal ook lekker smaak hierby.

Lewer 1 groot brood.

Roosterkoek

1 x basiese brooddeeg

Berei die basiese deeg en laat tot dubbel die volume rys. Knie af en rol in 12-15 balletjies, druk effens plat en strooi 'n klein bietjie meel oor elkeen.

Laat tot dubbel die volume rys en rooster oor stadige kole tot gaar. Geniet saam met konfyt en botter.

Lewer 15-20 roosterkoeke.

Vetkoek

1 x basiese brooddeeg
olie vir vlakvetbraai

In my ouerhuis word nou nog elke week brood gebak – met soetsuurdeeg. Van die oorskietdeeg is daar altyd vetkoek gebak en ek onthou hoe ons die oggend van broodbakdag "drommetjies", soos ons dit genoem het, vir ontbyt gekry het. Kerrievetkoek is altyd 'n wenner by enige samekoms, of dit nou 'n skolerugbywedstryd, kermis of basaar is.

Berei die basiese deeg en laat rys. Knie af, rol 2-3 cm dik op 'n meelbestrooide oppervlak uit en sny in groot vierkante. Braai in verhitte olie tot uitgepof, goudbruin van buite en gaar binne.

Geniet saam met botter, konfyt of gouestroop en gerasperde kaas of andersins 'n skep kerriemaalvleis (bl. 124).

Lewer 15-20 vetkoeke.

Knoffelring

Basiese knoffelbrooddeeg:
2 ekstragroot eiers
25 ml (5 t) kookolie
500 ml (2 k) louwarm water
30 ml (2 e) witsuiker
1 pakkie (10 g) kitsgis
1 knoffelhuisie, fyngedruk
5 x 250 ml (5 k) koekmeelblom

Knoffelsous:
180 ml ($^3/_4$ k) botter, gesmelt
3 knoffelhuisies, fyngedruk
25 ml (5 t) fyngekapte vars pietersielie
15 ml (1 e) vars of 10 ml (2 t) droë
   gemengde kruie

Balletjies brooddeeg word in knoffelsous gedoop voor dit in die pan gepak word. 'n Heerlike brood wat 'n treffer is saam met braaivleis.

Smeer 2 losboomkoekpanne van 20 cm met botter of margarien of spuit met kleefwerende kossproei.

Deeg:
Klits die eiers, olie, louwarm water en witsuiker saam. Meng die res van die broodbestanddele in 'n groot mengbak. Voeg die eiermengsel by en meng deur om 'n sagte deeg te vorm. Knie 10 minute lank tot die deeg glad en elasties is en nie meer aan jou hande kleef nie. Bedek met gesmeerde kleefplastiek en laat ongeveer 20 minute lank op 'n warm plek rys tot dubbel in volume.

Knoffelsous:
Meng al die bestanddele vir die sous in 'n kastrol en verhit tot die botter gesmelt is. Laat effens afkoel.
   Voorverhit die oond tot 190 °C.
   Verdeel die deeg in 2 dele en rol 12 ewe groot balletjies van elke deel. Rol elke balletjie in die knoffelsous en pak in die voorbereide panne. Giet enige orige sous oor. Bedek met gesmeerde kleefplastiek en laat weer tot dubbel die volume rys. Bak 35-40 minute lank in die voorverhitte oond of tot gaar en bruin bo-op.
   Dien louwarm op saam met braaivleis of sop.

Lewer 2 brode.

Uie-kaasbrood

1 x basiese knoffelbrooddeeg (hierbo)

Bolaag:
45 ml (3 e) botter
2-3 rooiuie, in ringe gesny
200 g Tusser's-kaas, gerasper

Pleks van die knoffelring kan jy 'n heerlike brood bak wat met uie en kaas besprinkel is. Rooiuie laat die brood sommer baie spoggerig lyk. Eet die brood louwarm.

Voorverhit die oond tot 190 °C. Smeer 2 losboomkoekpanne van 20 cm met botter of margarien of spuit met kleefwerende kossproei.
   Berei die basiese brooddeeg tot waar dit die eerste maal moet rys. Knie die gerysde deeg af, verdeel in 2 en vorm in 2 balle. Plaas in die voorbereide panne en laat weer rys tot dubbel die volume.

Bolaag:
Verhit die botter in 'n pan en soteer die uie daarin tot sag en deurskynend. Skep uit en hou eenkant om af te koel. Meng die kaas en afgekoelde uie en skep oor elke deel deeg.

Bak 30-35 minute lank in die voorverhitte oond of tot die brode gaar is en hol klink as daarop geklop word. Laat die brode effens afkoel en verwyder uit die panne. Sit voor saam met botter en ekstra kaas.

Lewer 2 ronde brode.

Rogbrood

4 x 250 ml (4 k) rogmeel
2 x 250 ml (2 k) volkoringmeel
10 ml (2 t) sout
15 g (1½ pakkie) kitsgis
30 ml (2 e) kookolie
5 ml (1 t) heuning
500 ml (2 k) louwarm water
rogmeel vir bo-oor strooi

Rogbrood is deesdae baie gewild, en by deli's en eetwinkels is dit 'n topverkoper. Hierdie een kry ook bietjie volkoringmeel by en maak twee ovaalvormige brode. Dié resep is 'n staatmaker wat ek uit die boek Whole energy, Wholesome healthy cooking *van Caryl Vaughan-Scott gekry het.*

Smeer 2 bakplate met botter of margarien of spuit met kleefwerende kossproei.
　　Meng die rogmeel, volkoringmeel en sout saam in 'n groot mengbak. Voeg die kitsgis by en meng deur met jou hand. Meng die olie, heuning en louwarm water en voeg by. Meng met jou hand deur tot 'n deeg gevorm is. Knie goed tot die deeg elasties begin word en van die kante van die bak wegtrek. Voeg nog 'n bietjie louwarm water of meel by soos nodig. Bedek die bak met 'n vel kleefplastiek en laat op 'n warm plek rys tot dubbel die volume.
　　Verwyder die deeg uit die bak en knie af op 'n meel-bestrooide oppervlak. (Indien te klewerig, besprinkel met 'n bietjie rogmeel.) Verdeel die deeg in 2 en vorm 2 ovale, besprinkel goed met rogmeel, maak 'n paar insnydings in die bokant en plaas op die voorbereide bakplate. Plaas die brood in 'n koue oond, stel die oond op 190 °C en bak ongeveer 1 uur lank of tot die brood gaar is en hol klink as daarop geklop word.
　　Geniet saam met botter en kaas.

Lewer 2 mediumgroot brode.

Italiaanse platbrode

Deeg:
750 ml (3 k) witbroodmeel
7 ml (1½ t) kitsgis
15 ml (1 e) growwe sout
15 ml (1 e) olyfolie
geurbestanddele (sien variasies)
± 350 ml (1½ k) louwarm water

Bolaag:
geurbestanddele (sien variasies)
30 ml (2 e) olyfolie
30 ml (2 e) growwe sout

Platbrode het byna die plek van knoffelbrood en potbrood by die vleisbraaivuur ingeneem. Dis heerlik om voor te sit by 'n informele ete waar elkeen self 'n stuk afbreek en dit dan in 'n bietjie olyfolie en balsamiese asyn of suurlemoen-sap druk. Hier's 'n hele klomp variasies vir bolae wat jy alles kan opsit.

Meng die meel, gis en sout in 'n groot bak. Maak 'n holte in die middel en giet die olie en die helfte van die geurbestanddele by. Voeg die water by en meng met 'n houtlepel tot 'n sagte deeg gevorm is. (Dit is 'n nat, effens klewerige deeg.)

Plaas die deeg op 'n meelbestrooide oppervlak en knie 10 minute lank liggies tot glad en nie meer klewerig nie. (Lugborreltjies sal op die oppervlak begin verskyn wanneer jy die deeg liggies tussen jou hande saampers.) Plaas die deeg in 'n groot, oliegesmeerde mengbak, verf liggies met olie en bedek liggies met kleefplastiek. Laat 40-60 minute lank op 'n warm plek staan of tot die deeg tot dubbel die volume gerys het.

Verwyder die deeg uit die bak en knie 4-5 keer liggies. Wees egter versigtig om nie die lug uit die deeg te knie nie. Vorm die deeg netjies in 'n vorm deur dit na onder in te vou sodat nog meer lugborrels kan vorm. Bedek liggies en laat 10 minute lank rus.

Smeer 'n groterige bakplaat met botter of margarien of spuit met kleefwerende kossproei.

Rol die deeg liggies uit op 'n meelbestrooide oppervlak tot die grootte van die bakplaat of druk dit andersins met jou handpalms tot die verlangde grootte.

Voorverhit die oond tot 200 °C. Plaas op die bakplaat, bedek met 'n doek en laat 20-30 minute lank tot dubbel die volume rys. Druk met jou vingers gaatjies in die uitgerysde deeg en druk die res van die geurbestanddele in. Giet die olyfolie oor en bestrooi met growwe sout. Bak 25 minute lank in die voorverhitte oond tot uitgerys en gaar. Verwyder die brood uit die oond, laat op 'n draadrak afkoel en giet ekstra olyfolie oor.

Lewer 1 groot brood of 6 porsies.

Kitswenke: • Pleks van die deeg aanmaak gebruik sommer brooddeeg wat jy by die bakkery koop en maak twee brode op 'n slag, elkeen met 'n verskillende bolaag. • Gebruik sprinkelsoute pleks van growwe sout. • Smeer tapenade of pesto (basiliekruid, sondroë tamatie of olyf) oor die deeg voor dit gebak word.

*Variasies: • **Roosmaryn en knoffel:** Voeg 1 fyngedrukte knoffelhuisie en 10 ml (2 t) gekapte vars roosmaryn by die deeg. Druk 2 fyngedrukte knoffelhuisies en nog 10 ml (2 t) vars roosmaryntakkies op die brood vas. Berei verder soos die basiese brood. • **Fetakaas en salie:** Krummel 2 wiele fetakaas grof en kap 16-20 vars salieblare grof. Meng die helfte daarvan met die deeg en druk die res bo-op die uitgerysde brood in. Berei verder soos die basiese brood. • **Sondroë tamatie en olywe:** Kap 50 ml gemengde kruie soos tiemie, salie, en pietersielie fyn. Braai 1 gekapte mediumgrootte ui en knoffel in olyfolie tot sag en meng met die kruie. Roer 8-10 gekapte sondroë tamaties en olywe by die mengsel in. Voeg die helfte van die kruiemengsel by die deeg. Plaas die deeg op die bakplaat en smeer 15-30 ml (1-2 e) basiliekruidpesto bo-oor. Druk die res van die kruiemengsel op die uitgerysde deeg vas. Berei verder soos die basiese brood. Sit voor saam met stomende groentesop.*

Italiaanse platbrood (voor) en gesondheidsroerbrood (agter), bl. 25

Bros pitabrode

1,5 kg witbroodmeel
15 ml (1 e) sout
15 g (1½ pakkie) kitsgis
2 ekstragroot eiers
600 ml melk
300 ml louwarm water
60 ml (¼ k) gesmelte botter
droë kruie (bv. roosmaryn en orego)
growwe sout en varsgemaalde swart-
  peper na smaak

Sondroë tamatiesmeer:
90 g sondroë tamaties
500 ml (2 k) water
30 ml (2 e) olyfolie
2 knoffelhuisies, fyngedruk
60 ml (¼ k) swartolywe, ontpit en
  fyngekap
5 ml (1 t) fyngerasperde suurlemoenskil
5 ml (1 t) droë basiliekruid
15 ml (1 e) kappertjiesaad, gedreineer

Gerookte salm-smeer:
180 g gerookte salm
15 ml (1 e) suurlemoensap
varsgemaalde swartpeper na smaak
60 ml (¼ k) mayonnaise
250 g geroomde maaskaas

Met ons kuiertjie op die sitrusplaas Woodhall *digby Sunlands in die Oos-Kaap het ons teen skemeraand drankies geniet op die dek wat oor die plaasdam uitkyk. Saam met smere was hierdie pitas heerlike peuselkos.*

Voorverhit die oond tot 220 °C. Smeer 'n bakplaat met botter of margarien of spuit met kleefwerende kossproei.
  Meng die meel en sout. Sprinkel die kitsgis oor, meng en maak 'n holte in die middel. Klits die eiers, melk en water saam en voeg by die deegmengsel. Meng tot 'n deeg en knie dan op 'n meelbestrooide oppervlak tot dit glad en elasties is en nie meer aan jou hande kleef nie.
  Bedek met 'n klam doek en laat tot dubbel die volume rys. Knie die deeg af en knie weer goed. Breek stukke van die deeg af en rol baie dun met 'n rolstok uit tot plat sirkels. Pak op die voorbereide bakplate. Verf met gesmelte botter en sprinkel kruie, sout en peper oor. Bak 5-7 minute lank in die voorverhitte oond tot ligbruin en bros.
  Breek die sirkels in stukke en sit voor saam met smere (hieronder).

Lewer ± 35 plat broodjies.

Sondroë tamatiesmeer

Verhit die sondroë tamaties en water tot kookpunt in 'n kastrolletjie. Bedek, verlaag die hitte en laat ongeveer 10 minute lank prut tot die tamaties heeltemal sag is. Dreineer goed en druk droog met handdoekpapier.
  Plaas al die bestanddele in die voedselverwerker en verwerk liggies tot goed gemeng, maar steeds met 'n growwerige tekstuur.

Lewer 375 ml (1½ k) smeer.

Gerookte salm-smeer

Knip die salm kleiner met 'n kombuisskêr. Besprinkel met suurlemoensap en peper. Voeg die res van die bestanddele by en meng deur. Verkoel tot voor opdiening.

Lewer ± 375 ml (1½ k) smeer.

Roosmaryn-pizzabroodjies

45 g/± 60 ml (4 e) korrelgis (nie kitsgis
  nie)
300 ml louwarm water
knippie sout
5 ml (1 t) olyfolie
600 g (4½ k) witbroodmeel
vars roosmaryntakkies
growwe sout

*Hierdie pizzabroodjies word in 'n braaipan op die stoof
"gebak". Dis heerlik om voor te sit saam met sop of voor ete.*

Roer die korrelgis by die louwarm water in, voeg die sout
en olyfolie by en laat ongeveer 10 minute staan tot opge-
los en sponsig.
    Plaas die meel in 'n mengbak en maak 'n holte in die
middel. Giet die gismengsel druppel vir druppel in die holte
terwyl jy die meel met jou hande inmeng. Knie tot glad en
vorm in 'n bal, bedek met 'n teedoek en laat op 'n warm
plek staan om te rys tot dubbel die volume. Druk die uit-
gerysde deeg liggies met die hande af en vorm 10 klein
rolletjies. Druk elkeen liggies met die hand plat tot ± 6 mm
dik. Sprinkel vars roosmaryntakkies, growwe sout en 'n
paar druppels olyfolie oor.
    Verhit 'n elektriese braaipan tot warm. Giet 'n druppel
olyfolie in die pan en bak die broodjie deur dit aan albei
kante te verbruin en gereeld te draai tot gaar. Hou die
deksel af terwyl die broodjie bruin word. Die hele proses
duur ongeveer 5 minute. Herhaal met die orige broodjies.

Lewer 10 broodjies.

Gesondheidsroerbrood

gerolde koring om in panne te strooi
  (opsioneel)
4 x 250 ml (4 k) witbroodmeel
4 x 250 ml (4 k) volgraanmeel
2 x 250 ml (2 k) semels
10 ml (2 t) sout
2 pakkies (10 g elk) kitsgis
125 ml (½ k) sesamsaad
125 ml (½ k) sonneblomsaad
125 ml (½ k) lynsaad
1 L (4 k) louwarm water
125 l (½ k) kookolie
125 ml (½ k) heuning

*Carolé de Koster is 'n fundi as dit by gebak kom. Hierdie
resep is een van haar resepte. Die brood word wel met
kitsgis gemaak, maar hoef nie geknie te word nie.*

Voorverhit die oond tot 200 °C. Smeer 3 mediumgroot
broodpanne (28 x 11 x 6 cm) goed met botter of margarien
of spuit met kleefwerende kossproei. Besprinkel met
gerolde koring.
    Meng al die droë bestanddele. Meng die louwarm
water met die olie en heuning en roer in. Meng goed tot 'n
gladde, swaar beslag.
    Skep elkeen van die voorbereide panne halfvol. Plaas
die panne op 'n warm plek en laat rys tot dubbel die volume.
Bak 20 minute lank in die voorverhitte oond, verlaag
temperatuur tot 180 °C en bak 'n verdere 20 minute of
langer tot die brode deurgaar is en hol klink as daarop
geklop word of tot 'n toetspen skoon uit die middel van
die brode kom. Laat die brode 5 minute lank in die panne
afkoel, maak die kante los en keer op 'n draadrak uit.

Lewer 3 mediumgroot brode.

Opdienwenk: Smeer die snye brood goed met pesto, plaas 'n skyf fetakaas daarop en rond af met spruite.

Volkoringbrood

1 kg (1 pak) volkoringmeel
5 ml (1 t) sout
1 pakkie (10 g) kitsgis
60 ml (¼ k) kookolie (opsioneel)
4 x 250 ml (4 k) louwarm water

Hierdie resep was deel van ons gewilde Randrekker-*reeks. Wanneer die brood in my huis gedaan is, word hierdie brood vinnig-vinnig gebak sodat daar iets vir die kinders se kosblik is. Die brood word met gis gemaak, maar nie geknie nie.*

Voorverhit die oond tot 180 °C. Smeer 2 broodpanne van 11 x 29 x 8 cm goed met botter of margarien of spuit met kleefwerende kossproei.
    Meng die volkoringmeel en sout in 'n mengbak en strooi die kitsgis bo-oor. Voeg die olie en louwarm water by en meng goed met 'n houtlepel.
    Skep die deegmengsel in die voorbereide panne. Bedek liggies met kleefplastiek en laat op 'n warm plek tot dubbel die volume rys. Bak ongeveer 40 minute lank in die voorverhitte oond of tot dit hol klink wanneer daarop geklop word. Keer die brode op 'n draadrak uit en laat effens afkoel voor dit geniet word.

Lewer 2 mediumgroot brode.

Blikbrood

450 ml bruismeel
300 ml mieliemeel
5 ml (1 t) bakpoeier
knippie sout
3 ekstragroot eiers
450 ml (1³/₄ k) melk
20 ml (4 t) heuning
80 ml (⅓ k) kookolie
1 blik (410 g) heel pitmielies, gedreineer

Maak mieliebrood in 'n plat ysterpot of in 'n paar blikkies gaar. Ons het die mengsel in 410 g-blikke geskep en in die oond gebak. Oor die kole moet 'n mens maar toets, want die hitte van die kole en die grootte van die blikke sal bepaal hoe lank dit duur om gaar te word.

Voorverhit die oond tot 180 °C. Smeer 'n plat ysterpot of 'n paar blikke goed met botter of margarien of spuit met kleefwerende kossproei. Voer uit met swaardiens- of 2 lae ligte aluminiumfoelie en smeer weer.
    Meng die droë bestanddele saam. Klits die eiers, melk, heuning en olie saam. Voeg die pitmielies by en meng. Giet die mengsel by die droë bestanddele en meng goed. Skep in die voorbereide pot of blikke. Bedek met die deksel of aluminiumfoelie. Bak 30-40 minute lank in die voorverhitte oond of tot gaar.
    Sit voor saam met botter, korrelkonfyt en kaas.

Lewer 1 groot brood of 3-4 blikbroodjies.

Bobaas-bierbrood

Basiese bierbrood:
1 pak (500 g) bruismeel
5 ml (1 t) sout
1 blik (340 ml) bier

Bierbrood is 'n ou gunsteling saam met braaivleis. Huisgenoot het reeds in 1991 hierdie resep gepubliseer, maar oor die jare het vele variasies bygekom.

Voorverhit die oond tot 180 °C. Smeer 'n broodpan met 'n inhoudsmaat van 1,25 L (5 k) goed met botter of margarien of spuit met kleefwerende kossproei.

Sif die bruismeel en sout saam. Giet die bier by en meng goed om 'n sagte, hanteerbare deeg te vorm. (As die deegmengsel te styf is, kan 'n bietjie water bygevoeg word.) Skep die deeg in die voorbereide pan en bak ongeveer 1 uur lank in die voorverhitte oond tot gaar of tot 'n toetspen skoon uit die middel van die brood kom.

Laat die brood effens afkoel in die pan en keer dan op 'n draadrak uit.

Dien warm of koud op saam met botter en kaas. (Die brood het 'n growwe bo-kors.)

Lewer 'n mediumgroot brood.

Bierpotbrood

1 x basiese bierbrooddeeg
1 elk ui en groenrissie, gesoteer tot sag
125 g spekvleisrepies (opsioneel)

Berei die basiese bierbrooddeeg, rol in 'n bal en plaas in 'n gesmeerde gietysterpot. Plaas spekvleisrepe oor indien verkies. Sit die deksel op en bak 60-70 minute lank in 'n voorverhitte oond by 180 °C tot gaar.

Mielie- en kaasbroodjie

1 x basiese bierbrooddeeg
1 blik (410 g) heelpitmielies, gedreineer
250 ml (1 k) gerasperde sterk
  cheddarkaas

Voeg die mielies en kaas by die basiese mengsel, meng goed en berei verder soos die basiese resep.

Knoffelbroodjie

1 x basiese bierbrooddeeg
9 vars knoffelhuisies, fyngedruk
50 ml fyngekapte vars pietersielie

Voeg die knoffel en pietersielie by die basiese mengsel, meng goed en berei verder soos die basiese resep.

Kaasbrood met sondroë tamaties

4 x 250 ml (4 k) bruismeel
knippie sout
10 ml (2 t) gemengde droë kruie
1 uitjie, fyngekap
2-3 grasuie, fyngekap
100 g sondroë tamaties in vinaigrette,
   goed gedreineer en fyngekap
125 ml (½ k) gerasperde cheddarkaas
1 houer (500 ml) karringmelk
ekstra kaas en uieringe vir bo-oor strooi

Die geurige kaasbroodjie kry ook 'n lekker verskeidenheid kruie in. Bo-oor kom uieringe en kaas.

Voorverhit die oond tot 180 °C. Smeer 'n broodpannetjie van 29 x 11 x 7 cm goed met botter of margarien of spuit met kleefwerende kossproei.
   Sif die bruismeel en sout saam in 'n groot mengbak. Voeg die gemengde kruie, uie, tamaties en cheddarkaas by. Meng goed deur. Giet die karringmelk by en meng liggies met 'n houtlepel tot net gemeng.
   Skep in die voorbereide pan en maak gelyk bo-op. Bak 1 uur lank in die voorverhitte oond, maar bedek na 30 minute met aluminiumfoelie. Skakel die oond af nadat die baktyd verstreke is en laat die bedekte brood nog 15 minute lank in die oond staan indien dit nog nie droog gebak is nie. Verwyder die aluminiumfoelie en strooi die ekstra kaas en uieringe bo-oor. Skakel die oondrooster aan en rooster die brood 'n paar sekondes lank tot die kaas gesmelt is. Verwyder uit die oond, laat effens afkoel en keer op 'n draadrak uit.
   Sit louwarm of koud voor saam met botter.

Lewer 1 mediumgroot brood.

Vinnige saadbrood

750 ml (3 k) volkoringmeel
250 ml (1 k) koekmeelblom
3 ml (ruim ½ t) sout
20 ml (4 t) bruinsuiker
125 ml (½ k) sonneblomsaad, gerooster
60 ml (¼ k) papawersaad
60 ml (¼ k) sesamsaad
7 ml (1½ t) koeksoda
500 ml (2 k) natuurlike jogurt

Hierdie vinnige volkoringroerbrood wat met jogurt gemaak word, is propvol sade.

Voorverhit die oond tot 200 °C. Smeer 'n mediumgroot broodpannetjie goed met botter of margarien of spuit met kleefwerende kossproei.
   Plaas al die droë bestanddele tot en met die sade in 'n mengbak. Meng die koeksoda met die jogurt en voeg by die droë bestanddele. Meng goed, skep in die voorbereide broodpannetjie en bak 45-50 minute lank in die voor-verhitte oond tot gaar of tot die brood hol klink wanneer jy met jou kneukels onder op die boom van die brood klop. Laat effens in pan afkoel en keer dan op 'n draadrak uit.

Lewer 1 mediumgroot brood.

Wenk: Meng 500 ml (2 k) melk met 10 ml (2 t) suurlemoensap en gebruik pleks van jogurt in die saadbrood.

Blikbrood (bl. 26)

Spur-broodjie

1 L (4 k) kookwater
125 ml (½ k) bruinsuiker
4 x 250 ml (4 k) semels
500 ml (2 k) koekmeelblom
500 ml (2 k) volkoringmeel
5 ml (1 t) sout
1 pak (250 g) droëvrugte-koekmengsel
250 ml (1 k) sonneblomsaad, gerooster
5 ml (1 t) bakpoeier
10 ml (2 t) koeksoda, in 25 ml (5 t)
   water opgelos

Hierdie broodjie smaak kompleet soos die beroemde vrugtebrood van een van ons gewilde braairestaurante.

Voorverhit die oond tot 180 °C . Smeer 2 broodpanne van 21 x 11 x 7 cm goed met botter of margarien of spuit met kleefwerende kossproei.
   Giet die kookwater oor die bruinsuiker en roer tot opgelos. Voeg die semels by, meng goed en laat afkoel.
   Meng die res van die bestanddele en giet die semel-mengsel by. Meng goed deur en skep in die voorbereide panne. Bak 1 uur lank in die voorverhitte oond of tot gaar en 'n toetspen skoon uit die middel van die brode kom. Bedek die brode na ongeveer 20 minute met aluminium-foelie sodat dit nie te donker bak nie. Keer die brode op 'n draadrak uit om af te koel.

Lewer 2 klein broodjies.

Kastrolbrood

250 ml (1 k) koekmeelblom
10 ml (2 t) bakpoeier
2 ml (½ t) sout
100 ml melk of water
1 eier
30 ml (2 e) botter, margarien of
   kookolie

Wanneer die brood gedaan is, is hierdie byna brood wat op die stoof in 'n kastrol gebak word, 'n maklike uitkoms. 'n Resep uit Wenresepte 3 *van Annette Human.*

Sif die meel, bakpoeier en sout saam. Klits die melk en eier saam. Voeg dit by die meelmengsel en meng tot 'n slapperige deeg. Verhit die smeer oor matige hitte in 'n mediumgroot kastrol of 'n pan met 'n dik boom en 'n deksel. Skep die deeg daarin, sit die deksel op en bak 4 minute lank aan elke kant.

Lewer 2-3 porsies.

Rekkenbekke

625 ml (2½ k) koekmeelblom
20 ml (4 t) bakpoeier
knippie sout
1 ekstragroot eier, geklits
± 350 ml (1½ k) melk
25 ml (5 t) gerasperde cheddarkaas
   (opsioneel)
5 ml (1 t) gekapte vars kruie (opsioneel)
5 ml (1 t) fyngedrukte knoffel
   (opsioneel)
kookolie vir vlakbraai

Rekkenbekke is vetkoeke wat nie in diep olie gebraai word nie. Jy kan die deeg ook met kaas, kruie of knoffel geur.

Sif die droë bestanddele saam en voeg die eier en net genoeg melk by om 'n stywe beslag te vorm – meng deur met 'n mes. Verdeel die mengsel in 3 dele indien dit verskillend gegeur gaan word. Voeg onderskeidelik die kaas, kruie en knoffel by elke deel.
   Verhit 'n pan en smeer liggies met olie. Skep lepels vol van die mengsel in die pan en braai tot goudbruin buite-om en gaar. Draai gereeld om tydens die braaiproses.

Lewer 9 rekkenbekke.

Staatmaker-pannekoek

375 ml (1½ k) koekmeelblom
1 ml (¼ t) sout
5 ml (1 t) bakpoeier
500 ml (2 k) water
1 ekstragroot eier
7 ml (1½ t) wit druiwe-asyn
15 ml (1 e) kookolie
kookolie vir braai
kaneelsuiker vir oorstrooi

Dit is die resep wat ons altyd in die toetskombuis gebruik wanneer pannekoek gebak moet word. Maak sommer 'n groot hoeveelheid beslag op 'n keer aan en hou dit twee, drie dae in die yskas.

Sif die droë bestanddele 3 keer saam en maak 'n holte daarin. Klits die water, eier, asyn en olie saam en voeg geleidelik by die meelmengsel terwyl jy dit roerklop.

Laat die beslag minstens 30 minute lank rus en bak dan soos volg: Bestryk 'n 15 cm-pan met 'n bietjie olie, verhit tot goed warm en vee daarna die olie met handdoekpapier uit.

Giet net genoeg beslag in die pan om die boom te bedek. Kantel die pan heen en weer sodat die beslag die hele boom bedek. Verhit tot die kante van die pannekoek effens begin oplig en keer dan om met 'n spaan. Verhit tot gaar en effens bruin. Keer uit op 'n bord uit. Herhaal met die orige beslag. Sprinkel die kaneelsuiker oor, rol op, plaas op 'n bord en hou warm oor 'n kastrol kookwater.

Lewer ± 15 pannekoeke.

Kitsroosterkoeke

4 x 250 ml (4 k) koekmeelblom
5 ml (1 t) koeksoda
5 ml (1 t) kremetart
5 ml (1 t) sout
50 ml botter
375 ml (1½ k) suurmelk

Die roosterkoeke het ons op 'n verhitte gietysterpan in die kombuis gaargemaak. Jy hoef dus nie noodwendig 'n vuurtjie aan te pak as jy lus het vir roosterkoek nie.

Sif die droë bestanddele saam en vryf die botter met jou vingers in tot goed gemeng. Voeg net genoeg suurmelk by om 'n stywe deeg te vorm. Plaas op 'n meelbestrooide oppervlak en rol in 'n rolletjie. Sny in skywe van 4 cm dik en druk elke skyf effens plat om 'n koekie te vorm. Laat rys tot dubbel die grootte.

Verhit 'n gietysterpan op die stoof tot goed warm. (Moenie olie ingooi nie.) Plaas 'n paar koekies op 'n slag in die pan en braai tot bruin aan alle kante en gaar in die middel.

Sit voor saam met botter, kaas en konfyt.

Lewer ± 16 koekies.

Heerlike melksnysels

200 ml koekmeelblom
5 ml (1 t) bakpoeier
2 ml (½ t) sout
2 L (4 k) melk
ekstra koekmeelblom vir oorstrooi
3 eiers, geskei
60 ml (¼ k) witsuiker
5 ml (1 t) fyngerasperde suurlemoenskil
2 ml (½ t) fyn kaneel
kaneelsuiker na smaak

Wanneer jy snysels maak, strooi mildelik meel oor.
As jy skraps met die meel werk, gaan jou pot snysels te
dun wees. Die resep vir 'n heerlike snysels met 'n effense
suurlemoen-smaak kom uit Wenresepte 3 *deur Annette*
Human.

Sif die meel, bakpoeier en sout saam. Roer van die melk
bietjie-vir-bietjie by om 'n stywe deeg te vorm. Rol die
deeg baie dun op 'n meelbestrooide oppervlak uit. Strooi
baie meel oor die deeg. Rol dit op en sny die rol met 'n
skerp mes in baie dun repies. Strooi baie meel oor die
snysels en vroetel dit liggies met die vingers los. Hou dit
eenkant tot benodig.

Verhit die res van die melk in 'n groot kastrol tot
kookpunt. Roer die snysels in sonder om die meel af te
skud. Verlaag die hitte en roerkook die mengsel ongeveer
10 minute lank – oppas vir oorkook!

Klits die eiergele, witsuiker, suurlemoenskil en kaneel
saam. Roer 'n bietjie van die snyselmengsel in en roer
hierdie mengsel dan by die res van die snyselmengsel in.
Laat dit weer opkook.

Klits die eierwitte net tot styf. Skep dit in 'n groot
opdienbak. Gooi die gaar melksnysels daarop, strooi
kaneelsuiker oor en sit dadelik voor. Lewer 6-8 porsies.

Maleise melkkos

15 ml (3 e) olie
125 ml (½ k) botter
250 g rou vermicelli, kleiner gebreek
1,75 liter (7 k) water
1,75 liter (7 k) melk
1 blik (397 g) kondensmelk
125 ml (½ k) sultanas
5 ml (1 t) sout
5 kardemomsade (opsioneel)
geroosterde amandels
kaneelsuiker om bo-oor te strooi

Maleise melkkos, oftewel boeber, is eintlik 'n dik melksop
wat met vermicelli en sago verdik is. Dit gee sommer baie
mense kos en kan tot drie dae in die yskas gebêre word.

Verhit die olie en botter saam oor lae hitte in 'n groot kastrol;
wag totdat die botter ophou skuim. Braai die vermicelli in
die mengsel tot ligbruin. Roer gedurig. Voeg die res van die
bestanddele, behalwe die geroosterde amandels en kaneel-
suiker, by, en laat sowat 40 minute lank oor lae hitte prut
of totdat die vermicelli en die sago sag en gaar, asook die
sous lekker dik is. Roer af en toe om te voorkom dat die
mengsel aanbrand.

Sprinkel amandels en kaneelsuiker net voor opdiening oor.

Lewer 12 porsies.

Mosbolletjies en -beskuit (bl. 34)

Mosbolletjies en -beskuit

125 g botter of margarien
500 ml (2 k) witsuiker
500 ml (2 k) gekookte melk
500 ml (2 k) kookwater
2 ekstragroot eiers
1 pakkie (10 g) korrelgis (nie kitsgis
  nie), in 125 ml ($\frac{1}{2}$ k) louwarm water
  opgelos
30 ml (2 e) heuning
500 ml (2 k) koekmeelblom
1,5 kg (11 k) koekmeelblom
10 ml (2 t) sout
30 ml (2 e) anys, kaneel of fyn nartjieskil
5 ml (1 t) witsuiker
15 ml (1 e) melk

Mosbolletjies is sekerlik ons bekendste en lekkerste beskuit. Aanvanklik is dit met regte mos gemaak, maar omdat dit eintlik net vir die Bolanders beskore is, is die mos later deur rosynegis, oftewel rosyntjiemos, vervang. Hierdie variasie is nie met een van die twee gemaak nie, maar wel met korrelgis, en is enige tyd net so lekker soos die ware Jakob. Ons het dié resep gekry by Ounooi de Klerk van Calvinia toe ons een jaar daar gaan Vleisfees hou het. Saam met 'n smeersel botter is mosbolletjies, louwarm uit die oond, koningskos.

Voorverhit die oond tot 160 °C. Smeer 3 broodpanne van ± 29 x 12 x 7 cm goed met botter of margarien of spuit met kleefwerende kossproei.

Plaas die botter en witsuiker in 'n mengbak en giet die melk en kookwater oor. Roer tot gesmelt en laat tot by kamertemperatuur afkoel. Voeg die eiers, opgeloste korrelgis en heuning by. Meng. Voeg die 500 ml (2 k) koekmeelblom by en meng goed. Bedek en laat op 'n warm plek staan om te rys tot borrelrig bo-op.

Voeg die 1,5 kg koekmeelblom, sout en anys by die suurdeegmengsel, meng en knie 15-20 minute lank tot die deeg glad en elasties is en nie meer aan jou hande kleef nie. Bedek met gesmeerde kleefplastiek en laat staan op 'n warm plek om te rys tot dubbel die volume. Knie die deeg af, smeer jou hande met botter en breek balletjies deeg af. Vorm en pak in die voorbereide panne. Hou die panne effens skuins terwyl die balletjies ingepak word en smeer gesmelte botter tussenin en bo-oor. Bedek en laat op 'n warm plek rys tot die panne vol is.

Bak 40-60 minute lank in die voorverhitte oond tot gaar en 'n toetspen skoon uit die middel van die beskuit kom. Los die witsuiker in die melk op en verf die mengsel bo-oor die mosbolletjies. Bak nog 5 minute lank. Keer op 'n draadrak uit om effens af te koel.

Breek in balletjies en geniet saam met 'n smeersel botter. Koel andersins heeltemal af, breek die balletjies kleiner indien verkies, pak op bakplate en droog uit by 100 °C. Bêre in 'n lugdigte houer.

Lewer ± 90 stukke beskuit.

Boerbeskuit

1,25 kg (9 k) koekmeelblom
1,25 kg (9 k) witbrood- of bruinbrood-
  meel
15 ml (1 e) sout
15-30 ml (1-2 e) annyssaad (opsioneel)
2½ pakkies (10 g elk) kitsgis
375 ml (1½ k) witsuiker
500 g margarien
250 ml (1 k) melk of water
2 eiers, geklits
750 ml-1,25 L (3-5 k) louwarm water

> Wenk: Vir 'n gesonder variasie, laat die suiker heeltemal weg en knie 'n hand vol sultanas by die deeg in. Verminder ook die smeer tot 250 g.

Boerbeskuit moet kan instaan vir ontbyt, in vele plaas-kombuise is dit saam met die eerste opstaankoffie van die dag geëet. Hierdie resep is aangepas sodat dit met kitsgis gemaak kan word.

Smeer 3 vierkantige 24 cm-panne goed met botter of margarien of spuit met kleefwerende kossproei. (Gebruik andersins 3-4 groot broodpanne.)

Meng die koekmeelblom, witbroodmeel en sout saam in 'n groot mengbak. Strooi die kitsgis oor en meng deur. Meng die witsuiker, margarien en melk in 'n swaarboom-kastrol. Verhit tot die witsuiker en margarien gesmelt is. Verwyder van die stoof en laat afkoel tot louwarm. Roer die eiers by die melkmengsel in en meng met die droë bestanddele. Voeg net genoeg louwarm water by om 'n stywe, kniebare deeg te vorm. Knie tot die deeg glad en elasties is en nie meer aan jou hande kleef nie. Smeer 'n bietjie olie oor, bedek met kleefplastiek en laat 10 minute lank op 'n warm plek rus.

Knie die deeg af, breek stukkies af, rol in lang, ronde balletjies en pak in die voorbereide panne. Bedek en laat op 'n warm plek rys tot dubbel die grootte.

Voorverhit intussen die oond tot 180 °C. Bak 40-60 minute lank tot gaar of tot 'n toetspen skoon uit die middel van die beskuit kom. Keer die beskuit op 'n draadrak uit en laat afkoel. Breek dit in balletjies, pak op bakplate en droog by 100 °C uit. Bêre in 'n lugdigte houer.

Lewer ± 130 stukke.

Semelkarringmelkbeskuit

7 x 250 ml (7 k) volkoringmeel
500 ml (2 k) semels
250 ml (1 k) hawermout
250 ml (1 k) sesamsaad
250 ml (1 k) sonneblomsaad
250 ml (1 k) bruinsuiker
5 ml (1 t) sout
15 ml (1 e) kremetart
15 ml (1 e) bakpoeier
500 g margarien
10 ml (2 t) koeksoda
60 ml (¼ k) melk
500 ml (2 k) karringmelk

Met al die growwigheid in hierdie lekker karringmelk-beskuit sal enige spysverteringsprobleme sommer vinnig hokgeslaan word.

Voorverhit die oond tot 180 °C. Smeer 2 broodpanne van 37 x 13 x 10 cm met margarien of bespuit met kleef-werende kossproei.

Meng al die droë bestanddele behalwe die koeksoda in 'n mengbak. Vryf die margarien goed met jou vingerpunte in die droë bestanddele in. Meng die koeksoda met die melk en voeg saam met die karringmelk by die droë bestand-dele. Meng deeglik en skep in die voorbereide panne. Bak ongeveer 1 uur lank in die voorverhitte oond of tot 'n toets-pen skoon uit die middel van die brode kom. Keer op draad-rakke uit en laat heeltemal afkoel. Breek in stukke, pak op bakplate en droog by 100 °C uit. Bêre in 'n lugdigte houer.

Lewer 80 stukke.

Besige huisvrou-beskuit

15 ml (1 e) wit druiwe-asyn
350-400 ml melk
1 ekstragroot eier, geklits
250 g margarien of botter, gesmelt
1 kg bruismeel
250 ml (1 k) witsuiker
knippie sout

Die oorspronklike resep – dit smaak heerlik as jy dit in koffie doop – kry nie witsuiker in nie. Ons het egter 'n koppie witsuiker bygevoeg.

Voorverhit die oond tot 180 °C. Smeer 'n oondpan van 37 x 27 x 5 cm goed met botter of margarien of spuit met kleefwerende kossproei.

Meng die asyn, melk en geklitste eier en voeg by die gesmelte margarien.

Meng die droë bestanddele en voeg die margarien-mengsel by. Meng deur tot 'n sagte deeg en skep in die voorbereide pan. Maak gelyk bo-op en merk die deeg met 'n mes af in vingers.

Bak 40 minute lank in die voorverhitte oond tot gaar en tot 'n toetspen skoon uit die middel van die beskuit kom. Laat ongeveer 10 minute lank in die pan afkoel, keer uit, laat nog effens afkoel en breek in vingers. Pak op bakplate en droog by 100 °C uit. Bêre in 'n lugdigte houer.

Lewer ± 25 stukke.

Wenk: Gebruik sonneblomolie in pleks van margarien.

Neutbeskuit

1 kg bruismeel
10 ml (2 t) sout
10 ml (2 t) bakpoeier
500 ml (2 k) muesli
250 ml (1 k) sonneblomsaad, gerooster
1 pakkie (100 g) pekanneute, gekap
125 ml (½ k) klapper
500 ml (2 k) semel-ontbytgraanvlokkies
500 ml (2 k) bruinsuiker
2 ekstragroot eiers
500 g margarien, gesmelt
500 ml (2 k) karringmelk
1 groen appel, geskil en gerasper

Hierdie beskuit wemel van allerhande lekker goed – appel, neute, klapper, muesli, sonneblomsade en ontbyt-graanvlokkies.

Voorverhit die oond tot 180 °C. Smeer 3 broodpanne, 2 van 29 x 11 x 8 cm en 1 van 23 x 11 x 7 cm, goed met botter of margarien of spuit met kleefwerende kossproei. Meng die droë bestanddele. Voeg die bruinsuiker by. Klits die eiers en voeg die res van die bestanddele by. Voeg by die droë bestanddele.

Meng goed en skep in die voorbereide panne. Maak gelyk bo-op en bak 45-60 minute lank in die voorverhitte oond tot gaar en 'n toetspen skoon uit die middel van die brode kom. Laat effens afkoel, keer op draadrakke uit en sny in vingers wanneer goed afgekoel. Plaas op bakplate en droog by 100 °C uit. Bêre in lugdigte houers.

Lewer ± 90 stukke.

Variasie: Pleks van muesli kan 250 ml (1 k) hawermout, 125 ml (½ k) rosyne of sultanas en 125 g dadels, grof gekap, bygevoeg word.

Semelkarringmelkbeskuit (links) bl. 35, Besige huisvrou-beskuit (agter) bl. 36, Neutbeskuit (regs)

Slaai en Slaaisous

Groenslaai, mengelslaai, pastaslaai, lensieslaai of couscouslaai en net so 'n klomp souse wat hierby pas – vra maar en jy sal hier 'n resep opspoor, selfs vir slaai wat jy kan bottel!

Basiese vinaigrette

30 ml (2 e) balsamiese, druiwe- of
  rooiwynasyn
75 ml (5 e) olie (mengsel van
  sonneblom- en olyfolie)
sout en varsgemaalde swartpeper
  na smaak
knippie suiker

Meng al die bestanddele goed met 'n draadklitser en giet oor slaai soos benodig.

Lewer 100 ml.

Variasies:
• Vervang die asyn deur vars suurlemoensap of maak 'n mengsel daarvan. • Rasper vars suurlemoenskil by die mengsel in. • Voeg 5 ml (1 t) sojasous pleks van sout by. • Voeg 1 fyngedrukte knoffelhuisie by. • Voeg 15 ml (1 e) gekapte vars pietersielie by. • Vermeerder suiker as 'n soeter slaaisous verlang word.

Kruie-vinaigrette

30 ml (2 e) balsamiese, druiwe- of
  rooiwynasyn
75 ml (5 e) olie (mengsel van olyf-
  en sonneblomolie)
45 ml (3 e) gekapte vars kruie
  (bv. pietersielie, orego, basielkruid,
  tiemie of grasuie)
1-2 knoffelhuisies, fyngedruk (opsioneel)
sout en varsgemaalde swartpeper
  na smaak

Meng goed met 'n draadklitser. Giet oor slaai soos benodig of sit apart op tafel.

Lewer 150 ml.

Variasie: Roer 'n knippie komyn by die vinaigrette in.

Mosterd-vinaigrette

75 ml sonneblom- of olyfolie
30-45 ml (2-3 e) vars suurlemoensap,
  druiweasyn of balsamiese asyn
2-3 knoffelhuisies, fyngedruk
5-15 ml (1-3 t) heuning of suiker
5-15 ml (1-3 t) heelkorrel- of
  Dijon-mosterd
5-15 ml (1-3 t) lemoensapkonsentraat
  (opsioneel)

Meng al die bestanddele met 'n draadklitser, verkoel en gebruik soos benodig.

Lewer 150 ml.

Variasie: Gebruik gerasperde lemoenskil pleks van lemoen-sapkonsentraat.

Appel-en-bloukaas-groenslaai (bl. 42)

Kerrieslaaisous

180 ml (³/₄ k) sonneblomolie
15 ml (1 e) kerriepoeier
3 ml (ruim ½ t) fyn komyn
3 ml (ruim ½ t) mosterdsaadjies
5 ml (1 t) sojasous
20 ml (4 t) heuning of bruinsuiker
125 ml (½ k) suurlemoensap of
    witwynasyn
sout en varsgemaalde swartpeper na smaak

Meng al die bestanddele met 'n draadklitser en laat staan sodat geure kan ontwikkel.

Lewer 200 ml.

> Wenk: Vir 'n romerige variasie, voeg 15-30 ml (1-2 e) mayonnaise of natuurlike jogurt by.

Mayonnaise-jogurtslaaisous

150 ml mayonnaise
150 ml natuurlike jogurt
30 ml (2 e) lemoensap
1 lemoen se gerasperde skil
5 ml (1 t) heuning of suiker
sout en varsgemaalde swartpeper na smaak

Klits die mayonnaise, jogurt, lemoensap en -skil saam met die heuning tot gemeng. Geur met sout en peper. Gebruik soos benodig.

Lewer 300 ml.

Spesery-mayonnaise jogurtslaaisous

250 ml (1 k) mayonnaise
125 ml (½ k) natuurlike jogurt
15 ml (1 e) kerriepoeier
1 ml (¼ t) fyn koljander (opsioneel)
1 ml (¼ t) komyn (jeera - opsioneel)
1 ml (¼ t) mosterdpoeier
30 ml (2 e) blatjang of suiker (opsioneel)
sout en varsgemaalde swartpeper na smaak
melk

Meng al die bestanddele vir die slaaisous saam. Voeg net genoeg melk by sodat die slaaisous nie te styf is nie. Roer tot glad. Hou eenkant.

Mayonnaise-en-bloukaasslaaisous

60 g bloukaas
125 ml (½ k) romerige mayonnaise
30 ml (2 e) fyngekapte vars pietersielie
sout en varsgemaalde swartpeper na smaak

Krummel die bloukaas by die mayonnaise en meng goed deur. Voeg pietersielie by en geur met sout en peper.

Lewer 180 ml.

Oosterse slaaisous

65 ml (¼ k) rysasyn
10 ml (2 t) oester- of vissous
5 ml (1 t) fyngerasperde vars
    gemmerwortel
2 knoffelhuisies, fyngedruk
5 ml (1 t) witsuiker
10 ml (2 t) donker sesamolie
60 ml (4 e) sonneblomolie

Meng al die bestanddele en gebruik soos benodig.

Lewer 150 ml.

Gekookte mosterdslaaisous

125 ml (½ k) wit druiwe-asyn
125 ml (½ k) suurlemoensap
150 ml witsuiker
3 eiers, goed geklits
12,5 ml (2½ t) mosterdpoeier
1 ml (¼ t) sout
125 ml (½ k) natuurlike jogurt

Die gekookte mosterdslaaisous is minder skerp en lekker romerig as 'n bietjie jogurt bygevoeg word.

Verhit die asyn, suurlemoensap en suiker saam en roer tot die suiker opgelos is. Voeg die geklitste eiers, mosterd-poeier en sout by en verhit oor lae hitte tot die sous verdik. Roer gedurig. Laat afkoel en voeg die jogurt by.

Lewer 375-400 ml.

Heelblaarslaaiwiggies met warm spekvleis

1-2 heel koppe blaarslaai (gebruik 'n
  verskeidenheid)
paar spekvleisrepe
60-80 ml (¼ - ⅓ k) basiese of mosterd-
  vinaigrette (bl. 38)

Braai die spekvleis net voor ete en giet die warm slaaisous oor die slaaiblare.

Breek die buitenste blare van die slaaikop(pe) af, sny in wiggies en spoel goed af. Pak in 'n slaaibak. Braai die spekvleis net voor ete tot net-net bros, skep uit en kap grof. Giet die slaaisous in die warm pan en verhit tot alle aanbrandsels ook losgekom het. Giet die warm sous saam met warm spekvleis oor die slaai.
    Sit dadelik voor.

Lewer 4 porsies.

Lekker groenslaai

1 kop blaarslaai en/of jong
  spinasieblare, in stukkies geskeur
2 avokadopere, in skywe gesny
½ pak (125 g) spekvleis, bros gebraai en
  in blokkies gesny
3 snye witbrood, in blokkies gesny en in
  olie bruin gebraai
gekookte mosterdslaaisous

'n Kombinasie van braaibroodblokkies, gebraaide spekvleis en avokadopeer raak 'n wenner as jy 'n gekookte mosterd-slaaisous daaroor giet.

Pak die stukkies blaarslaai op 'n dienbord en rangskik die avodadopere, spek en broodblokkies bo-op. Giet die slaaisous net voor opdiening oor.

Lewer 6 porsies.

Variasies
* *Voeg 2 gekapte hardgekookte eiers en 1 fyngekapte ui by die slaai. Giet mosterd-vinaigrette (bl. 38) oor.*
* *Giet mayonnaise-en-bloukaasslaaisous (bl. 40) oor vir 'n slaai met 'n lekker bloukaasgeurtjie.*

Groenboneslaai

± 500 g jong groenbone, stingelente
  afgesny
125 ml ($\frac{1}{2}$ k) sonneblomsaad
15 ml (1 e) kookolie
125 ml ($\frac{1}{2}$ k) sojasous

Sprinkel net gebraaide sonneblomsaad wat met sojasous gegeur is, oor geblansjeerde groenbone en jy het 'n heerlike slaai. Dié lekker slaai was op die buffettafel by Jemima's op Oudtshoorn toe ons daar aangesit het.

Blansjeer die groenbone 'n paar minute lank in kokende soutwater en dompel in yswater. Braai die sonneblomsaad liggies in die olie tot net goudbruin. (Wees versigtig – dit brand maklik.) Voeg die sojasous stadig by om te voorkom dat dit spat en giet alles oor die groenbone.

Lewer 4 porsies.

Appel-en-bloukaas-groenslaai

3 Granny Smith-appels
flou suurlemoenwater
kookolie vir diepbraai
2 snye witbrood, korsies verwyder en in
  blokkies gesny
verskeidenheid vars slaaiblare
50 g okkerneute, grofgekap
125 g bloukaas
mosterd-vinaigrette (bl. 38) of gekookte
  mosterdslaaisous (bl. 41)

Appels en bloukaas saam met okkerneute is 'n wen-kombinasie.

Ontkern die appels, sny in klein wiggies en doop in flou suurlemoenwater. Verhit die olie in 'n kastrolletjie en braai die broodblokkies tot goudbruin en bros. Dreineer op handdoekpapier en laat afkoel. Pak die slaaiblare in 'n slaaibak en voeg die appelwiggies en gebraaide brood-blokkies by. Besprinkel met okkerneute en krummel die bloukaas oor. Giet die slaaisous net voor opdiening oor.

Lewer 4-6 porsies.

Nektarien-en-kaas-groenslaai

verskeidenheid vars slaaiblare (bv. roket
  en mosterdslaai)
4 nektarienperskes, ontpit en in skyfies
  gesny
125 g ricotta-, feta-, blou- of
  mozzarellakaas, in stukkies gesny
paar skywe peper-, Swartwoud- of
  Parmaham
gekookte mosterdslaaisous (bl. 41) of
  Oosterse slaaisous (bl. 40)
geroosterde pampoen-, of sesamsade vir
  bo-oor sprinkel

Nektarienperskes saam met roketslaai, ham en kaas is 'n voortreflike kombinasie. Dis ook 'n heerlike ligte ete.

Rangskik die slaaiblare op 'n groot, plat slaaibord. Pak die perskes, kaas en hamskyfies bo-op. Giet die slaaisous net voor opdiening oor en sprinkel die sade oor.

Lewer 4 porsies.

Variasie: Vervang die perskes deur spanspek of avokadopeer.

Oosterse komkommerslaai

2 Engelse komkommers, in die lengte
  gehalveer
2 uie, in ringe gesny

'n Heerlik verfrissende slaai met nuwerwetse geure, maar gemaak van eenvoudige bestanddele.

Oosterse slaaisous (bl. 40)
125 ml (½ k) vars koljanderblare
125 ml (½ k) ongesoute grondbone

Verwyder die komkommer se pitte met 'n skerppuntlepel en sny in skywe. Pak die komkommerskyfies en die uieringe op 'n slaaibord. Giet die slaaisous oor en plaas in die yskas tot net voor opdiening. Sprinkel die koljanderblare en grondbone oor en sit voor.

Lewer 4 porsies.

Griekse pastaslaai

500 g pasta (bv. penne of skroewe)
100 ml olyfolie
80 ml (5 e) balsamiese asyn
300 ml (1¼ k) grofgekrummelde fetakaas
5 stingeluie, in ringetjies gesny
1 rooi soetrissie, ontpit en in blokkies gesny
250 g kersietamaties, gehalveer
20 swartolywe, ontpit en in kwarte gesny
3 pikante rissies (Peppadew™), in stukkies gesny (opsioneel)
30 ml (2 e) fyngekapte vars orego
45 ml (3 e) fyngekapte vars pietersielie
sout en varsgemaalde swartpeper na smaak
vars basiliekruid, in stukkies gebreek

Fetakaas, soetrissie, olywe en tamatie gee geur aan 'n slaai wat jy sommer ook van macaroni kan maak. Dis belangrik dat jy die olyfolie en balsamiese asyn oor die warm pasta giet sodat die geur kan intrek.

Kook die pasta soos op die pak beskryf. Dreineer. Giet die olyfolie en balsamiese asyn oor die warm pasta en laat afkoel. Meng al die slaaibestanddele liggies in 'n bak. Geur goed met sout en peper. Sprinkel vars basiliekruid oor.

Lewer 4-6 porsies.

Variasie: Gebruik mozzarellakaas pleks van fetakaas, en konfyttamaties, wat in wiggies gesny is, pleks van kersietamaties.

Avokado-pastaslaai

Slaai:
250 g skulpnoedels
30 ml (2 e) olyfolie
5 ml (1 t) balsamiese asyn
2 avokadopere, geskil en in blokkies gesny
2-3 pikante rissies (Peppadew™), in stukkies gesny
3 stingeluie, fyngekap
2 spekvleisrepe, brosgebraai en fyngekap
45 ml gekapte vars pietersielie of koljanderblare
sout en varsgemaalde swartpeper na smaak
30 ml (2 e) geroosterde sonneblomsaad

Sous:
1 suurlemoen se gerasperde skil en sap
180 ml (¾ k) mayonnaise
30 ml (2 e) tamatiesous
5 ml (1 t) paprika
5 ml (1 t) komyn (jeera)

Hierdie slaai kry 'n geurige mayonnaisesous oor wat dit so ietwat van 'n Mexikaanse geurtjie gee.

Slaai:
Kook die pasta soos op die pak beskryf. Dreineer. Giet die olyfolie en balsamiese asyn oor die warm pasta en laat afkoel. Meng die avokado, pikante rissies, stingeluie, spekvleis en pietersielie liggies in 'n bak. Geur met sout en peper.

Sous:
Meng al die sousbestanddele, giet oor die slaai en meng liggies sodat alles met die sous bedek is.
    Sprinkel die sonneblomsaad oor.

Lewer 4-6 porsies.

Byderwetse broodslaai

olyfolie
1 rooi soetrissie, ontpit en in blokkies
  gesny
1/2 Franse brood, in snytjies gesny
1/2 komkommer, in klein blokkies gesny
sout en varsgemaalde swartpeper na
  smaak
200 ml gekrummelde fetakaas
paar swartolywe
verskeidenheid vars slaaiblare (bv. roket
  en mosterdslaai)
mosterd-vinaigrette (sonder lemoensap-
  konsentraat; bl. 38)

*Anders as toentertyd se broodslaai met sy mosterdslaaisous
kry hierdie een 'n byderwetse mosterd-vinaigrette oor.
Doen al die nodige voorbereidings, maar meng al die
bestanddele net voor opdiening anders gaan die brood
pap word.*

Voorverhit die oondrooster. Verf 'n bakplaat met 'n bietjie
olyfolie.
    Pak die soetrissie- en broodblokkies daarop. Besprinkel
mildelik met olyfolie en rooster onder die verhitte oond-
rooster tot die brood goudbruin is. Roer af en toe om te
keer dat dit brand. Laat effens afkoel. Geur die komkom-
mer goed met sout en peper. Meng al die slaaibestanddele
net voor opdiening en sprinkel die slaaisous oor.

Lewer 4-6 porsies.

Wenk: Berei individuele slaaie vir elke gas en sit as voorgereg voor.

Italiaanse broodslaai

1/2 Italiaanse brood (bv. ciabatta)
olyfolie
sout en varsgemaalde swartpeper
  na smaak
200 g ricottakaas
1 bottel (200 g) artisjokharte of
  palmharte
100 g sondroë tamaties in vinaigrette,
  kleiner gesny
125 ml (1/2 k) gekapte vars basiliekruid
60 ml (1/4 k) olyfolie
10 ml (2 t) rooiwynasyn

Eet hierdie broodslaai dadelik nadat dit gemaak is.

Smeer die brood alkant met olyfolie, rooster effens in oond
tot net goudbruin en breek in stukke. Breek die ricottakaas
in stukke en voeg by brood. Voeg ook die artisjokharte,
sondroë tamaties en basiliekruid by. Meng die olyfolie met
die rooiwynasyn en geur met sout en peper. Giet oor die
slaai en sit dadelik voor.

Lewer 4 porsies.

Variasie: Smeer die geroosterde brood met 'n leksel basiliepesto en breek dit daarna in stukke.

Griekse pastaslaai (bl. 43)

Bros koolslaai

½ klein kopkool, fyngekerf
60 ml (¼ k) sonneblom- en/of
  sesamsaad
3-4 piesangs
3-4 repe rugspekvleis
basiese vinaigrette (bl. 38) of
  kerrieslaaisous (bl. 40)

Piesang en spekvleis smaak lekker saam met die sade.

Plaas die fyngekerfde kool in 'n slaaibak. Braai die sonneblomsaad in 'n pan (sonder botter of olie) tot net gerooster. Sprinkel oor die kool. Sny die piesangs in skyfies en voeg by. Braai die spekvleis in die pan tot sag. Skep uit, kap grof en sprinkel oor slaai. Giet die vinaigrette in die pan en verhit tot alle aanbrandsels ook losgekom het. Giet oor slaai en laat effens afkoel.

Lewer 4 porsies.

Nebraska-koolslaai

125 ml (½ k) sesamsaad
1 pak (100 g) gevlokte amandels
½ koolkop, fyngekerf
8 grasuie, fyngekap
1 pak (85 g) Two Minute-noedels
mosterd-vinaigrette (met lemoensap-
  konsentraat; bl. 38)

Toe Marie-Lou de Vries van Bailliepark by vriende in Holdrege, Nebraska, gekuier het, het hulle hierdie heerlike slaai daar geëet. Terug in Suid-Afrika het sy die resep aangepas met wat hier verkrygbaar is. In plaas van sesam-saad kan jy sonneblomsaad gebruik, en gemengde neute pleks van amandels.

Braai die sesamsaad en amandels in 'n pan (sonder olie of botter) tot dit effens verbruin. Wees versigtig, dit brand maklik. Laat afkoel. Meng met die kool en grasuie in 'n slaaibak.
  Giet kookwater oor die noedels en roer tot die noedels sag is. Giet die water af, spoel die noedels onder lopende, koue water af en dreineer goed. Meng met die koolmengsel. Giet die vinaigrette oor.

Lewer 6 porsies.

Viëtnamese koolslaai

1 klein uitjie, fyngekap
250 g kopkool, fyngekerf
2 geelwortels, skoon geskraap en
  fyngerasper
45 ml (3 e) gekapte vars kruisementblare
30 ml (2 e) gekapte vars koljanderblare
Oosterse of kerrieslaaisous (bl. 40)
60-80 ml (¼-⅓ k) grondbone
15-30 ml (½-1 e) sesamsaad

Saam met die geurige slaaisous is dit die gekapte vars kruisementblare en koljander wat geur gee aan die mees basiese bestanddele soos kopkool en geelwortel.

Meng die ui, kool, geelwortels en kruie in 'n slaaibak en giet die slaaisous oor. Laat minstens 'n halfuur lank staan sodat die geur kan deurtrek. Sprinkel die grondbone en sesamsaad net voor opdiening oor.

Lewer 4-6 porsies.

Vrugte-koolslaai

2 lemoene
1 klein (400 g) koolkop, fyngekerf
1 appel, in dun skyfies of blokkies gesny
2 piesangs, in skywe gesny
60 ml (¼ k) sultanas
mayonnaise-jogurtslaaisous of
   kerrieslaaisous (bl. 40)
125 ml (½ k) gekapte pekanneute

Kool was nog altyd 'n lekker basis waarby vrugte en neute gevoeg kan word.

Rasper die oranje skil van die lemoene af en hou eenkant (gebruik in die slaaisous). Skil die lemoene dan diep af en sny in wiggies. Pak lae kool en vrugte in 'n groot slaaibak. Sprinkel die sultanas oor. Giet die slaaisous oor en roer deur. Sprinkel die pekanneute oor.

Lewer 4-6 porsies.

Aartappelslaai met feta

12 mediumgroot aartappels
sout
180 ml (¾ k) mayonnaise
180 ml (¾ k) suurroom of natuurlike
   jogurt
30 ml (2 e) wynasyn
sout en varsgemaalde swartpeper
   na smaak
25 ml (5 t) heelkorrelmosterd
150 ml gekapte stingeluie of 50 ml
   fyngekapte vars pietersielie
150 ml gekapte agurkies
± 300 ml (1¼ k) gekrummelde fetakaas

Daar is letterlik duisende resepte vir aartappelslaai, maar hierdie een wat die TV-ster Annette Hartmann 'n paar jaar gelede met ons gedeel het, bly bobaas. Dis heerlik by braaivleis.

Kook die aartappels saam met 'n bietjie sout in water tot gaar, dreineer en trek die skille af terwyl nog warm. Sny in blokkies en plaas in 'n slaaibak.
   Klits die mayonnaise, suurroom en asyn en geur milde-lik met sout en peper. Roer die res van die bestanddele in, giet oor die aartappels en meng liggies deur.
   Sit die slaai louwarm of koud voor.

Lewer 8 porsies.

> *Variasie: Braai spekvleis, kap fyn en voeg by. Voeg 2 fyngekapte, hardgekookte eiers by die aartappelslaai in plaas van fetakaas.*

Jongaartappelslaai

1 kg jong aartappeltjies, geskrop en
   gehalveer
mosterd-vinaigrette (bl. 38)
6 grasuie, gekap
150 ml (⅖ k) gekapte agurkies
75 g swartolywe
1-2 hardgekookte eiers, grofgekap

Kook die aartappeltjies in hul skil tot sag, dreineer en plaas in 'n slaaibak. Giet die vinaigrette oor terwyl nog warm en breek die aartappels effe oop met 'n vurk. Voeg die res van die bestanddele by en laat afkoel.

Lewer 6 porsies.

> *Kitsvariasie: Vir pesto-aartappelslaai, roer 45 ml (3 e) basiliekruidpesto by 250 ml (1 k) mayonnaise in en meng deur die jongaartappelslaai.*
>
> *Wenk: Om 'n suksesvolle aartappelslaai te verseker, moet die slaaisous altyd oor die warm aartappels gegiet word.*

Gemarineerde groenteslaai

1 kg vars groente (bv. blomkool, broc-
   coli, soetrissies, murgpampoentjies,
   rooikool, sampioene en dwergmielies),
   in ewe groot stukke gesny
60 ml (¼ k) olyfolie
geurmiddel vir geroosterde groente
   (te koop in pakkies) of gegeurde
   sprinkelsoute na smaak
100 g fetakaas
slaaisous van jou keuse

*By Voorstrandt-restaurant op Paternoster aan die Weskus
is hierdie slaai gewild by die restaurantgaste. Die groente
word sommer in die mikrogolfoond gaargemaak.*

Plaas die gesnyde groente in 'n mikrogolfbestande bak. Giet
die olyfolie oor en geur. Mikrogolf op 100% krag tot net
gaar, maar nog effe bros – ongeveer 7 minute na gelang
van die soort groente. Roer nou en dan. Laat die groente
afkoel tot kamertemperatuur of louerig. Krummel die
fetakaas oor. Sit voor saam met 'n slaaisous van jou keuse.

Lewer 4-6 porsies.

Turkse mengelslaai

Slaai:
2 groot tamaties, in blokkies gesny
1 komkommer, in blokkies gesny
5 stingeluie, in ringe gesny (opsioneel)
1 groen soetrissie, in blokkies gesny
3 radyse, in dun skyfies gesny
1 selderystingel, in ringe gesny
125 ml (½ k) fyngekapte vars pietersielie

Sous:
90 ml (6 e) suurlemoensap
50 ml olyfolie
sout en varsgemaalde swartpeper na smaak

*In Turkye noem hulle hierdie slaai veewagterslaai. Sit dit
voor saam met Turkse geroosterde lamsblad, lamskebabs
en pitabrood.*

Slaai:
Meng al die slaaibestanddele liggies en skep in 'n mooi
slaaibak.

Sous:
Meng die slaaisousbestanddele en giet net voor opdiening
oor die slaai.

Lewer 6 porsies.

Italiaanse eiervrugslaai

Slaai:
4 mediumgroot eiervrugte, in 1 cm-
   skywe gesny
sout
180 ml (¾ k) koekmeelblom, liggies
   gegeur met sout en swartpeper
2 eiers, geklits
30 ml (2 e) koue water
olie vir vlakbraai
500 g mozzarellakaas, in 5 mm-skywe
   gesny
5-6 Roma-tamaties, in 5 mm-skywe
   gesny
16 calamata-olywe (swart)

*Dié egte Italiaanse slaai is heerlik saam met gebraaide
varkboud. Die resep het ons by Renera Colussi, eertydse
kosredakteur van die vrouetydskrif* Sarie, *gekry.*

Slaai:
Besprinkel die eiervrug met sout en laat 15 minute lank in 'n
vergiettes staan. Spoel af en druk droog met handdoekpapier.
   Doop die eiervrugskywe in die gegeurde koekmeelblom
en skud die oortollige meel af. Klits die eiers en water saam
en doop die eiervrugskywe in hierdie mengsel. Verhit
genoeg olie in 'n pan en braai die eiervrugskywe tot bruin
aan weerskante. Dreineer op handdoekpapier en laat afkoel.
   Rangskik kort voor opdiening skywe eiervrug, kaas en
tamaties afwisselend op 'n plat slaaibord en strooi die
olywe oor.

Sous:
180 ml (³/₄ k) olyfolie
3 ansjovisfilette, gedreineer en fyngekap
60 ml (¹/₄ k) fyngekapte vars pietersielie
1 groot knoffelhuisie, fyngedruk
30 ml (2 e) balsamiese asyn
sout en varsgemaalde swartpeper
  na smaak

Sous:
Plaas al die bestanddele vir die slaaisous in 'n voedsel-
verwerker en verwerk tot glad. Geur met sout en peper.
Sit voor saam met die slaai.

Lewer 6-8 porsies.

Warm beet-en-geelwortelslaai

1,5 kg beet
45 ml (3 e) olyfolie
4-6 geelwortels, skoon geskraap en in
  stukke gesny
6 grasuie, gekap
kerrieslaaisous (bl. 40)

*Iets heeltemal anders as doodgewone beet- of geelwortelslaai.
Die groente word in die oond gaargemaak en dan liggies
gemeng. Die kerrieslaaisous gee 'n heerlike geur daaraan.*

Voorverhit die oond tot 200 °C.
    Pak die beet in 'n oondvaste bak en smeer die olyfolie
oor. Bedek en bak 2 uur lank of tot sag. (Verwyder die
bedekking na 'n uur.) Laat die beet afkoel, trek die velletjies
af en sny in stukke.
    Pak intussen die geelwortels in 'n aparte bak, smeer
bietjie van die olyfolie oor, plaas ook in die oond en braai
tot net sag (sowat 30-45 minute lank).
    Plaas die beet en wortels in 'n slaaibak, sprinkel die
grasuie oor en giet die slaaisous oor.

Lewer 6 porsies.

Uie-piesangslaai

25 ml (5 t) kookolie
6 mediumgroot uie, in ringe gesny
10 ml (2 t) sterk kerriepoeier
knippie fyn komyn
5 ml (1 t) borrie
knippie sout
12,5 ml (2¹/₂ t) koekmeelblom
5 ml (1 t) mosterdpoeier
125 ml (¹/₂ k) asyn
30-45 ml (2-3 e) bruinsuiker
50 ml (¹/₅ k) fyn appelkooskonfyt
50 ml (¹/₅ k) water
15 ml (1 e) natuurlike jogurt (opsioneel)
8 piesangs
paar slaaiblare

*Dit was al baiekeer in my huis 'n uitkoms wanneer ek
onverwags moes regstaan vir ete en die slaaibestanddele
aan die min kant is. Vir 'n romeriger slaai roer ek net
ongeveer 'n eetlepel natuurlike jogurt in nadat die sous
afgekoel het.*

Verhit die olie in 'n pan en soteer die uie daarin tot sag.
Voeg die kerriepoeier, komyn en borrie by en braai 'n
verdere minuut lank. Meng die sout, koekmeelblom en
mosterdpoeier en voeg die asyn, bruinsuiker, appelkoos-
konfyt en water by. Meng goed en roer by die uiemengsel
in. Laat prut tot goed gaar en dik. (Voeg ekstra water by,
indien nodig.) Laat afkoel. Voeg die jogurt by en meng
deur. Sny die piesang in skyfies en voeg by die
uiemengsel. Rangskik die slaaiblare in 'n mooi slaaibak en
skep die slaai bo-op.

Lewer 6 porsies.

Spanspekslaai

Slaai:
paar slaaiblare
500 ml (2 k) spanspekblokkies of -balletjies
250 ml (1 k) vars of ingemaakte
  perskestukkies
250 ml (1 k) komkommerblokkies

Sous:
200 ml natuurlike jogurt
2 ml (½ t) suurlemoensap
10 ml (2 t) heuning
5 ml (1 t) gekapte vars kruisementblare
  (opsioneel)

Spanspek saam met komkommer en perskes is die ideale slaai vir 'n warm dag. Jogurt wat met 'n bietjie heuning gegeur is, sorg vir 'n lekker sousie daaroor.

Slaai:
Plaas 'n paar slaaibare onder in 'n slaaibak. Meng die spanspek, perskes en komkommer en skep op die slaaiblare.

Sous:
Meng al die sousbestanddele en giet oor die slaai. Verkoel tot benodig.

Lewer 4 porsies.

Feta-en-boneslaai

250 g groenbone, stingelente afgesny
1 blik (410 g) botterbone, gedreineer
50 g swartolywe, ontpit
2 wiele fetakaas
basiese vinaigrette met suurlemoen (bl. 38)

Groenbone saam met geblikte bone sorg vir 'n uitsonderlike slaai met 'n Mediterreense geur.

Kook die groenbone in 'n bietjie water tot net sag. Dreineer en verfris onder koue water. Meng met die gedreineerde botterbone en olywe. Krummel die fetakaas oor, giet die slaaisous oor en verkoel tot benodig.

Lewer 4 porsies.

Mielie-en-boneslaai

1 slaaikop, in blare gebreek
2 blikke (410 g elk) botterbone,
  gedreineer
1-2 blikke (410 g elk) pitmielies,
  gedreineer
1 klein uitjie, fyngekap
1 rooi brandrissie, ontpit en fyngekap
mosterd-vinaigrette, gemaak met
  suurlemoensap (bl. 38)

'n Blik mielies en botterbone kom goed te pas as jy vinnig 'n slaai moet optower.

Rangskik die slaaiblare op 'n slaaibord. Meng die slaaibestanddele en giet die vinaigrette oor. Skep op die slaaiblare.

Lewer 4 porsies.

Turkse uie-en-boneslaai

125 ml ('/₂ k) olyfolie
30 ml (2 e) fyngekapte vars salie
  (opsioneel)
24 piekeluitjies
2 knoffelhuisies, fyngedruk
2 blikke (410 g elk) botterbone of
  vervang 1 blik deur 'n blik kekerertjies
1 blik (400 g) heel tamaties of 2 vars
  pruimtamaties, in kwarte gesny
50 ml suurlemoensap
sout en varsgemaalde swartpeper na
  smaak
100 ml fyngekapte vars pietersielie

Die slaai kan reeds 'n dag vooraf berei word. Geniet dit saam met 'n Turkse geroosterde lamsboud of -blad (bl. 75).

Verhit die olyfolie saam met die salie in 'n pan en soteer die piekeluitjies en knoffel daarin tot sag. (Plaas die deksel op en verhit tot die uitjies sag is.) Dreineer die botterbone of kekerertjies en voeg by. Voeg die tamaties saam met 'n bietjie van hul sous en suurlemoensap by. Verhit oor lae hitte sodat die geure goed kan meng, maar moenie die mengsel kook nie. Geur met sout en peper, verwyder van die hitte en voeg die pietersielie by.
    Dien warm of koud op.

Lewer 6 porsies.

Rys-en-lensieslaai

250 ml (1 k) rou rys
250 ml (1 k) bruinlensies
125 ml ('/₂ k) rosyne of sultanas
kerrieslaaisous (bl. 40)
250 ml (1 k) grofgerasperde geelwortels
  (opsioneel)
250 ml (1 k) grofgekapte seldery of
  komkommer
125 ml ('/₂ k) gekapte ui
125 ml ('/₂ k) fyngekapte vars pieter-
  sielie
125 ml ('/₂ k) gekapte neute

Die geurige kerrieslaaisous verleen 'n heerlike geur aan hierdie voedsame maar goedkoop slaai.

Kook die rys en bruinlensies afsonderlik tot sag. Dreineer. Meng warm met die rosyne, giet die kerrieslaaisous oor en laat afkoel. Voeg die geelwortels, seldery, ui en pietersielie by en roer deur. Verkoel tot benodig en sprinkel die neute oor.

Lewer 6 porsies.

Piesang-en-lensieslaai

1 pak (500 g) bruinlensies, uitgesoek
  en afgewas
sout
45 ml (3 e) kookolie
1 ui, gekap
1 rooi soetrissie, ontpit en in blokkies
  gesny (opsioneel)
15 ml (1 e) fyngedrukte knoffel
3-4 piesangs
60 ml ('/₄ k) balsamiese asyn
45 ml (3 e) vars koljanderblare
30 ml (2 e) fyngekapte vars pietersielie
sout en varsgemaalde swartpeper
  na smaak

Die kombinasie van lensies, piesangs en koljanderblare is onverbeterlik.

Plaas die lensies in 'n kastrol, bedek met water en kook tot sag. Voeg sout aan die einde van die kooktyd by. Dreineer die lensies en spoel onder koue, lopende water af. Skep in 'n slaaibak en hou eenkant.
    Verhit die olie in 'n pan en roerbraai die ui, soetrissie en knoffel daarin tot sag. Voeg by die lensies. Sny die piesangs in skyfies en roer versigtig saam met die balsamiese asyn, koljanderblare en pietersielie by die slaai. Geur met sout en peper.

Lewer 6-8 porsies.

Geelperske-koringslaai

Slaai:
250 ml (1 k) koring
sout
1 groot groen soetrissie, ontpit en in
  blokkies gesny
1 groot ui, gekap
1 blik (410 g) perskeskywe, gedreineer

Sous:
50 ml kookolie
3 ml (ruim ¹/₂ t) borrie
7 ml (1¹/₂ t) matige kerriepoeier
25 ml (5 t) blatjang
25 ml (5 t) suiker
25 ml (5 t) druiwe-asyn
5 ml (1 t) sojasous (opsioneel)

Die slaai is al sedert die tagtigerjare 'n staatmaker in menige huishouding. Die slaaisous, wat nie gekook word nie, kan sommer dubbel berei en die oorskiet in die yskas bewaar word.

Slaai:
Kook die koring saam met 'n bietjie sout in water tot gaar en spoel onder koue, lopende water af. Dreineer en skep in 'n slaaibak. Meng die soetrissie, ui en perskes met die koring.

Sous:
Meng al die bestanddele vir die slaaisous. Dit moet deeglik gemeng of in 'n digte houer geskud word sodat veral die suiker kan oplos. Giet oor die koringmengsel en roer goed deur. Verkoel die slaai tot benodig.

Lewer 6 porsies.

Mielie-koringslaai

1 pak (500 g) koring
1 blik (410 g) pitmielies, gedreineer
1 ui, fyngekap
1 groen soetrissie, ontpit en in blokkies
  gesny
50 ml fyngekapte vars pietersielie
sout en varsgemaalde swartpeper
  na smaak
basiese vinaigrette (bl. 38) met
  1 fyngedrukte knoffelhuisie

'n Blik pitmielies word met koring gemeng om hierdie heerlike slaai te maak.

Kook die koring saam met 'n bietjie sout in water tot gaar en spoel onder koue, lopende water af. Dreineer en skep in 'n slaaibak. Voeg die res van die slaaibestanddele by en geur met sout en peper. Giet die vinaigrette oor en bêre in die yskas tot benodig.

Lewer 8-10 porsies.

Braaigroente-en-couscousslaai

Braaigroente:
6 murgpampoentjies, in skywe gesny
1 elk rooi en geel soetrissie, ontpit en in
  stukke gesny
125 g jong aspersies (opsioneel)
6 bruinsampioene, in skywe gesny
paar kersietamaties
5-6 heel knoffelhuisies
olyfolie
balsamiese asyn
250 ml (1 k) kokend warm hoender-
  vleisaftreksel

Die resep vir hierdie uitsonderlike en vullende slaai het ons by Adéle Wessels, voorslag-spysenier van Heidelberg in die Wes-Kaap gekry.

Voorverhit die oond tot 200 °C. Smeer 'n oondvaste bak met botter of margarien of spuit met kleefwerende kossproei.
    Pak al die groente, buiten die stingeluie, in 'n enkellaag in die voorbereide bak en bedruip met olyfolie. Oondbraai sowat 20 minute lank of tot die groente net gaar maar nog bros is. Sprinkel 'n bietjie balsamiese asyn oor die groente en hou eenkant.

250 ml (1 k) couscous

30 ml (2 e) olyfolie

3 sondroë tamaties in vinaigrette,
  grofgekap

80 ml ($^1/_3$ k) basiese vinaigrette (bl. 38)

15-30 ml (1-2 e) gekoopte basiliekruid-
  pesto

2-3 wiele fetakaas

stingeluie, in stukke gesny

olie vir diepbraai

Plaas die couscous in 'n bak, giet die warm aftreksel oor en berei verder soos beskryf op die pak. Roer die olyfolie, sondroë tamaties, vinaigrette en pesto deur om die couscous lekker geurig en klam te maak. Pak lae couscous en groente in 'n bak en sprinkel fetakaas oor elke laag. Rond af met fetakaas.

Diepbraai die stingeluie tot net bros en stapel op die slaai.

Lewer 8 porsies.

Pikante couscousslaai

375 ml (1$^1/_2$ k) couscous

250 ml (1 k) kookwater

125 ml ($^1/_2$ k) witwyn

sout en varsgemaalde swartpeper

2 rooi soetrissies, ontpit en fyngekap

2 rooiuie, fyngekap

30 ml (2 e) platblaarpietersielie,
  fyngekap

25 ml (5 t) gekapte vars kruisementblare

60 ml ($^1/_4$ k) olyfolie

1 suurlemoen se sap

Die slaai raak net al hoe lekkerder hoe langer dit staan.

Plaas die couscous in 'n groot bak. Verhit die kookwater en wyn saam tot kookpunt en giet oor die couscous. Laat staan tot al die vloeistof geabsorbeer is en vlok dan met 'n vurk. Mikrogolf die couscous 2 minute lank en vlok weer met 'n vurk tot donsig en korrelrig. Geur met sout en peper en voeg die groente en kruie by.

Klits die olyfolie en suurlemoensap saam en giet oor die slaai. Meng en laat staan minstens 1 uur lank sodat die geure kan ontwikkel.

Lewer 6-8 porsies.

Slaai in 'n bottel

Basiese mosterdsous:

750 ml (3 k) druiweasyn

750 ml (3 k) suiker

250 ml (1 k) water

100 ml mielieblom

10 ml (2 t) borrie

60 ml ($^1/_4$ k) mosterdpoeier

In die tagtigerjare het Huisgenoot *die eerste keer die resep vir koperpennie-wortelslaai in* Wenresepte 1 *gepubliseer. Dit was dadelik landwyd 'n treffer. Later jare volg rooi slaphakskeentjies in* Wenresepte 2 *en drieboneslaai in* Wenresepte 3. *En dan is daar ook ou gunstelinge soos kerriekool en mosterdbone. Hulle almal is vandag nog gewild. Hier teen 1998 besluit ons egter om hierdie slaaie so aan te pas dat jy hulle kan bottel en ook met vier basiese sousresepte sommer dertien soorte slaaie kan berei. En het ons nou al navrae vir afskrifte van dié resepte ontvang!*

Verhit die asyn en suiker saam tot die suiker opgelos is. Meng die water met die res van die sousbestanddele en voeg by. Verhit tot kookpunt terwyl geroer word en laat goed kook. Gebruik soos in die bygaande resepte beskryf.

Lewer ± 1,25 L (5 k).

Mosterdgroenbone

1 x basiese mosterdsous (bl. 53)
3 uie, in ringe gesny
2,5 kg groenbone, stingelente afgesny
4 heel knoffelhuisies (opsioneel)
4 heel rooi brandrissies (opsioneel)
15 ml (1 e) sout

Berei die basiese mosterdsous.
    Kook al die groente saam met sout in 'n bietjie water tot net sag maar nog bros. Dreineer. Verhit die mosterdsous weer tot kookpunt, voeg die groente by en laat goed kook. Skep warm in gesteriliseerde flesse en verseël dadelik.

Lewer ± 4 L (16 k) slaai.

Slaphakskeentjies

1 x basiese mosterdsous (bl. 53)
2-2,5 kg piekeluitjies, geskil, maar hou
  puntjies heel
sout

Berei die basiese mosterdsous.
    Kook die uitjies saam met sout in 'n bietjie water tot net sag maar nog heel. Dreineer. Verhit die mosterdsous weer tot kookpunt, voeg die uitjies by en laat goed kook. Skep warm in gesteriliseerde flesse en verseël dadelik.

Lewer 3-4 L (12-16 k) slaai.

Mosterddroëvrugte

1 x basiese mosterdsous (bl. 53)
2 pakke (500 g elk) gemengde
  droëvrugte, geweek

Berei die basiese mosterdsous.
    Kook die droëvrugte in 'n bietjie water tot sag. Dreineer, indien nodig. Verhit die mosterdous weer tot kookpunt, voeg die vrugte by en laat goed kook. Skep warm in gesteriliseerde flesse en verseël dadelik.

Lewer ± 3 L (12 k) slaai.

Basiese soetsuur sous

500 ml (2 k) appel-, witwyn- of
  druiweasyn
375 ml (1¹/₂ k) ligbruinsuiker
2 ml (¹/₂ t) borrie
10 ml (2 t) droë dille (opsioneel)
15 ml (1 e) mosterdsaadjies (opsioneel)
20 ml (4 t) mielieblom aangemaak met
  'n bietjie water

Verhit al die bestanddele saam tot kookpunt, roer deurentyd en laat goed kook. Gebruik soos in die bygaande resepte beskryf.

Lewer ± 500 ml (2 k) sous.

Komkommerslaai

1 x basiese soetsuur sous
3 Engelse komkommers, in dun skyfies
  gesny
3 groot uie, in dun skyfies gesny
45 ml (3 e) growwe sout

Berei die basiese soetsuur sous.
    Pak die komkommer en uieskyfies in lae in 'n vergiette. Strooi growwe sout oor elke laag. Plaas 'n piering en 'n swaar voorwerp bo-op en laat 3 uur lank staan om te dreineer. Verhit die soetsuur sous weer tot kookpunt, voeg die groente by en laat net 1 minuut lank kook. Skep warm in gesteriliseerde flesse en verseël.

Lewer ± 3,25 L (13 k) slaai.

Braaigroente-en-couscousslaai (bl. 52)

Drieboneslaai

1 x basiese soetsuur sous (bl. 54)
2 blikke (410 g elk) rooi nierbone,
  gedreineer
2 blikke (410 g elk) botterbone,
  gedreineer
2 blikke (410 g elk) groenbone,
  gedreineer
2 uie, gekap
2 soetrissies, ontpit en in repe gesny
paar gebleikte sultanas

Berei die basiese soetsuursous.
    Voeg die res van die bestanddele by die kokende soet-
suur sous, verhit tot kookpunt en laat net weer goed kook.
Skep warm in gesteriliseerde flesse en verseël dadelik.

Lewer ongeveer 2 L (8 k) slaai.

Basiese kerriesous

500 ml (2 k) druiweasyn
375 ml (1^1/$_2$ k) wit suiker
125 ml (^{1}/$_2$ k) water
50 ml fyn appelkooskonfyt
20 ml (4 t) matige kerriepoeier
5 ml (1 t) fyn gemmer
5 ml (1 t) borrie
2 ml (^{1}/$_2$ t) fyn komyn (jeera)
2 ml (^{1}/$_2$ t) fyn koljander
1 tamatiepastablokkie of 1 blikkie (65 g)
  tamatiepasta
5 ml (1 t) sout
60 ml (^{1}/$_4$ k) mielieblom

Meng al die bestanddele, roer tot suiker opgelos is en laat
5 minute lank goed kook. Gebruik soos in die bygaande
resepte beskryf.

Lewer ± 600 ml sous.

Kerriekool

1 x basiese kerriesous
7 mediumgroot uie, in ringe gesny
1 kopkool (± 1,8 kg)
250 ml (1 k) sultanas

Jy kan ook 'n paar geelwortels by die kool voeg.

Berei die basiese kerriesous.
    Plaas die uie en kool in 'n kastrol en bedek met water.
Kook tot net sag maar nog bros. Dreineer. Verhit die
kerriesous tot kookpunt, voeg die groente en sultanas by
en laat net weer goed kook. Skep warm in gesteriliseerde
flesse en verseël dadelik.

Lewer ± 3 L (12 k) slaai.

Kerriebone

1 x basiese kerriesous (bl. 56)
1 kg groenbone, stingelente afgesny
1 ui, in ringe gesny
sout

Hierby kan ook 'n paar geelwortels, skoongeskraap en in stukke gesny, gevoeg word.

Berei die basiese kerriesous.
   Kook die groenbone en ui saam met sout in 'n bietjie water tot net sag. Dreineer. Verhit die kerriesous tot kookpunt, voeg die groente by en laat net weer goed kook. Skep warm in gesteriliseerde flesse en verseël dadelik.

Lewer ± 2 L (8 k) slaai.

Kerrie-drieboneslaai

1 x basiese kerriesous (bl. 56)
2 blikke (410 g elk) rooi nierbone, gedreineer
2 blikke (410 g elk) nierbone, in tamatiesous
2 blikke (410 g elk) groenbone, gedreineer
2 uie, gekap
2 soetrissies, ontpit en in repe gesny

Berei die basiese kerriesous.
   Voeg die res van die bestanddele by die kokende kerriesous en laat net weer goed kook. Skep warm in gesteriliseerde flesse en verseël dadelik.

Lewer ± 2,5 L (10 k) slaai.

Basiese tamatiesous

250 ml (1 k) suiker
375 ml (1½ k) druiweasyn
1 blikkie (115 g) tamatiepasta
10 ml (2 t) Worcestershiresous
10 ml (2 t) aangemaakte mosterd
sout en varsgemaalde swartpeper na smaak
30 ml (2 e) mielieblom, aangemaak met 'n bietjie koue water

Meng al die sousbestanddele. Verhit die mengsel, roer tot die suiker opgelos is en laat goed kook. Gebruik soos in die bygaande resepte beskryf.

Lewer ± 400 ml (1½ k) sous.

Koperpennie-wortelslaai

1 x basiese tamatiesous
750 g geelwortels, skoon geskraap en in skyfies gesny
1 groen soetrissie, ontpit en in blokkies gesny
1 groot of 2 klein uie, in ringe gesny

Berei die basiese tamatiesous.
   Kook die geelwortels in 'n bietjie water tot net sag maar nog bros. Dreineer. Verhit die tamatiesous tot kookpunt, voeg die geelwortels en die res van die groente by en laat net weer goed kook. Skep warm in gesteriliseerde flesse en verseël dadelik.

Lewer ± 1,5 L (6 k) slaai.

Rooi slaphakskeentjies

1 x basiese tamatiesous (bl. 57)
1 kg uitjies, geskil, maar puntjies behou
250 ml (1 k) sultanas

Berei die basiese tamatiesous.

Kook die uitjies in 'n bietjie water tot net sag maar nog heel. Dreineer. Verhit die tamatiesous tot kookpunt, voeg die uitjies en sultanas by en laat net weer goed kook. Skep warm in gesteriliseerde flesse en verseël dadelik.

Lewer ± 1,5 L (6 k) slaai.

Gemengde groenteslaai

1 x basiese tamatiesous (bl. 57)
700 g geelwortels, skoon geskraap en in ringe gesny
250 g blomkool of broccoli, in blom-metjies gebreek
500 ml (2 k) bevrore of geblikte pit-mielies, gedreineer
1 groen soetrissie, ontpit en in blokkies gesny
2 knoffelhuisies, fyngedruk

Berei die basiese tamatiesous.

Kook die geelwortels in water tot effens sag. Voeg die blomkool by en kook tot die groente net sag maar nog bros is. Dreineer. Verhit die tamatiesous tot kookpunt, voeg al die groente by en laat net weer goed kook. Skep warm in gesteriliseerde flesse en verseël dadelik.

Lewer ± 2 L (8 k) slaai.

Rooi drieboneslaai

1 x basiese tamatiesous (bl. 57)
2 blikke (410 g elk) rooi nierbone, gedreineer
2 blikke (410 g elk) botterbone, gedreineer
2 blikke (410 g elk) groenbone, gedreineer
2 uie, gekap
2 soetrissies, ontpit en in blokkies gesny
paar sultanas

Berei die basiese tamatiesous.

Voeg die res van die bestanddele by die kokende sous en laat weer goed kook. Skep warm in gesteriliseerde flesse en verseël dadelik.

Lewer 2,5 L (10 k) slaai.

Slaai in 'n bottel

Vis en seekos

Vis oor die kole, in die oond of in deeg gebak – vis is 'n heerlike gesonde alternatief vir vleis. Hier's 'n heerlike verskeidenheid van die lekkerste resepte.

Tradisionele Kaapse kerrievis

1 kg vars vis, in mote gesny, of 1 pak
    (750 g) bevrore vismootjies
koekmeelblom om vis in te rol
sout
kookolie vir vlakbraai

Kerriesous:
2 groot uie, in ringe gesny
5 knoffelhuisies (opsioneel)
375 ml (1½ k) wit- of bruinasyn
250 ml (1 k) water
60-125 ml (¼-½ k) bruinsuiker of
    na smaak
15 ml (1 e) kerriepoeier of masala
10 ml (2 t) fyn koljander
10 ml (2 t) fyn komyn
5 ml (1 e) borrie
5 ml (1 e) sout
2 ml (½ t) fyn gemmer (opsioneel)
1 ml (¼ t) swartpeperkorrels
4 elk wonderpeperkorrels en naeltjies
4 lourier- of kerrieblare (opsioneel)
15-20 ml (3-4 t) mielieblom, aangemaak
    met 'n bietjie water tot 'n gladde pasta

Kerrievis is so Maleis soos kan kom. Hierdie resep het ek aangepas van 'n resep wat uit Cass Abrahams se boek Die kos en kultuur van die Kaapse Maleiers, *kom.*

Rol die vis in die meel wat liggies met sout gegeur is en panbraai in genoeg verhitte olie tot gaar. (Indien jy vismootjies gebruik, plaas dit in 'n bak koue water en verwyder enige skubbe met 'n mes voor jy dit gaarmaak.) Dreineer die vis op handdoekpapier en hou eenkant.

Sous:
Meng al die sousbestanddele, behalwe die mielieblom-pasta, in 'n groterige kastrol en verhit tot kookpunt. Laat 5 minute lank sonder 'n deksel kook of tot die uie sag en deurskynend is. Verdik met die mielieblompasta.
    Pak die vis in 'n nie-metaalagtige bak en giet die warm kerriesous oor sodat die vis heeltemal bedek is. Giet ook 'n bietjie olie oor. Laat afkoel, bedek en bêre in die yskas. (Die vis sal minstens 5 dae goed in die yskas hou, maar dit kan ook dadelik na bereiding geëet word.)

Lewer 4-5 porsies.

Spesiale viskoekies

4 aartappels, geskil
1 blik (425 g) sardyne in tamatiesous
1 blik (410 g) geroomde suikermielies
1 ui, fyngekap
3 ekstragroot eiers, geklits
15 ml (1 e) fyngekapte vars pietersielie
sout en varsgemaalde swartpeper
    na smaak
250 ml (1 k) bruismeel
olie vir vlakbraai
suurlemoenskyfies en tamatiesous
    vir opdiening

'n Vorige assistent in die toetskombuis, Charlene Lategan, is veral gek na hierdie koekies en bak dit gereeld by die huis.

Kook die aartappels in soutwater tot sag. Druk fyn en voeg die res van die bestanddele buiten die olie en suurlemoen-skyfies by. Meng goed. Skep lepels vol in warm olie en braai aan weerskante tot bruin en gaar.
Sit voor saam met suurlemoenskyfies en tamatiesous.

Lewer 30 koekies.

Tradisionele Kaapse kerrievis

Portugese knoffelvis

1 kg bevrore stokvisfilette
sout, varsgemaalde swartpeper, suur-
  lemoenpeper of visspeserye na smaak
koekmeelblom
2 eiers, geklits
kookolie vir vlakbraai
8 knoffelhuisies, geskil
1 groterige brandrissie
15 ml (1 e) droë pietersielie
500 ml (2 k) water
250 ml (1 k) bruinasyn

'n Resep wat ek in Wenresepte 3 *raaklees. "Dis nou 'n resep duisend dié", skryf Annette Human daar. Die bevrore vis kan deur vars witvis vervang word. 'n Mens kan selfs skywe beesfilet of lewer pleks van vis gebruik. Die knoffelvis kan tot vyf dae in die koelkas bewaar word. Jy eet die vis koud of warm en skep dit net voor ete op.*

Trek die vel van die bevrore vismootjies af en laat hulle op 'n draadrak in 'n blikskinkbord ontdooi. Sny die mootjies in groterige porsies van ongeveer 11 x 6 cm.

Geur die visporsies met sout, peper en suurlemoenpeper. Rol elke porsie in meel en doop dit dan in die geklitste eiers. Braai die porsies aan weerskante in warm olie tot goudbruin en gaar. Plaas die gaar porsies in 'n groot opskepbak met 'n deksel.

Maak die knoffel, rissie en pietersielie fyn. Braai die mengsel liggies in verhitte olie in 'n pan. Voeg die water en asyn by, verhit tot kookpunt en kook 10 minute lank sonder 'n deksel. Geur met sout en peper en kook 'n verdere 3 minute lank. Giet die warm marinade oor die vis, sit die deksel op en laat die vis minstens 5 uur lank in die koelkas marineer voor dit geëet word.

Lewer 6-8 porsies.

Heel vis oor die kole

1 heel vis (ongeveer 2 kg), goed
  skoongemaak en binnegoed verwyder,
  maar kop en stert behou
sout en varsgemaalde swartpeper na smaak

Sous:
250 g botter of margarien
50 ml fyngekapte vars kruie (bv. pieter-
  sielie, grasuie en tiemie)
1-2 knoffelhuisies, fyngedruk
50-100 ml suurlemoensap

Avokadosous:
3 ryp avokado's, geskil, ontpit en in baie
  klein blokkies gesny
suurlemoensap
1 ryp tamatie, ontvel en in klein blokkies
  gesny
1 eier, hardgekook en fyngekap
10 ml (2 t) brandrissiesous (opsioneel)
15 ml (1 e) gekapte vars pietersielie
sout en varsgemaalde peper na smaak

Vis moet nie te lank gebraai moet word nie, want dan word dit droog. Vir my is die avokadosous wat saam met die vis voorgesit word, baie lekker en maak dit enige vis-braai spesiaal.

Geur die vis binne en buite goed met sout en peper. Plaas op 'n rooster, verkieslik 'n visrooster wat volgens die vorm van die vis gebuig is – dit voorkom dat die vis platgedruk word.

Sous: Smelt al die sousbestanddele saam. Verf die buitekant van die vis goed met die sous.

Rooster die vis oor matige kole, ongeveer 15-20 minute lank per kant, en verf gereeld met die sous. Die gaarmaak-tyd sal afhang van die dikte van die vis en die hitte van die kole. Bedek die vis later liggies met aluminiumfoelie as jy wil hê dit moet vinniger gaar word.

Sit voor saam met avokadosous en suurlemoenskyfies.

Lewer ± 6 porsies.

Avokadosous

Plaas die avokadoblokkies in 'n mengbak en giet 'n bietjie suurlemoensap oor. Voeg die res van die bestanddele by en meng liggies. Hou in die yskas tot met opdiening.

Oondgebakte snoek met mayonnaisesous

75 ml (5 e) botter, gesmelt
fyn sout
60 ml ($^1/_4$ k) vars suurlemoensap
varsgemaalde swartpeper
1 mediumgroot snoek, vars of bevrore
  en ontdooi

Sous:
125 ml ($^1/_2$ k) mayonnaise
80 ml ($^1/_3$ k) fyn appelkooskonfyt
5 ml (1 t) fyngestampte droë nartjieskil,
  sonder wit membraan (opsioneel)
5 ml (1 t) gerasperde vars lemoenskil
  (opsioneel)

Snoek is Weskus-kos. In die Olifantsrus-gastehuis *buitekant Citrusdal is snoek altyd in die oond gaargemaak vir gaste.*

Voorverhit die oond tot 190 °C. Verf 'n groot bakplaat met die gesmelte botter.

Strooi die fyn sout en die helfte van die suurlemoensap oor die botter. Vlek die snoek oop en maak snitte 5 cm uitmekaar oor die breedte van die vis. (Sny deur die grate, maar nie die vel nie.) Plaas die snoek met die vel na onder op die voorbereide bakplaat en geur met sout, peper en die res van die suurlemoensap. (Gebruik min of geen sout as die snoek ingesout was nie.) Bak ongeveer 15 minute lank tot gaar – die vis sal maklik met 'n vurk gevlok kan word.

Sous: Meng die sousbestanddele in 'n houer. Smeer die sous oor die snoek en oondrooster 10 minute lank tot die sous begin verbruin. Laat die snoek op 'n opdienbord afgly en maak die snitte versigtig met 'n mes en vurk oop om in netjiese porsies op te skep.

Sit voor saam met oondgebakte patats.

Lewer 4-6 porsies.

Wenk: Jy kan ook dieselfde mayonnaisesous gebruik om oor die snoek te smeer wanneer dit oor die kole gebraai word.

Snoek oor die kole

1 vars snoek, oopgevlek
sout na smaak
3 suurlemoene se sap
250 g botter
varsgemaalde swartpeper

Spoel die snoek af en laat winddroog word. Strooi sout oor die snoek indien ongesout.

Verhit die res van die bestanddele saam tot die botter gesmelt is. Braai die snoek met die velkant na onder in 'n toeklaprooster taamlik hoog bo die kole. Draai na 'n kort rukkie om net om die snoek droog te maak. Draai dan kort-kort om en smeer goed met die suurlemoenbotter. Moenie langer as 20 minute braai nie, na gelang van die snoek se dikte. Sit voor saam met potbrood en konfyt.

Lewer 6-8 porsies.

Blatjangsous vir snoek:
100 ml blatjang
375 ml (1$^1/_2$ k) botter
10 ml (2 t) Worcestershiresous
10 ml (2 t) kookolie
60 ml ($^1/_4$ k) appelkooskonfyt
2 knoffelhuisies, fyngedruk
75 ml (5 e) suurlemoensap

Blatjangsous vir snoek
Verhit al die bestanddele, behalwe die suurlemoensap, saam tot kookpunt. Verwyder van die hitte, roer die suurlemoensap in en smeer oor die snoek terwyl dit gebraai word.

Lewer sowat 500 ml sous (genoeg vir 1 snoek).

Nuwerwetse gebakte vis

Bierbeslag:
310 ml (1¹/₄ k) koekmeelblom
2 ml (¹/₂ t) sout
310 ml (1¹/₄ k) bier
varsgemaalde swartpeper na smaak
kookolie vir diepbraai

600 g bevrore stokvisfilette of -mote,
  ontvel terwyl bevrore en ontdooi
1 suurlemoen se sap
gegeurde koekmeelblom
sout

'n Moderne weergawe van gebakte vis met 'n ligte beslag wat 'n mens nou eintlik met aartappelwiggies moet eet, en nie slaptjips nie.

Klits al die bestanddele van die beslag tot gemeng.
Verhit die olie tot warm. Sny die visfilette in vingerdik repe of porsies, besprinkel met suurlemoensap en rol in die gegeurde meel. Werk versigtig sodat die repe nie breek nie.
    Gebruik 'n gaatjieslepel en doop die repe in die beslag. Braai 3 repe op 'n keer in die warm olie tot goudbruin en gaar. Dreineer die vis op handdoekpapier en geur met sout.
    Sit voor saam met komkommersous.

Lewer 4 porsies.

Komkommer-jogurtsous:
¹/₂ Engelse komkommer, fyngerasper
sout
75 ml (5 e) mayonnaise
75 ml (5 e) natuurlike jogurt
5 ml (1 t) suurlemoensap

Komkommer-jogurtsous

Bestrooi die gerasperde komkommer met 'n bietjie sout en laat 15-30 minute lank in 'n sif staan. Dreineer goed, voeg die res van die bestanddele by en roer deur. Skep in 'n opdienbakkie en verkoel tot by opdiening.

Soetsuur vis

Tempurabeslag:
250 ml (1 koppie) bruismeel
knippie sout
150 ml koue water
12,5 ml (2¹/₂ t) olie
2 eierwitte

Sous:
100 g dun geelwortelrepies
¹/₂ groen soetrissie, in repies gesny
kookolie
500 ml (2 k) hoendervleisaftreksel
25 ml (5 t) druiweasyn
15 ml (1 e) sojasous
45 ml (3 e) blatjang of soet
  brandrissiesous
25 ml (5 t) bruinsuiker
25 ml (5 t) tamatiesous
10 ml (2 t) mielieblom, met 'n bietjie
  water aangemaak
600 g stokvisfilette, in blokkies gesny
sout en varsgemaalde swartpeper na smaak
kookolie vir diepbraai

Alhoewel hierdie resep reeds in Wenresepte 4 *verskyn het, kan dit nie meer in pas wees met die nuutste Oosterse kookkuns nie. Die vis word in 'n heerlike ligte deeg gedoop en gebraai. Dit word met 'n groente-soetsuur sous voorgesit.*

Tempurabeslag:
Sif die bruismeel en sout saam. Meng die water en olie en giet by die droë bestanddele. Meng tot 'n gladde beslag gevorm is. Laat 1 uur staan.
    Klits die eierwitte styf net voor benodig en vou by die beslag in.

Sous:
Roerbraai die geelwortel en soetrissie in 'n bietjie verhitte olie. Voeg die res van die bestanddele by, behalwe die mielieblom wat met 'n bietjie koue water aangemaak is. Laat goed deurkook en verdik met die mielieblompasta.
    Geur die visblokkies met sout en peper en doop in die beslag. Verhit genoeg olie in 'n pan en braai die vis daarin tot ligbruin. Dreineer op handdoekpapier.
    Pak lae vis en sous in 'n vlak opdienskottel en sit dadelik voor saam met basmati- of jasmyngegeurde rys.

Lewer 6 porsies.

Calamari met tamatie-soetrissiesous (bl. 71)

Gebraaide speseryvis

250 ml (1 k) koekmeelblom
3 ml (ruim ¹/₂ t) rooipeper of helfte
  paprika
5 ml (1 t) droë basiliekruid
6 bevrore stokvisfilette, ontdooi of
  vars vismootjies
sout na smaak
2 eiers, geklits
sagte broodkrummels om in te rol
kookolie vir vlakbraai

*Voor die porsies vis in broodkrummels gebraai word, word
dit in koekmeelblom gerol wat lekker sterk gegeur is. Sit
dit saam met geurige rys voor.*

Meng die meel, rooipeper en basiliekruid in 'n groterige
plat bord. Geur die stokvisfilette met sout en rol elkeen in
die meelmengsel. Doop elke filet dan in die geklitste eier en
rol daarna in die krummels. Plaas op 'n bakplaat en verkoel
ongeveer 15 minute lank in die yskas. Braai die vis daarna
in warm, vlak olie tot bruin buite-om en gaar. Dreineer op
handdoekpapier indien nodig.
     Sit die vis voor saam met geurige rys, 'n Tartaarse sous
of suurlemoenskyfies.

Lewer 6 porsies.

Geurige rys:
1 ui, grof gekap
¹/₂ groen soetrissie, in klein blokkies gesny
olie
375 ml (1¹/₂ k) rou rys
500 ml (2 k) hoendervleisaftreksel
100 g knopiesampioene, in skyfies gesny
50 g (¹/₂ pak) pekanneute, grofgekap

Geurige rys

Soteer die ui en soetrissie in 'n bietjie verhitte olie tot sag
en deurskynend. Voeg die rys by en roerbraai ongeveer
1 minuut. Giet die aftreksel oor en laat prut tot die rys sag
en gaar is. Voeg meer kookwater by indien nodig.
     Soteer die sampioene in 'n aparte pan tot gaar en meng
met die gaar rys. Voeg ook die pekanneute by.

Lewer 6 porsies.

Romerige visbredie

1 ui, fyngekap
2 soetrissies, ontpit en in blokke gesny
  (opsioneel)
kookolie
1 kg bevrore visfilette, in blokke gesny
sout en varsgemaalde swartpeper na smaak
suurlemoensap
koekmeelblom
250 ml (1 k) room
¹/₂ van 65 g-blik tamatiepasta
knippie roosmaryn na smaak
10 ml (2 e) fyngekapte vars pietersielie
  vir garnering

*'n Heerlike visbredie met 'n romerige, effense tamatiesous
wat ons in* Randrekkers *gepubliseer het.*

Soteer die ui en soetrissies in 'n bietjie olie tot sag en deur-
skynend. Skep uit en hou eenkant. Geur die vis, sprinkel
suurlemoensap oor en rol in die meel. Braai die vis in 'n
bietjie olie tot bruin buite-om. Voeg die uiemengsel by, meng
die room en tamatiepasta en giet oor. Verlaag die hitte en
laat net ongeveer 5 minute lank prut tot die vis gaar is en die
sous effens afgekook het. Geur met nog sout en peper,
indien nodig, en met roosmaryn. Strooi die pietersielie oor.
     Sit voor saam met rys.

Lewer 4 porsies.

Kaapse visbobotie

600 g rou witvismootjies
2 snye ou witbrood, korsies afgesny
125 ml ($^1/_2$ k) melk
2 uie, gekap
5 ml fyngedrukte knoffel en gemmer-
  wortel (opsioneel)
15 ml (1 e) botter of olie
30 ml (2 e) suiker
10 ml (2 t) kerriepoeier of masala
5 ml (1 t) borrie
125 ml ($^1/_2$ k) pitlose rosyne
25 ml (5 t) vars suurlemoensap
sout en varsgemaalde swartpeper
  na smaak
250 ml (1 k) melk
1 eier
vars suurlemoenblare

'n Mens hoef nie net maalvleis te gebruik om bobotie mee te berei nie. Hierdie visbobotie, waarvoor die resep in Wenresepte 2 *verskyn, is onverbeterlik. Dit lyk besonders as jy dit in individuele bakkies gaarmaak pleks van in 'n enkele groot bak. "Bevrore stokvismootjies wat net effens ontdooi is, is uitstekend hiervoor," skryf Annette Human "want dit maal maklik."*

Voorverhit die oond tot 180 °C. Smeer 4-6 individuele oondvaste bakkies goed met botter of margarien of spuit met kleefwerende kossproei.

Maak die vis fyn in 'n voedselverwerker. Week die brood in die melk en maak dit fyn. Voeg die vis by. Braai die uie, knoffel en gemmer in die botter tot sag. Voeg die suiker, kerriepoeier en borrie by die uie en braai effens. Voeg die uiemengsel, rosyne, suurlemoensap, sout en peper by die vismengsel en meng liggies.

Klits die melk en eier saam. Voeg die helfte by die vismengsel en meng.

Skep die vismengsel in die bakkies en giet die oorblywende eiermelk bo-oor. Druk suurlemoenblare tregtervormig in die vismengsel in. Plaas die bobotie op die middelste oondrak en bak 20 minute lank of tot die eiermelk gestol is.

Sit warm voor saam met rys en sambals (bl. 78).

Lewer 4-6 porsies.

Vislasagne

³/₄ pak (375 g) spinasienoedels
30 ml (2 e) kookolie
1 groot ui, fyngekap
2 knoffelhuisies, gekneus
1 blik (410 g) tamatiesop
125 ml ($^1/_2$ k) water
10 ml (2 t) suiker
5 ml (1 t) sout
1 ml ($^1/_4$ t) peper
2 blikkies (200 g elk) tuna, of 1 blik
   (425 g) natuurlike sardyne, gedreineer

Maaskaassous:
1 houer (250 g) fyn maaskaas
250 ml (1 k) room of 125 ml ($^1/_2$ k) melk
250 ml (1 k) gerasperde cheddarkaas
ekstra gerasperde kaas en paprika vir
   garnering

Dié resep uit Wenresepte 2 *van Annette Human het ook menige aand al in my huis op die tafel verskyn. Pleks van 'n witsous word maaskaas ingespan vir die bolaag.*

Voorverhit die oond tot 180 °C. Smeer 'n oondvaste bak van 20 x 20 x 5 cm met botter of margarien of spuit met kleefwerende kossproei.

Kook die spinasienoedels tot gaar volgens die aanwysings op die verpakking. Dreineer noedels goed en meng met die helfte van die kookolie. Hou eenkant tot benodig.

Verhit die orige olie en soteer die ui en knoffel liggies daarin. Voeg die tamatiesop, water, suiker, sout en peper by. Verhit die mengsel tot kookpunt, roer af en toe en laat dan 10 minute lank oor lae hitte prut. Vlok die vis effens, roer dit by die tamatiemengsel in en hou eenkant tot benodig.

Sous:
Klits die maaskaas, room en cheddarkaas saam tot gemeng. Hou eenkant tot benodig.

Skep die helfte van die spinasienoedels in die voorbereide bak. Skep die helfte van die vismengsel en die helfte van die kaassous bo-op. Herhaal die lae met die res van die noedels, vismengsel en kaassous. Strooi 'n bietjie gerasperde kaas en paprika bo-oor. Bak die lasagne 30-40 minute lank in die voorverhitte oond.

Sit warm voor saam met 'n groen slaai.

Lewer 6 porsies.

Variasie: Vervang die blik tamatiesop deur 'n blik gekapte tamatie. Laat die water dan ook weg.

Visherderspastei

750 g stokvis, vel verwyder
sout en varsgemaalde swartpeper
600 ml melk
45 ml (3 e) margarien
60 ml koekmeelblom
5 ml (1 t) mosterdpoeier
25 ml (5 t) mayonnaise
125 ml ($^1/_2$ k) cheddarkaas, gerasper
25 ml (5 t) grasuie, gekap (opsioneel)
1 klein rooi soetrissie, in blokkies gesny
12 knopiesampioene, in skyfies gesny
4-6 aartappels, geskil en gekook
25 ml (5 t) botter of margarien
25 ml (5 t) melk

Dis nou 'n lekker variasie op die gewone herderspastei dié.

Smeer 'n oondvaste bak met botter of margarien of spuit met kleefwerende kossproei.

Geur die vis liggies met sout en peper en laat stadig in die melk prut tot gaar. Dreineer en behou die melk. Vul die melk aan tot 500 ml. Vlok die vis en hou eenkant.

Berei 'n witsous met die margarien, koekmeelblom en melk en geur met mosterdpoeier, mayonnaise, sout en peper. Voeg die gevlokte vis, cheddarkaas, grasuie, soetrissie en sampioene by en meng goed. Skep in die voorbereide bak.

Druk die aartappels fyn en voeg die botter en melk by. Geur met sout en peper. Smeer die kapokaartappels oor die vislaag. Skakel die oondrooster aan en rooster die gereg tot die aartappels net begin ligbruin word en die gereg deurwarm is.

Lewer 6 porsies.

Gebakte vis met kaasbolaag

1,2 kg stokvisporsies, vel verwyder
sout en varsgemaalde swartpeper
  na smaak
mayonnaise
200 ml vars broodkrummels
80 ml ($^1/_3$ k) gerasperde vars parme-
  saankaas
80 ml ($^1/_3$ k) gerasperde skerp
  cheddarkaas
80 ml ($^1/_3$ k) gerasperde mozzarellakaas
5 ml (1 t) seekosmasala

*Drie soorte kaas word oor hierdie vis gestrooi, waarna dit
dan in die oond gebak word.*

Voorverhit die oond tot 220 °C. Smeer 'n oondvaste bak
met of spuit met kleefwerende kossproei.
  Plaas die visfilette in die voorbereide bak. Geur met
sout en peper en smeer 15 ml mayonnaise op elke filet.
Meng die broodkrummels, parmesaankaas, cheddarkaas,
mozzarellakaas en seekosmasala en sprinkel bo-oor. Bak
15-20 minute lank onbedek in die voorverhitte oond tot
die vis net gevlok kan word met 'n vurk.
  Sit voor saam met jong aartappeltjies en 'n groen slaai.

Lewer 6 porsies.

Viskasserol met fetakaas

1,5 kg vars lynvis of bevrore stokvis,
  ontvel en in mote gesny
50 ml olyfolie
80 ml ($^1/_3$ k) vars suurlemoensap
10 ml (2 t) grasuie, gekap
2-3 preie, gekap
3 knoffelhuisies, fyngedruk
1 rooi soetrissie, gekap
250 g sampioene, in skywe gesny
1 blik (400 g) heel tamaties, grof gekap
250 ml (1 k) witwyn
60 ml ($^1/_4$ k) vars pietersielie, gekap
60 ml ($^1/_4$ k) vars dille, gekap
200 g fetakaas

*Visporsies word in 'n tamatiesous gaar en fetakaas word
oor elkeen gesprinkel.*

Plaas die vis in 'n nie-metaalagtige oondvaste bak. Meng
die olyfolie, suurlemoensap en grasuie, giet oor vis en laat
30 minute lank staan. Voorverhit die oond tot 180 °C.
  Verhit die olyfolie in 'n pan en soteer die preie, knoffel,
soetrissie en sampioene tot sag. Roer die tamaties saam
met die witwyn by die groentemengsel in en kook tot dik
en geurig. Giet die sous oor die gemarineerde vis en
sprinkel die pietersielie en dille oor. Bak ongeveer
20 minute lank in die voorverhitte oond tot die vis gaar is
en maklik met 'n vurk gevlok word. Krummel die fetakaas
oor en plaas terug in die oond tot die kaas gesmelt is.
  Sit voor saam met 'n groen slaai en knoffelbrood.

Lewer 6 porsies.

Vis met dukkah-kors

6 vars visfilette (bv. geelbek), ontvel en
  in mote gesny
vars suurlemoensap
sout en varsgemaalde swartpeper
  na smaak
gekoopte dukkah
30-45 ml (2-3 e) botter
suurlemoenwiggies vir opdiening
komkommer-jogurtsous (bl. 64)

*Sorg dat jy altyd 'n blikkie Egiptiese dukkah in die huis
het. Buiten dat jy dit saam stukkies brood wat eers in olyf-
olie gedruk is, kan geniet, maak dit 'n heerlike kors vir vis.*

Besprinkel die vis met suurlemoensap, geur met sout en peper
en rol in die dukkah. Verkoel. Verhit botter in 'n kleefvrye pan
en braai die vis daarin tot net gaar en tot dit maklik met 'n
vurk gevlok word. (Dit duur net 5 minute.) Sit voor saam met
suurlemoenwiggies, komkommersous en vars brood.

Lewer 6 porsies.

Vis in suurroom

800 g bevrore stokvisfilette
melk
sout en varsgemaalde swartpeper
vars broodkrummels
250 ml (1 k) suurroom
1 tamatie, in skyfies gesny (opsioneel)
150 ml gerasperde cheddarkaas
fyngekapte vars pietersielie vir garnering

> Wenk: Pleks van die suurroom kan
> 125 ml ($^1/_2$ k) elk natuurlike jogurt
> en mayonnaise gemeng en oor die
> vis geskep word.

*Omdat vis so gou gaar word, is dit ideaal om as vinnige
aandete voor te sit.*

Voorverhit die oond tot 180 °C. Smeer 'n mediumgroot
oondvaste bak met botter of margarien of spuit met
kleefwerende kossproei.
   Doop die stokvisfilette in melk en geur liggies met sout
en peper. Rol die vis in die broodkrummels en pak in die
voorbereide bak. Giet die suurroom oor. Pak die tamatie-
skyfies bo-op, geur met sout en peper, en strooi die kaas oor.
Bak ongeveer 30 minute lank in die voorverhitte oond of tot
die vis gaar en die kaas gesmelt is. Strooi die pietersielie oor.

Lewer 4 porsies.

SEEKOS
Manjifieke mossels

50 vars swartmossels
1 groot ui, in ringe gesny
2 knoffelhuisies, gekap
15 ml (3 e) botter
125 ml ($^1/_2$ k) witwyn
100 ml water
5 ml (1 t) varsgemaalde swartpeper

Mossels moet so gou moontlik nadat hulle gepluk is,
gaargemaak word.
   Maak dit soos volg skoon: Gooi enige mossels met
gebreekte of gekraakte skulpe weg, asook dié wat oopbly
wanneer jy die skulp tik. Krap die skulpe skoon en sny
enige seewier af. Spoel onder koue, lopende water af en
laat 30 minute lank in skoon, koue water lê. Vervang die
water gereeld om enige sand wat die mossels uitskei, te
verwyder. Spoel nog een keer af.
   Soteer die ui en knoffel in die verhitte botter tot sag en
deurskynend. Voeg die witwyn, water en swartpeper by en
verhit tot kookpunt. Voeg die mossels by, bedek en kook
10 minute lank vinnig of tot die mossels oopgaan. Skud die
kastrol so af en toe. Gooi die mossels weg wat glad nie
wou oopgaan nie.
   Sit voor saam met die sous en vars brood.

Lewer 6 porsies.

Swartmossels oor die kole

1 pak bevrore swartmossels in halwe
   skulpe
125 ml ($^1/_2$ k) mayonnaise
125 ml ($^1/_2$ k) natuurlike jogurt
1 suurlemoen se gerasperde skil
60 ml (4 e) gekapte vars pietersielie
varsgemaalde swartpeper na smaak

*Die swartmossels kry 'n heerlike sous oor terwyl dit oor
die kole braai.*

Pak die swartmossels in 'n enkellaag op 'n braairooster.
Meng die res van die bestanddele en skep oor elke mossel.
Braai ongeveer 5 minute lank oor die kole tot die mossels
net gaar is.

Lewer 4-6 porsies.

Calamari met tamatie-soetrissiesous

tamatie-soetrissiesous
$^1/_2$ soetrissie, ontpit en gekap
1 mediumgroot ui, fyngekap
1 knoffelhuisie, fyngedruk
2 knopiesampioene, in skyfies gesny
olyfolie
1 tamatie, ontvel en fyngekap
sout en varsgemaalde swartpeper
botter (nie margarien nie)
3-4 calamari-steaks, in repe gesny
  indien verkies
5 ml (1 t) suurlemoensap

Calamari-steaks is bitter selde taai. Onthou om dit net vinnig gaar te maak tot die vleis net wit wil verkleur. Indien verkies, kan jy dit vooraf in 'n bietjie melk laat lê.

Soteer die soetrissie, ui, knoffel en sampioene in olyfolie tot sag. Voeg die tamatie by en roerbraai effens. Geur met sout en peper. Hou eenkant warm.

Sny vlak kepe kruis en dwars oor die bo- en onderkant van die steaks.

Verhit gelyke hoeveelhede botter en olyfolie in 'n pan tot goed warm en braai die calamari vinnig tot net gaar – die vleis sal wit verkleur. Geur met suurlemoensap en sout en peper.

Sit voor saam met die tamatiesous.

Lewer 2 porsies.

Paella

60 ml (4 e) olyfolie
2 knoffelhuisies, fyngedruk
1 mediumgroot ui, grof gekap
1 rooi soetrissie, ontpit en fyngekap
3 hoenderborsies, ontvel, ontbeen en in
  klein blokkies gesny
1-2 Russiese of chorizo-worsies, in
  skyfies gesny, of 'n paar spekvleisrepe,
  in stukkies gesny
1 blik (400 g) heel tamaties in sap,
  grof gekap
knippie rissiepoeier
5 ml (1 t) paprika
45 ml (3 e) sjerrie
375 ml (1$^1/_2$ k) langkorrelrys
1,3 L (± 5 k) groenteaftreksel
sout en varsgemaalde swartpeper
  na smaak
12 bevrore steurgarnale (verkieslik in
  die dop)
125 ml ($^1/_2$ k) bevrore ertjies
500 g swartmossels in halwe skulpe,
  of 1-2 blikkies (185 g elk) gerookte
  mossels

Vir hierdie Spaanse rysgereg is daar letterlik honderde weergawes – in plaas van steurgarnale kan jy 'n pakkie bevrore seekos gebruik, of andersins 'n blikkie aan die einde inroer.

Verhit die olie in 'n groot swaarboomkastrol of 'n paella-pan. Soteer die knoffel, ui en soetrissie daarin tot sag en geurig. Voeg die hoender en die worsies by en braai tot bruin. Voeg die tamaties by, sprinkel die rissiepoeier, paprika en sjerrie oor, verlaag die hitte en laat ongeveer 10 minute lank prut tot geurig. Roer die rys in en laat nog 5 minute lank prut. Giet die aftreksel by en verhit tot kookpunt. Verlaag die hitte en kook dan onbedek tot die rys die meeste van die aftreksel geabsorbeer het.

Dop intussen die steurgarnale af, los die stertjie aan en verwyder die aartjies. Voeg die steurgarnale, ertjies en mossels by, bedek en verhit nog 5-10 minute lank tot die steurgarnale pienk en die mossels warm is.

Sit voor saam met ekstra suurlemoenwiggies.

Lewer 4-6 porsies.

Vleis

Vleis bly gesog – hier's resepte vir heel braaistukke, stowevleis, bredies, kerrie, roerbraai vir van lam, bees, vark en ook wildsvleis.

LAMSVLEIS
Sannie Smit se oondgebraaide lamsboud en aartappelgebak

Vleis:
7 ml (1¹/₂ t) sout
varsgemaalde swartpeper na smaak
2 kg lamsboud
klompie knoffelhuisies, in repe gesny
vars roosmaryntakkies, afgespoel
15 ml (1 e) suurlemoensap

Aartappelgebak:
6 groot aartappels, geskil en in dun
　skywe gesny
1 groot ui, in dun skywe gesny
2 knoffelhuisies, fyngekap
15 ml (1 e) botter
15 ml (1 e) olie
10 ml (2 t) sout
varsgemaalde swartpeper na smaak
1 vars tiemietakkie of 5 ml (1 t)
　droë tiemie
1 vars roosmaryntakkie of 5 ml (1 t)
　droë roosmaryn
250 ml (1 k) hoender- of witvleisaftreksel
250 ml (1 k) melk
50 ml parmesaankaas (opsioneel)
vars kruie (opsioneel)

Sannie Smit was een van die groot geeste in ons land se koskultuur. Sy was jare lank die hoofhuishoudkundige by die gewese Vleisraad en het inderdaad die kuns verstaan om enige kos – nie net vleis nie – baie geurig en keurig te berei. Een ding wat ek by Sannie geleer het, is dat jy vleis altyd by 160 °C in die oond moet gaarmaak – nie hoër nie – dan bly dit lekker sappig. Kort nadat ek by Huisgenoot ingeval het, het ek haar gevra om van haar persoonlike gunstelinge vir ons te berei. Hierdie lamsboud is een daarvan. Ná al die jare is dit steeds van my eie geliefkoosde resepte. Hier's my effens aangepaste manier van doen.

Voorverhit die oond tot 160 °C. Vryf die boud met sout en peper in en steek gaatjies met 'n skerppuntmes oral in die boud. Druk die knoffelrepe en roosmaryntakkies in die gaatjies en drup die suurlemoensap oor. Plaas die boud met die vetkant na bo op die rak van die oondbraaipan. Oondbraai die vleis vir mediumgaar 20-25 minute per 500 g en 20 minute ekstra, en vir goed gaar 25-30 minute per 500 g en 25 minute ekstra.

Aartappelgebak:
Begin 'n uur voor die vleis voorgesit gaan word, die aartappels gaarmaak. Pak die helfte van die aartappels in 'n dun laag in die oondbraaipan waarop die rak met die vleis rus. Soteer die ui en knoffel in die verhitte botter en olie tot sag en deurskynend. Skep die uiemengsel op die aartappels. Pak die res van die aartappels in 'n laag op die uie. Strooi die sout en peper oor. Bind die kruie in 'n bossie vas en plaas op die aartappels. (Indien droë kruie gebruik word, strooi saam met die sout en peper oor.) Verhit die aftreksel en melk saam en giet oor die aartappels. Sprinkel die parmesaankaas oor.
　Plaas die vleis wat op die rakkie rus, op die aartappels en oondbraai nog 'n 1 uur lank tot die aartappels en die vleis gaar is.
　Skep die aartappels op die vleisbord en plaas die lamsboud bo-op. Garneer met vars kruie.

Lewer 6 porsies.

Sannie Smit se oondgebraaide lamsboud en aartappelgebak

Gemarineerde skaapboud met portsous

1 skaapboud

Karringmelkmarinade:
250 ml (1 k) karringmelk
125 ml ($^1/_2$ k) olyfolie (opsioneel)
1 mediumgroot ui, fyngekap
4 knoffelhuisies, fyngedruk
15 ml (1 e) gekapte vars kruie bv. pieter-
   sielie en tiemie (opsioneel)
10-15 ml (2-3 t) mosterdpoeier
30 ml (2 e) suurlemoensap
sout en varsgemaalde swartpeper
   na smaak

Sous:
25 ml (5 t) gekapte vars pietersielie
15 ml (1 e) aangemaakte mosterdpoeier
50 ml kweperjellie of fyn appelkooskonfyt
50 ml port
125 ml ($^1/_2$ k) room
10-15 ml (2-3 t) koekmeelblom

In die Calitzdorp-omgewing eet die mense skaapboud en nie lamsboud nie. Maar dan kan die vleis nie oop in die oond gaargemaak word nie. En dit word in karringmelk gemarineer. Daarmee saam geniet hulle 'n soet portsous, gemaak van die omgewing se bekende port.

Plaas die skaapboud in 'n vlekvrye staal- of glashouer.

Marinade:
Meng al die bestanddele vir die marinade en giet bo-oor. Laat 1-2 dae in die marinade staan en draai gereeld om.
   Voorverhit die oond tot 160 °C.
   Verwyder die boud uit die marinade, geur met sout en peper. Weeg die boud en plaas dan in 'n oondbraaipan. Giet 'n klein bietjie warm water in die pan. Bedek die pan met aluminiumfoelie en bak 40 minute vir elke 500 g plus 'n ekstra 40 minute. Maak die boud die laaste 30 minute oop sodat dit kan bruin braai. Plaas op 'n dienbord en laat rus in die lou-oond vir minstens 10 minute voor dit voorgesny word.

Sous:
Voeg 'n bietjie water by die panvette in die oondpan en kook tot los. Voeg die res van die sousbestanddele behalwe die meel by en laat effens afkoel. Verdik die sous met die meel wat aangemaak is, met 'n bietjie water tot 'n pasta. Laat net weer goed kook en voeg by die sous.
   Sit die sous saam met die boudvleis voor.

Lewer 8 porsies.

Marrakesj-lamsboud

Spesery-marinade:
5 ml (1 t) borrie
15 ml (1 e) fyn koljander
15 ml (1 e) fyn komyn (jeera)
knippie fyn kaneel
knippie fyn naeltjies
60 ml (4 e) olyfolie
2 suurlemoene se sap
2 knoffelhuisies, gekneus
hand vol vars koljanderblare, gekap

± 2 kg lamsboud, ontbeen en gevlinder
sout en varsgemaalde swartpeper
   na smaak

Errieda du Toit is 'n kok, koskenner en -skrywer van formaat. Dit is haar variasie op Sondag se braaiboud – 'n gevlekte lamsboud propvol geur uit Marokko.

Meng al die speserye met 'n stamper en 'n vysel saam tot 'n pasta. Voeg die olyfolie, suurlemoensap, knoffel en koljan- derblare by. Steek gaatjies met 'n skerppuntmessie oral in die boud en bedek die vleis met die speserymengsel. Plaas in 'n groot vriessak en marineer 4-24 uur lank in die yskas.
   Voorverhit die oond tot 160 °C.
   Bring die vleis tot kamertemperatuur en plaas in 'n oondbraaipan. Geur met sout en peper en braai ongeveer 1 uur lank in die voorverhitte oond tot bruin buite-om, maar steeds pienk binne. Laat 15-60 minute rus.
   Sny die boud in dun-dun skyfies en sit by kamer- temperatuur voor saam met chimichurri en Indiese naanbrood.

Chimichurri:
30 ml (2 e) witwynasyn
50 ml sonneblom- of olyfolie
45 ml (3 e) gekapte vars platblaar-
   pietersielie
5 ml (1 t) gekapte vars orego
2 knoffelhuisies, fyngedruk
5 ml (1 t) paprika
1 groen brandrissie, ontpit en gekap

Chimichurri
Chimichurri is 'n Argentynse pietersieliesous wat heerlik saam met die Marrakesj-lamsboud is.

Meng al die bestanddele en verkoel oornag.

Lewer ± 125 ml ($^1/_2$ k).

Turkse lamsboud of -blad

2 kg lamsblad of -boud, ontbeen

Marinade:
80 ml ($^1/_3$ k) olyfolie
25 ml (5 t) gekapte vars orego
1 ui, fyngerasper
4 knoffelhuisies, fyngedruk
20 ml (4 t) fyn komyn (jeera)
3 ml (ruim $^1/_2$ t) varsgemaalde swartpeper
1 suurlemoen se sap
125 g botter

Die marinade word goed gegeur met baie komyn en knoffel om dit 'n regte Noord-Afrika-smaak te gee en net die regte manier om gewone boud oor die kole lekker op te kikker. Dis 'n resep wat ek nog by Pamela Shippel, voorheen hoofhuishoudkundige by Pick 'n Pay se kookskool, gekry het. Sy was, nes ek, gek na goed gespeseryde kos. Andersins, maak die boud by 160 °C in die oond gaar.

Kap die vleis effens platter met jou handpalm en maak diamantvormige insnydings met 'n skerp mes aan die vetkant van die vleis – dit sal voorkom dat die vleis opkrul tydens gaarmaak. Plaas die vleis in 'n nie-metaalagtige bak.

Marinade:
Meng al die bestanddele vir die marinade buiten die botter. Giet die marinade oor die vleis en marineer minstens 12 uur lank.
   Verwyder die vleis uit die marinade. Rooster 1$^1/_2$-2 uur lank (mediumgaar) hoog oor matige warm kole. Bedruip nou en dan met van die marinade. Laat sak die rooster die laaste 30 minute sodat die vleis kan bruin braai. Laat rus die vleis ongeveer 15 minute voor dit voorgesny word. Verhit die botter in 'n pan tot bruin, maar wees versigtig dat dit nie brand nie. Giet oor die gesnyde vleis.
   Sit voor saam met jogurtsous.

Lewer 6-8 porsies.

Jogurtsous:
250 ml (1 k) Griekse jogurt
15 ml (1 e) fyngekapte knoffel
45 ml (3 e) fyngekapte vars koljanderblare
10 ml (2 t) olyfolie

Jogurtsous
Meng al die bestanddele saam en verkoel tot benodig.

Lewer 250 ml (1 k).

Wenk: Sit enige sterk gespeseryde vleis saam met die jogurtsous voor.

Vlinderlamsboud of -blad oor die kole

1 x karringmelkmarinade (sien by
  Skaapboud met portsous op bl. 74 of
  1 x spesery-marinade op bl. 74)
1 lamsboud, ontbeen

Gevlekte lamsboud braai heerlik oor die kole.

Berei die marinade en marineer die boud 24 uur lank
daarin. Verwyder die lamsboud uit die marinade en braai
40-60 minute lank oor warm kole of tot sag en
sappig. Bedek met 'n vel aluminiumfoelie of deksel terwyl
dit braai. Bedruip gereeld met die marinade.
      Sit die vleis voor terwyl die binnekant nog effens pienk is.
Moet dit nie oorgaar maak nie omdat dit dan droog sal raak.

Lewer 6 porsies.

Variasie: Gebruik 'n bottel gekoopte slaaisous en marineer die vleis oornag daarin.

BREDIES
Maleise bredies

Cass Abrahams, Kaapse kenner van Maleierkos, maak gereeld 'n draai by Huisgenoot *se toets-
kombuis en dan verlustig jy jou omtrent aan al daardie heerlike kombinasies van geure wat haar
kos so onverbeterlik maak.*

Kaapse kerrie

2 uie, in ringe gesny
4 knoffelhuisies, fyngedruk
15 ml (1 e) vars gemmerwortel, fyngerasper
1 groen soetrissie, ontpit en in repe gesny
1 kaneelstokkie
6 kardemomsade, gekneus (opsioneel)
1 lourierblaar
kookolie
1 kg beenlose stoweskaapvleis, in
  blokkies gesny
sout en varsgemaalde swartpeper na smaak
15 ml (1 e) matige kerriepoeier
15 ml (1 e) fyn komyn (jeera)
15 ml (1 e) borrie
5 ml (1 t) fyn koljander
2 ml ($\frac{1}{2}$ t) neutmuskaat
5 ml (1 t) gemengde kruie
1 ml rooipeper
1 blik (410 g) heel, geskilde tamaties,
  fyngekap
20 ml (4 t) witsuiker
$\frac{1}{2}$ suurlemoen se sap

*Kerrie moet liefs al die vorige dag berei word sodat die
geure lekker kan intrek en ontwikkel.*

Soteer die uie, knoffel, gemmerwortel en soetrissie saam
met die heel speserye in 'n klein bietjie olie in 'n groot
swaarboomkastrol tot sag. Geur die vleisblokkies met sout
en peper en braai bietjie-vir-bietjie tot bruin. Voeg die res
van die geurmiddels by en roerbraai nog 1 minuut. Voeg
die tamaties by. Verlaag die hitte en laat prut tot die vleis
sag en gaar en die sous lekker dik is. (Voeg warm water by
indien die kerrie droog kook.) Geur met suiker,
suurlemoensap en nog sout en peper indien nodig.
      Sit voor saam met rys en sambals (bl. 78).

Lewer 4 porsies.

Tamatiebredie

2 groot uie, in ringe gesny
2 ml ($^1/_2$ t) swartpeperkorrels
2 ml ($^1/_2$ t) heel kruienaeltjies
125 ml ($^1/_2$ k) water
25 ml (5 t) kookolie
2 stukke pypkaneel
1 kg dik skaaprib, in ewe groot stukke gesny
3 cm-stuk vars gemmerwortel, geskil en fyngekap
2 kardemomsade (opsioneel)
1 kg baie ryp tamaties, ontvel en gekap
1 groen brandrissie, ontpit en fyngekap (opsioneel)
6 mediumgroot aartappels, geskil en gehalveer
sout en varsgemaalde swartpeper na smaak
1 ml ($^1/_4$ t) witsuiker

Heel speserye soos swartpeperkorrels, kruienaeltjies, pypkaneel en gemmer gee aan tamatiebredie 'n heerlike smaak.

Plaas die uie, swartpeperkorrels, naeltjies en water in 'n mediumgroot kastrol en kook tot die meeste van die water verdamp het. Voeg die olie en pypkaneel by en smoor tot die uie effens verbruin het. Voeg die vleis, gemmerwortel en kardemomsade by en roer goed. Verlaag die hitte, bedek en laat die vleis ongeveer 45 minute lank prut tot byna sag. Voeg die tamaties en die brandrissie by en laat nog 20 minute lank prut. Voeg daarna die aartappels by, geur met sout, peper en witsuiker en laat prut tot die aartappels sag is.
    Sit voor saam met rys.

Lewer 6-8 porsies.

Pampoenbredie

2 groot uie, in ringe gesny
5 ml (1 t) wonderpeperkorrels
2 ml ($^1/_2$ t) kruienaeltjies
2 ml ($^1/_2$ t) swartpeperkorrels
3 stukke pypkaneel
3 knoffelhuisies, gekneus
25 ml (5 t) kookolie
1 kg skaapvleis, in stukke gesny
3 kg ryp pampoen, ontpit, geskil en in stukke gesny
1 groen brandrissie, ontpit en fyngekap (opsioneel)
5 ml (1 t) neutmuskaat
50 ml pietersielie, fyngekap
sout en varsgemaalde swartpeper na smaak
1 ml ($^1/_4$ k) witsuiker

Vir my 'n persoonlike gunsteling. Sorg net dat die bredie nie waterig is nie.

Braai die uie, wonderpeperkorrels, kruienaeltjies, swartpeperkorrels, pypkaneel en knoffel in die olie in 'n groot kastrol tot die uie sag is. Voeg die vleis by, bedek en laat ongeveer 30 minute lank stowe tot dit halfpad gaar is. Voeg die pampoen, brandrissie, neutmuskaat en die helfte van die pietersielie by en laat stowe tot die pampoen sag is en die meeste van die vog verdamp het. Geur met sout, peper en witsuiker.
    Strooi die res van die pietersielie net voor opdiening oor. Sit voor saam met rys.

Lewer 6-8 porsies.

Ertjie-en-geelwortelbredie

3 mediumgroot uie, in ringe gesny
3 heel kruienaeltjies
3 wonderpeperkorrels
5 ml (1 t) swartpeperkorrels
250 ml (1 k) water
25 ml (5 t) kookolie
500 g skaapvleis, in stukke gesny
500 g bevrore ertjies
500 g (7-8 mediumgroot) geelwortels,
  skoon geskraap en in repe gesny
1 groen brandrissie, ontpit en in repe
  gesny (opsioneel)
5 ml (1 t) neutmuskaat
25 ml (5 t) fyngekapte vars pietersielie
5 ml (1 t) witsuiker
sout en varsgemaalde swartpeper na smaak

Die Maleiers sit tradisioneel hierdie bredie aan begrafnis-gangers voor.

Plaas die uie, kruienaeltjies, wonderpeperkorrels, swart-peperkorrels en die helfte van die water in 'n groterige kastrol en verhit tot al die water verdamp het. Voeg die olie by en braai die uie tot goudbruin. Voeg die res van die water en die vleis by die uie. Bedek en laat stadig stowe tot 'n dik sous vorm. Voeg dan die ertjies, geelwortels, brandrissie, neutmuskaat, pietersielie en witsuiker by en stowe tot die vleis sag en die groente gaar is. Geur met sout en peper.
    Sit voor saam met rys.

Lewer 6-8 porsies.

Waterblommetjiebredie

700 g stoweskaapvleis, in stukke gesny
sout en varsgemaalde swartpeper
kookolie
2 uie, in ringe gesny
1 knoffelhuisie, fyngedruk (opsioneel)
125 ml (¹/₂ k) warm water of vleisaftreksel
500 g waterblommetjies, goed afgespoel
  in koue soutwater en harde stele en
  blare verwyder
3-4 mediumgroot aartappels, geskil en in
  stukke gesny
20 ml (4 t) suurlemoensap

Waterblommetjiebredie is 'n heerlike Kaapse lekkerny. Aan die Weskus kook die mense dit baiekeer tot heeltemal fyn en voeg sommer baie suurlemoensap by.

Geur die skaapvleis met sout en peper en braai in 'n bietjie verhitte olie tot bruin buite-om. Voeg die uie en knoffel by en roerbraai tot die uie sag is. Voeg die warm water by, bedek en laat stowe tot die vleis so te sê sag is. Voeg die waterblommetjies en aartappels by en stowe tot die vleis heeltemal sag en die groente gaar is maar nie gebreek nie. Geur met nog sout en peper, asook die suurlemoensap. Meng versigtig sodat die blommetjies nie breek nie.
    Sit voor saam met witrys.

Lewer 4 porsies.

SAMBALS

Sambals word saam met feitlik elke Maleise gereg voorgesit: "koel" sambals by sterk gegeurde geregte en "warm" sambals by meer neutrale geregte vir 'n pikante afronding. 'n Sambal moet nooit sy kleur en kraakvarsheid verloor nie en smaak op sy beste as dit net voor opdiening berei word.

Variasies:
- **Tamatiesambal**: Ontpit 'n tamatie en kap fyn. Voeg 'n bietjie asyn, suiker en 2 groen brand-rissies, wat ontpit en gekap is, by. Sprinkel fyngekapte vars koljanderblare oor.
- **Geelwortelsambal**: Rasper 4 geelwortels fyn en voeg 60 ml (4 e) fyngekapte vars koljanderblare en 1 gekapte ontpitte groen brandrissie by. Geur met sout en roer 60 ml suurlemoensap in.
- **Piesangsambal**: Meng 5 piesangs wat in skyfies gesny is met 30 ml (2 e) suurlemoensap, 50 ml klapper en 'n knippie witsuiker en sout.

Pampoenbredie (bl. 77)

SKENKELS
Heel lamskenkels

4 heel lamskenkels
10 ml (2 t) olyfolie
20 ml (4 t) balsamiese asyn
paar roosmaryntakkies
10 heel knoffelhuisies, ongeskil
4 heel uitjies, geskil
1 blik (410 g), heel tamaties
sout en varsgemaalde swartpeper
  na smaak

Lamsbene met lang bene aan is al geruime tyd modekos. Die skenkels word saam met ongeskilde uitjies en knoffel in 'n pot gaargemaak. Saam met kapokaartappels is dit veral lekker as jy die knoffel uit sy huisies druk en dit oor die vleis smeer.

Besprinkel die lamskenkels met olyfolie en asyn, voeg die roosmaryn en knoffel by en marineer oornag in die yskas. Verbruin die skenkels in 'n bietjie olyfolie in 'n groot pan of kastrol tot goudbruin. Voeg die marinade en die res van die bestanddele by. Plaas die deksel op en laat ongeveer 1¹/₂ uur lank prut oor stadige hitte tot die vleis lekker sag is maar nie van die bene afval nie. Voeg water by indien nodig.
Skep die skenkels op kapokaartappels in sopborde. Skep die uie en knoffel rondom en giet die pansouse oor.

Lewer 4 porsies.

Suurlemoenlamskenkels

2 kg lamskenkels, in stukke gesaag
sout en varsgemaalde swartpeper
  na smaak
30 ml (2 e) koekmeelblom
10 ml (2 t) mosterdpoeier
kookolie
6 knoffelhuisies, fyngedruk
3 lourierblare
6 vars tiemietakkies of 6 ml (1 t)
  droë tiemie
1 suurlemoen se skyfies
250 ml (1 k) witwyn
250 ml (1 k) warm water
2 blikke (410 g elk) botterbone
  (opsioneel)
1 groot suurlemoen se sap en
  gerasperde skil

Suurlemoen en tiemie gee 'n heerlike geur aan hierdie gereg. Probeer 'n slag sommer suurlemoenskyfies – met skil en al – in die gereg. Voeg dit by wanneer die gereg begin prut.

Maak met 'n skerp mes snytjies in die vetrand van elke skenkel sodat dit nie in die gaarmaakproses omkrul nie. Geur die skenkels met sout en peper. Meng die koekmeel-blom en mosterdpoeier en rol die skenkels daarin. Braai in 'n bietjie olie tot bruin buite-om. Voeg die knoffel by en roerbraai effens. Voeg ook die lourierblare, tiemie en suurlemoenskyfies by. Giet die witwyn oor en laat 'n paar minute lank prut. Voeg die warm water by, verlaag die hitte, bedek en laat prut tot die vleis sag is. Voeg die botter-bone by, asook van die botterboonvloeistof as die bredie nie souserig genoeg is nie. Geur met die suurlemoensap en -skil, asook met nog sout en peper indien nodig. Verhit tot warm.
    Sit voor saam met rys of gebotterde noedels.

Lewer 6 porsies.

Heel lamskenkels

Smaaklike sosaties

Marinade:
250 ml (1 k) hoendervleisaftreksel
90 ml (6 e) sojasous
90 ml (6 e) suurlemoensap
60 ml (4 e) heuning
15 ml (1 e) witdruiweasyn
10 ml (2 t) fyn gemmer
10 ml (2 t) fyn komyn (jeera)

Sosaties:
800 g lamsvleisblokkies, uit die
  boud gesny
200 g ontpitte pruimedante
24 droëperskes of -appelkose
2 groen soetrissies, ontpit en in groot
  blokke gesny

Dié sosatiemarinade is heerlik gegeur met gemmer, komyn (jeera), heuning en suurlemoensap. Verhit die oorblywende marinade tot kookpunt, giet in 'n skoon fles en bêre in die yskas vir die volgende keer dat jy sosaties maak.

Marinade:
Meng al die bestanddele vir die marinade goed saam.

Sosaties:
Ryg die skaapvleisblokkies, pruimedante, perskes en soetrissies op ongeveer 8 sosatiestokkies en pak in 'n groot oondbak. Giet die marinade oor en laat 2-3 uur lank staan.
  Skakel die oondrooster aan. Pak die sosaties op die rak van die oondbraaipan en plaas so na moontlik aan die oond-rooster. Rooster ongeveer 15-20 minute lank of tot die vleis gaar is maar nie droog nie. Bedruip gereeld met die marinade en draai die sosaties een of twee maal om. Andersins rooster oor warm kole tot gaar.

Lewer 8 sosaties.

Variasie: Vervang die gemmer en komyn met 15-30 ml heelkorrelmosterd en oondrooster.

Lamskebabs

Marinade:
250 ml (1 k) rooiwyn
125 ml (¹/₂ k) sjerrie
175 ml (1 houer) natuurlike jogurt
15 ml (1 e) tamatiepasta
15 ml (1 e) strooisuiker
15 ml (1 e) droë tiemie
1 groot ui, gerasper
2 knoffelhuisies, fyngedruk
125 ml (¹/₂ k) olyfolie
5 ml (1 t) varsgemaalde swartpeper

Kebabs:
1 lamsboud, ontbeen, in 24 blokke gesny
3 eiervrugte met skil, in 24 blokke gesny
3 groen soetrissies, ontpit en in
  24 blokke gesny
4 tamaties, in 24 wiggies gesny
24 piekeluie of 4 groot uie, in
  24 wiggies gesny
8 metaalpenne of houtstokkies
olyfolie
sout

Shish kebabs is sy Turkse naam. Blokke vleis, eiervrug, uie en soetrissie word op penne geryg en dan in 'n geurige jogurtsous gemarineer.

Marinade:
Meng al die bestanddele vir die marinade in 'n niemetaalagtige bak. Plaas die vleis daarin en verkoel 24 uur lank. Meng van tyd tot tyd.

Sosaties:
Ryg die vleis en die res van die bestanddele op die penne. Verf die olyfolie oor, geur met sout en rooster vir medium-gaar ongeveer 10 minute en vir goed gaar 12 minute oor matige warm kole. Draai die kebabs gedurig om en bestryk van tyd tot tyd met van die marinade.
  Giet die oorblywende marinade in 'n kastrol en kook 3 minute lank. Verdik met 'n bietjie mielieblom. Sit die sous saam met die kebabs voor.

Lewer 6-8 porsies.

Smaaklike sosaties

BEESVLEIS
Gebraaide beesfilet

1 heel beesfilet van 1,5 kg
sout en varsgemaalde swartpeper
  na smaak
250 ml (1 k) gerasperde percorino-
  of parmesaankaas

Die Weskus-Wynlandspan braai so heel beesfilet oor die kole as daar om die groot prys meegeding word.

Geur die filet met sout en peper en braai ongeveer 20 minute lank per 500 g vleis plus 15 minute (liggaar). Druk die kaas bo-op die filet vas en bedek met aluminium-foelie. Laat 10 minute lank rus.
  Sny die filet in 5 cm dik skywe en skep die mossel-sous oor.

Lewer 4-6 porsies.

Mosselsous:
250 ml (1 k) room
1 blik (185 g) gerookte mossels,
  gedreineer
± 10 ml (2 t) kitswitsouspoeier

Mosselsous
Verhit die room en mossels saam tot kookpunt. Maak die witsouspoeier met 'n bietjie water aan tot 'n pasta en verdik die sous daarmee.

Kruisskyf met feta en tamatie

paar kersietamaties
vars knoffelhuisies
vars roosmaryntakkies
bruinsuiker
olyfolie
sout en varsgemaalde swartpeper
  na smaak

1 porsie (250-300 g) rypgemaakte
  kruisskyf ("rump")
Marmite
mosterdpoeier
balsamiese asyn
1 wiel fetakaas

In die Kalahari hou die mense van goeie porsies vleis. Hierdie kruisskyf saam met oondgebraaide groente is nou al jare lank 'n staatmakergereg by die lekkerkuier-eetplek, Le Must op Upington. Die groot geheim is om 'n leksel Marmite oor die steak te smeer voor dit gerooster word.

Voorverhit die oond tot 200 °C.
  Plaas die tamaties, knoffel en roosmaryn op 'n bakplaat en besprinkel met olyfolie en sprinkel bruinsuiker. Geur met sout en peper. Oondbraai ongeveer 15-20 minute lank in die voorverhitte oond tot net gaar.
  Smeer 'n leksel Marmite oor die steak, maal peper oor, sprinkel 'n bietjie mosterd oor en bedruip met 'n spatsel olyfolie en balsamiese asyn. Rooster vinnig oor warm kole of 5-7 minute in 'n goed verhitte riffelpan vir liggaar, of 7-10 minute vir mediumgaar.
  Plaas 'n wiel fetakaas (net voor die vleis gaar is) op 'n bakplaat en oondbraai tot dit net-net wil begin smelt.
  Plaas die steak op 'n warm bord, plaas die kaas op die steak en stapel die tamaties bo-op. Sit voor saam met aart-appelwiggies en slaai.

Lewer 1 porsie.

Kruisskyf met feta en tamatie

Umnghusho

1 pak (500 g) stampmielies en bone
sout
30 ml (2 e) kookolie
5 koffelhuisies, fyngedruk
2 uie, geskil en fyngekap
1 groen soetrissie, ontpit en in
  blokkies gesny
30 ml (2 e) matige kerriepoeier
2 lourierblare
30 ml (2 e) masala vir breyani
6 droë kerrieblare
500 g stowevleisblokkies, stukkies
  skaapnek of selfs maalvleis
1 blik (400 g) gekapte tamaties
varsgemaalde swartpeper na smaak
500-750 ml (2-3 k) warm beesvleis-
  aftreksel

Afrika op sy beste – stampmielies en bone in 'n ysterpot gaargemaak. Die resep het ons al jare gelde ontvang en is reeds in Wenresepte 4 *gepubliseer.*

Laat die stampmielie-en-bonemengsel verkieslik oornag of 'n paar uur in kookwater week. Spoel af, plaas in 'n pot of drukkastrol, bedek met skoon water en kook tot sag – in 'n drukkoker sal dit ongeveer 25 minute duur. Giet die oortollige water af en geur goed met sout. Hou eenkant.
  Roerbraai die knoffel, uie en soetrissie in verhitte olie in 'n ysterpot tot sag. Voeg die speserye by en roerbraai 1 minuut tot geurig. Voeg die vleis bietjie-vir-bietjie by en braai ook effens. Voeg dan die tamaties en gaar stampmielies by en geur met sout en peper. Giet die aftreksel oor, roer deur, sit die deksel op en laat oor lae hitte prut tot die vleis sag is. Voeg nog aftreksel by indien nodig. Sit net so voor.

Lewer 6 porsies.

Ghoelasj

5 spekvleisrepe, gekap
1,5 kg beenlose stowebeesvleis, in
  blokkies gesny
30 ml (2 e) kookolie
6 knoffelhuisies, fyngekap
4 mediumgroot uie, fyngekap
2 rooi soetrissies, ontpit en in
  blokkies gesny
45 ml (3 e) paprika
7 ml (1^1/$_2$ t) komynsaad
80 ml (^{1}/$_3$ k) koekmeelblom
60 ml (^{1}/$_4$ k) rooiwynasyn
60 ml (^{1}/$_4$ k) tamatiepasta
750 ml (3 k) beesvleisaftreksel
250 ml (1 k) water
125 ml (^{1}/$_2$ k) bier
7 ml (1^1/$_2$ t) sout
3 ml (ruim ^{1}/$_2$ t) varsgemaalde
  swartpeper
2 lourierblare
4 groot aartappels, geskil en in
  blokkies gesny
125 ml (^{1}/$_2$ k) suurroom
fyngekapte grasuie

Op 'n besoek aan Namibië het ons hierdie geurige ghoelasj geniet by die Windhoek-Brauhaus *waar dit in 'n uitgeholde rogbroodjie voorgesit is.*

Braai die spek in 'n groot kastrol tot bros en skep uit. Verbruin die beesvleisblokkies in die olie wat uitgebraai het en skep uit. Verlaag die hitte en roerbraai die knoffel, uie en soetrissies in die olie tot sag. Voeg die paprika, komynsaad en koekmeelblom by en verhit tot geurig. Roer die asyn en tamatiepasta in. Voeg die aftreksel, water, bier, sout, peper en lourierblare by, asook die gebraaide spek en die vleisblokkies. Verhit tot kookpunt en roer gedurig. Verlaag die hitte en laat omtrent 45 minute lank onbedek prut terwyl af en toe geroer word. Voeg die aartappels by en laat nog 30 minute lank onbedek prut tot dit sag is. Geur met nog sout en peper. Roer die suurroom net voor opdiening in.
  Garneer die ghoelasj met grasuie. Sit voor saam met rys of kapokaartappels indien verkies.

Lewer 6 porsies.

Ma se biefstuk

1,6 kg bladstuk (bolo) of binneboud, in
  skywe gesny
sout en varsgemaalde swartpeper
  na smaak
koekmeelblom
kookolie
2 uie, fyngekap
15 ml (1 e) fyn koljander (opsioneel)

Sous:
180 ml ($^3/_4$ k) tamatiesous
180 ml ($^3/_4$ k) appelkooskonfyt
100 ml sterk blatjang
50 ml soetsuur mosterd (Mello 'n Mild)
15 ml (1 e) mielieblom
5 ml (1 t) kerriepoeier
5 ml (1 t) fyn komyn (jeera)

Dié smulsagte biefstukskywe word in 'n heerlike sous in die oond gaargestowe. Dis ideaal vir taaier beesvleisskywe.

Voorverhit die oond tot 160 °C.
    Geur die beesvleisskywe liggies met sout en peper. Rol in koekmeelblom en kap albei kante met die kant van 'n piering. Braai in verhitte olie tot bruin aan weerskante. Plaas 'n oondbak en strooi die uie en koljander tussen elke laag vleis.

Sous:
Meng die bestanddele vir die sous goed en giet oor die vleis.
    Bedek en bak 2-2 $^1/_2$ uur lank in die voorverhitte oond of tot die vleis sag is.
    Sit voor saam met bruinrys of koring en groente.

Lewer 8-10 porsies.

André se bredie

olyfolie
1,5 kg stowebeesvleis, in blokkies gesny
sout en varsgemaalde swartpeper
  na smaak
2 groot uie, in ringe gesny
2 groot knoffelhuisies, fyngedruk
1 rooi soetrissie, ontpit en in
  blokke gesny
1 geel soetrissie, ontpit en in
  blokke gesny
2 ml ($^1/_2$ t) piri-piripoeier
10 ml (2 t) fyn komyn (jeera)
5 ml (1 t) droë marjolein
2 lourierblare
60 ml ($^1/_4$ k) tamatiepuree
500 ml (2 k) warm beesvleisaftreksel
1 blik (410 g) rooi nierbone of enige
  bone van jou keuse
1 houer (175 ml) natuurlike jogurt

Dis 'n resep wat hy in 'n tydskrif van Sainsbury, 'n groot Britse supermarkgroep, gesien het toe hulle nog in Londen gebly het, sê André Brink, Huisgenoot *se assistent-redakteur. Dis 'n geurige bredie met 'n lekker byt en baie maklik om te maak – selfs vir onhandige mans soos hy, vertel André. Maar pasop vir die byt, dit kan nogal 'n probleem wees. Die oorspronklike resep het gelui 'n tee-lepel brandrissiepoeier, maar hy het gevind dis hopeloos te sterk en gooi net ongeveer 'n derde teelepel vol in.*

Verhit 'n bietjie olyfolie in 'n swaarboomkastrol. Geur die vleisblokkies met sout en peper en braai in die verhitte olie tot bruin. Skep uit. Soteer die uie en knoffel in dieselfde kastrol tot sag en voeg die soetrissies by. Roerbraai tot sag en voeg al die geurmiddels by. Roerbraai nog ongeveer 1 minuut lank en voeg die vleisblokkies weer by. Voeg die tamatiepuree en aftreksel by, verlaag die hitte en laat ongeveer 45 minute lank prut tot die vleis sag is. Voeg die bone by, verhit tot warm en roer die jogurt geleidelik in. Laat nog ongeveer 5 minute prut.
    Sit voor saam met rys.

Lewer 4 porsies.

Marokkaanse bredie

1 kg stowebeesvleisblokkies
sout en varsgemaalde swartpeper na smaak
60 ml (¹/₄ k) olyfolie
1 ui, fyngekap
2 knoffelhuisies, fyngedruk
3 ml (ruim ¹/₂ t) sout
5 ml (1 t) fyn kaneel
2 ml (¹/₂ t) fyn gemmer
5 ml (1 t) borrie
2 ml (¹/₂ t) neutmuskaat
1 ml (¹/₄ t) rooipeper
500 ml (2 k) warm groenteaftreksel of water
500 g botterskorsie, geskil en in
  blokkies gesny
2 patats, geskil en in blokkies gesny
3-4 geelwortels, skoon geskraap en in
  ringe gesny
100 ml pitlose rosyne
100 ml droëappelkose
10 ml (2 t) bruinsuiker

Sit die bredie, wat heerlik gegeur is met 'n verskeidenheid speserye, saam met couscous voor.

Geur die vleisblokkies liggies met sout en peper en braai klompie vir klompie in ongeveer die helfte van die verhitte olie tot effens bruin buite-om. Skep uit. Verhit die orige olie in die pot en soteer die ui daarin tot sag. Voeg die knoffel en geurmiddels by en roerbraai ongeveer 1-2 minute tot geurig. Voeg die aftreksel by en verhit tot kookpunt. Voeg die vleis by en laat prut tot byna sag. Voeg dan die groente, droëvrugte en bruinsuiker by en laat nog ongeveer 30-40 minute lank prut of tot die vleis goed sag en die groente ook sag is maar nie papgekook nie. Roer af en toe, maar versigtig.

Sit saam met couscous voor en sprinkel gremolata (hieronder) oor.

Lewer 6 porsies.

Gremolata

Meng 'n hand vol gekapte vars pietersielie met die gerasperde skil van 1 suurlemoen en voeg 2 gekapte knoffelhuisies by. Sprinkel met voor opdiening oor die bredie.

Smullekker beesvleisskenkels

400 g heel piekeluitjies
4 knoffelhuisies, fyngedruk
kookolie
1 kg beesvleisskenkels, in stukke gesaag
en vetrand ingekeep
sout en varsgemaalde swartpeper
  na smaak
50 ml koekmeelblom
5 ml (1 t) paprika
5 ml (1 t) orego
250 ml (1 k) warm beesvleisaftreksel
1 blik (65 g) tamatiepasta
25 m (5 t) sagte bruinsuiker
2 lourierblare
1 kaneelstok
5 heel kruienaeltjies
180 ml (³/₄ k) rooiwyn
250 ml (1 k) suurroom
fyngekapte vars pietersielie vir garnering

Skenkels in 'n geurige rooiwynsous, stadig in die oond gestowe, is net wat nodig is vir die koue winterdae. Borsstuk en selfs beesstert kan volgens hierdie resep gaargemaak word.

Voorverhit die oond tot 160 °C.

Soteer die heel uitjies en knoffel in 'n bietjie olie in 'n swaarboompan tot sag en deurskynend. Skep uit in 'n oondvaste bak en hou eenkant.

Geur die skenkels met sout en peper. Meng die meel, paprika en orego en rol die skenkels daarin. Behou die orige meelmengsel. Braai die skenkels in die olie in die pan tot bruin aan weerskante. Verlaag die hitte en voeg die aftreksel, tamatiepasta, bruinsuiker en geurmiddels by. Voeg die rooiwyn by en laat 'n paar minute lank prut. Skep by die uitjies in die oondbak, bedek en bak 1¹/₂-2 uur lank in die voorverhitte oond of tot die vleis sag is.

Giet die sous af in 'n kastrol en voeg die suurroom by. Laat 'n paar minute lank prut tot dit effens verdik het, of verdik dit met die orige meelmengsel. Giet die sous oor die vleis en strooi die pietersielie oor.

Sit voor saam met fynaartappel, ertjies en geelwortels.

Lewer 4-6 porsies.

VARKVLEIS
Gerookte vark in gemmerlim

3-3,5 kg gerookte, ontbeende varkboud
 ("gammon")
2-3 L (8-12 k) gemmerlim
1 mediumgroot ui, gesny
paar lourierblare
6 swartpeperkorrels
6 heel naeltjies
4 cm-stuk vars gemmerwortel, geskil
 en opgesny

Glanslaag:
heel naeltjies
75 ml (5 e) ingemaakte gemmerstukke,
 fyngekap
20 ml (4 t) gemmerstroop

Gemmerstroop:
500 g witsuiker
1 L (4 k) water
1 suurlemoen
1 lemoen
4 cm-stuk vars gemmer, geskil
 en gerasper
bessieasyn na smaak

Vrugte:
1 klein waatlemoen
1 winterspanspek
1 spanspek
gekapte vars kruisementblare

Kersfees en gerookte varkboud is sinoniem. Laetitia Prinsloo, hoof van die bekende kookskool The Institute of Culinary Arts *buite Stellenbosch het varkboud in gemmerlim gaargemaak en dit met vars vrugte voorgesit toe sy een jaar vir* Huisgenoot *'n Kersmaal berei het.*

Week die varkboud 4-6 uur lank voor gaarmaaktyd in koue water. Plaas dan in 'n groot kastrol en voeg die gemmerlim en die res van die bestanddele by. Bedek en laat opkook. Verlaag die hitte en laat stadig prut tot gaar – 25 minute per 500 g vleis. Verwyder uit die vloeistof en laat afkoel. Verwyder die vel.

Voorverhit die oond tot 180 °C. Smeer 'n groot oond-braaipan goed met botter of margarien of spuit met kleefwerende kossproei.

Gebruik 'n skerp mes en sny diamantpatrone in die vetlaag van die boud. Plaas 'n naeltjie in die middel van elke diamant. Plaas die vleis in die oondbraaipan. Meng die gekapte gemmerstukke met die gemmerstroop en smeer 'n dik laag versigtig oor die vleis. Oondbraai 40-45 minute lank in die voorverhitte oond tot effens verbruin en glansend. Bedruip gereeld met ekstra gemmerstroop.

Sit warm of koud voor saam met vars vrugte in gemmer.

Lewer 10 porsies.

Vars vrugte in gemmer
Stroop:
Roer die witsuiker en water oor lae hitte tot gesmelt. Voeg die res van die bestanddele vir die stroop buiten die bessie-asyn by en laat ongeveer 1 uur lank kook tot stroperig. Laat afkoel en verwyder die suurlemoen en lemoen. Voeg die bessieasyn by.

Vrugte:
Gebruik 'n spanspeklepel en skep balletjies uit al die vrugte of sny in klein blokkies (gelyke hoeveelhede van elk). Plaas die vrugte in die afgekoelde stroop, voeg die kruisement-blare by en meng. Verkoel minstens 1-2 uur lank in die yskas voor opdiening.

Varkboud met lemoensous

10 ml (2 t) mosterdpoeier
10 ml (2 t) fyn kaneel
100 ml sagte bruinsuiker
4 varkboudskywe, 1 cm dik gesny
500 ml (2 k) vars lemoensap
4 groen appels, geskil en in skywe gesny
mielieblom

Ek het hierdie gereg een maal vir 'n prakties op universiteit berei. Skywe vleis word met mosterd, kaneel en bruinsuiker besprinkel en kry dan lemoensap oor. Lekker. Die varkboud-skywe kan ook deur 'n heel, klein varkboudjie vervang word.

Voorverhit die oond tot 160 °C.
Meng die mosterdpoeier, kaneel en bruinsuiker en sprinkel die helfte van die mengsel oor die varkboudskywe. Plaas in 'n oondvaste bak en giet die lemoensap oor. Bedek en bak 45 minute lank in die voorverhitte oond. Verwyder die bedekking en voeg die appelskywe by. Strooi die res van die mosterdpoeiermengsel oor. Bedruip die varkboudskywe met die pansappe en bak nog ongeveer 30 minute lank onbedek tot die vleis lekker bruin en die appelskywe sag is.
Skep die varkboudskywe uit op 'n dienbord en rangskik die appelskywe rondom.
Verdik die sous met 'n bietjie mielieblom wat aange-maak is met water. Roer aanhoudend tot die sous verdik en gaar is. Dien die sous saam met die varkboudskywe op.

Lewer 4 porsies.

Oondgebraaide varklende met kaaskors

± 2 kg varklendestuk met been
sout en varsgemaalde swartpeper
  na smaak
heel knoffelhuisies, in repe gesny

Bloukaasmengsel:
250 ml (1 k) cheddarkaas, fyngerasper
250 ml (1 k) bloukaas, fyngerasper
250 ml (1 k) pekanneute, gekap
  (opsioneel)
100 ml natuurlike jogurt
15 ml (1 e) suurlemoensap
30 ml (2 e) vars salie of pietersielie,
  gekap
ingemaakte groenvye en ekstra bloukaas
vir opdiening

Bloukaas en vark is 'n wenkombinasie. Eet groenvye daar-by en jy het 'n koningsmaal. Sny die swoerd af, maar plaas dit terug nadat die vleis gerol is – dit hou die vleis sappig.

Voorverhit die oond tot 160 °C.
Verwyder die swoerd en ontbeen die vleis. Behou die swoerd. Sny van die vet af indien verkies. Steek gaatjies oral in die vetkant van die vleis en druk knoffelrepe daarin. Plaas die vleis met die vetkant na onder op 'n plank.

Bloukaasmengsel:
Meng die bestanddele vir die mengsel.
Smeer 'n derde van die mengsel oor die vleiskant. Rol op en bind met tou vas. Plaas die vleis op die rak van 'n oondbraai-pan en plaas die swoerd op die vleis. Oondbraai 25 minute vir elke 500 g plus 25 minute ekstra. Verwyder die swoerd onge-veer 30 minute voor die einde van die gaarmaaktyd en smeer die res van die kaasmengsel oor die bokant van die vleis. Plaas terug in die oond tot die bolaag effens verbruin het.
Sit voor saam met ingemaakte groenvye en ekstra bloukaas.

Lewer 6 porsies.

Wenk: Vir 'n bros swoerd plaas die swoerd op 'n bakplaat en smeer 'n pasta van sout en olie oor. Verhoog die oondtemperatuur tot 200 °C en bak ongeveer 30 minute tot bros.

Gerookte vark in gemmerlim (bl. 89)

Varkribbetjies met blatjangsous

2 kg varkrib, heel of in ribbetjies gesny

Blatjangsous:
2 uie, in ringe gesny
3 knoffelhuisies, fyngedruk
kookolie
500 ml (2 k) hoender- of beesvleis-
    afttreksel (1 aftrekselblokkie in kook-
    water opgelos)
100 g (125 ml) bruinsuiker
250 ml (1 k) blatjang
30 ml (2 e) heuning
50 ml tamatiesous
50 ml suurlemoensap
15 ml (1 e) Worcestershiresous
2 ml ($^1/_2$ t) fyn gemmer
5 ml (1 t) sout
1 ml ($^1/_4$ t) fyn naeltjies

Varkribbetjies, oftewel "spare ribs", is gewild by almal, veral as ons dit moet meet aan die hoeveelheid navrae wat ons al vir so 'n resep ontvang het.

Sny die varkrib netjies en plaas in 'n oondvaste bak.

Marinade:
Soteer die uie en knoffel in 'n klein bietjie verhitte olie tot sag. Voeg die res van die sousbestanddele by en laat ongeveer 15 minute lank oor lae hitte prut tot taamlik dik. Roer nou en dan om te voorkom dat dit aanbrand. Laat afkoel.
   Giet die marinade oor die varkrib, bedek en laat minstens `n uur lank so staan.
   Voorverhit die oond tot 160 °C.
   Bak die rib ongeveer 1-1 $^1/_2$ uur lank tot sag. Verwyder dan die bedekking, skakel die oondrooster aan en rooster die rib tot goudbruin, of braai oor matige kole tot gaar en die vet lekker uitgebraai is, maar dit moenie swart verkleur en uitdroog nie.

Lewer 4-6 porsies.

Roerbraaivark

60 ml ($^1/_4$ k) Worcestershire- of
    Hoisin-sous
15 ml (1 e) sojasous
15 ml (1 e) gerasperde vars
    gemmerwortel
15 ml (1 e) fyngedrukte knoffel
25 ml (5 t) tamatiesous
2 ml ($^1/_2$ t) Chinese vyfspeserymengsel
500 g varkvleisrepe
15 ml (1 e) sesamolie
4 preie, skoongemaak en in dun
    repies gesny
125 g groenbone, stingelente verwyder
    en in stukke gesny

Vark is ideaal om te roerbraai, want die meeste vleissnitte is sag. Enige groente, soos wortels of kool, in repies gesny, selfs baba-mielies kan bygevoeg word.

Klits die Worcestershiresous saam met die sojasous, gemmer, knoffel, tamatiesous en vyfspeserymengsel. Giet oor varkvleisrepies en laat 20 minute lank marineer. Skep die vleis uit, maar behou die marinade.
   Verhit die olie in 'n groterige pan en roerbraai die varkrepe 'n paar op 'n slag tot net gaar en effens goud-bruin. Voeg die preie en groenbone by en en roerbraai tot dit net begin versag. Voeg die orige marinade by en laat 1 minuut lank vinnig kook tot geurig. Sit voor met rys.

Lewer 3 porsies.

Soetsuurvark

kookolie of sesamolie
500 g varkvleisrepe
sout en varsgemaalde swartpeper
  na smaak
1 ui, in skywe gesny
1 knoffelhuisie, fyngedruk
1 rooi soetrissie, ontpit en in
  repies gesny
1 geelwortel, skoon geskraap en in
  repies gesny
1 murgpampoentjie, in ringe gesny
2 knopiesampioene, in skywe gesny
1 blik (440 g) pynappelstukke,
  gedreineer maar sap behou
10 ml (2 t) mielieblom
15 ml (1 e) sojasous
15 ml (1 e) rysasyn

Roerbraai varkvleis saam met 'n verskeidenheid groente-soorte en berei 'n lekker soetsuur sous met pynappel daarin.

Verhit 'n klein bietjie olie in 'n groot pan. Geur die varkvleisrepies liggies met sout en peper en braai tot ligbruin. Skep uit en hou eenkant.

Soteer die ui in dieselfde pan tot sag. Voeg die knoffel, soetrissie, geelwortel, murgpampoentjie en sampioene by en roerbraai tot net sag. Voeg die pynappelstukke en die gaar varkvleis by.

Meng die gedreineerde pynappelsap, mielieblom, sojasous en asyn. Voeg by die varkvleismengsel en verhit terwyl geroer word tot die sous effens verdik. Kook ongeveer 3 minute lank en geur met sout en peper indien nodig.

Sit voor saam met rys.

Lewer 3 porsies.

Thaise rooikerrie

60 ml (4 e) olie
500 g beenlose varklende, in
  blokkies gesny
2 stingeluie, grofgekap
2 stele suurlemoengras, buitenste harde
  stingels verwyder en fyngekap
2 rooi soetrissies, ontpit en in
  blokke gesny
2 knoffelhuisies, fyngedruk
30 ml (2 e) rooikerriepasta
1 blik (400 ml) klappermelk
30 ml (2 e) vissous
6 vars kruisementblare, fyngekap
geroosterde sesamsaad vir bo-oor
  sprinkel

Gebruik gekoopte rooikerriepasta om hierdie kerrie mee te berei.

Verhit die helfte van die olie in 'n groot pan of wok. Roerbraai die varkvleis daarin tot net gaar en goudbruin buite-om. Verwyder uit die pan en hou eenkant.

Giet die orige olie in die pan en voeg die stingeluie, suurlemoengras, soetrissies en knoffel by. Roerbraai ongeveer 1-2 minute. Voeg die kerriepasta by en roerbraai nog 2 minute. Giet die klappermelk en vissous by en bring tot kookpunt. Laat 3-4 minute lank prut en voeg die vleis weer by. Laat prut tot goed warm. Roer die kruisement in.

Rond met sesamsaad af en sit voor saam met baie rys.

Lewer 4 porsies.

WILDSVLEIS
Karoo-wildsboud

1,5-2 kg heel wildsboud
spekvleisrepe, in stukkies gesny
vars knoffelhuisies, in repe gesny
vars roosmaryntakkies (opsioneel)

Rooiwynmarinade:
500-750 ml (2-3 k) rooiwyn
125 ml ($^1/_2$ k) bruin druiweasyn
6-8 heel wonderpeperkorrels
4 lourierblare
± 6 heel naeltjies
'n paar heel kaneelstokke
± 10 heel swartpeperkorrels

Glanslaag:
45-60 ml (3-4 e) appelkooskonfyt
30 ml (2 e) Worcestershiresous
grofgemaalde swartpeper na smaak
2 ml ($^1/_2$ t) neutmuskaat
3 ml (ruim $^1/_2$ t) fyn kaneel
1 pak (250 g) spekvleisrepe

Sous:
250 ml (1 k) rooiwynmarinade
250 ml (1 k) room
125 ml ($^1/_2$ k) rosyne of sultanas
souspoeier of mielieblom

Op die perdeplaas Starston *net buite Colesberg sit* Barbara Silcock *graag wildsboud, wat so 'n lekker spekvleis-glanslaag oorkry, aan jagters voor. Die resep is al geslagte lank in die familie. Ekself verkies om wildsvleis net vir 'n dag of twee in karringmelk en 'n bietjie olyfolie te laat lê pleks van 'n rooiwynmarinade, en om dan 'n rooiwynsous daarby te berei. Die smaak is vir my dan meer subtiel.*

Maak met 'n skerp messie klein maar dieperige snytjies oral in die wildsboud. Vul die snytjies om die beurt met 'n stukkie spekvleis, 'n knoffelreep en roosmaryntakkie. Plaas die boud in 'n groot nie-metaalagtige bak.

Rooiwynmarinade:
Meng al die bestanddele vir die marinade. Giet oor die boud en marineer ongeveer 2 dae; draai gereeld om. Marineer buite indien die weer koud is, andersins marineer in die yskas. Verwyder uit die marinade en plaas die boud in 'n groot oondbraaipan. Behou die marinade.

Voorverhit die oond tot 160 °C.

Glanslaag:
Meng al die bestanddele vir die glanslaag en rol elke spekvleisreep daarin.
    Rangskik die repe oor die boud en steek alkant vas met klein vleispennetjies. Smeer die res van die glanslaag oor.

Sous:
Meng die marinade, room en rosyne en giet by die vleis in die pan. Bedek die pan met aluminiumfoelie en bak ongeveer 2 uur lank in die voorverhitte oond of tot die vleis sag en die vleissappe helder is wanneer 'n dun vleis-pen in die dikste deel van die boud ingesteek is. Skep nou en dan van die pansouse oor die boud, maar moenie die glanslaag afwas nie. Verbruin die boud onder die oond-rooster. Plaas op 'n dienbord en hou warm in die lou-oond.
    Verdik die pansouse met souspoeier of mielieblom en sit saam met die vleis voor.

Lewer 8 porsies.

Karoo-wildsboud

Afrika-wildsboud

2 kg wildsboud (bv. springbok)
vet-, spekvleis- en knoffelrepe

Chermoula:
180 ml (³/₄ k) suurlemoensap
20 ml (4 t) balsamiese asyn
125 ml (¹/₂ k) olyfolie
125 ml (¹/₂ k) fyngekapte vars pietersielie
4 knoffelhuisies, fyngedruk
15 ml (1 e) paprika
10 ml (2 t) fyn komyn
10 ml (2 t) fyn koljander
2 ml (¹/₂ t) brandrissiepoeier

Marineer die boud in chermoula, 'n geurige speserymarinade gemaak van suurlemoensap en pietersielie. Die suurlemoensap en olyfolie is minder skerp as rooiwynmarinade. Die inspirasie vir hierdie resep het ek oorspronklik gekry in Josie Stow se boek African Kitchen. *So is geur gegee aan wildsbrade by vele lodges in Afrika.*

Maak gaatjies oral in die wildsboud en vul dit met vet-, spekvleis- en knoffelrepe. Plaas in 'n nie-metaalagtige bak.

Chermoula:
Meng al die bestanddele vir die chermoula en giet oor die boud. Laat 2 dae lank marineer.

Voorverhit die oond tot 160°C.
    Plaas die boud in 'n oondbraaipan en giet die marinade oor. Bedek en bak ongeveer 20-25 minute lank per 500 g plus 25 minute ekstra. Verf van tyd tot tyd met die speserysmeer. Verwyder die bedekking die laaste 20 minute sodat die boud buite-om effens kan verbruin.
    Sit voor saam met couscous, oondgebakte pampoenskywe en natuurlike jogurt waarby 'n knippie komyn of gekapte vars kruisementblare ingeroer is.

Lewer 8 porsies.

Heel geroosterde wildsfilet

15 ml (1 e) sojasous
1 heel wildsfilet (bv. gemsbok)
45 ml (3 e) Dijon- of heelkorrelmosterd
5-15 ml (1-3 t) olyfolie
heel swartpeperkorrels, grofgekneus
sout

Wildsfilet word op baie maniere berei. Ek verkies Marina en Joof Lambrecht se manier van doen soos wat hulle dit by Hunters Namibia Safaris buitekant Windhoek aan gaste voorsit. Die filet word vooraf ingesmeer en dan heel oor die kole gerooster. Pleks van die gewone sampioensous sit sy vrugtesouse daarby voor. Die hoeveelhede in die resep is bereken vir 'n gemsbokfilet. Die hoeveelhede sal verskil na gelang van die soort filet wat jy gebruik – 'n springbokfilet sal minder nodig hê terwyl 'n sebra- of elandfilet weer meer sal gebruik.

Smeer die sojasous oor die filet en vryf in. Meng die mosterd en olie en smeer oor die hele filet. Rol in growwe peper en laat minstens 'n uur in die yskas rus. Geur liggies met sout en rooster oor matige kole tot mediumgaar – ongeveer 15-20 minute per 500 g vleis plus 15 minute. Laat die filet 10 minute lank rus voor dit in dik skywe gesny word.
    Sit voor saam met 'n vrugtesous.

Lewer 6-8 porsies.

Kerrie-appelkoossous:
100 g droëappelkose
brandewyn
80 ml (¹/₃ k) suurroom
100 ml mayonnaise
3 ml (ruim ¹/₂ t) kerriepoeier
sout en peper

Mosterd-mangosous:
2 ryp mango's
20 ml (4 t) mosterdsaad
1 ryp piesang
30 ml (2 e) gemmerwortel, fyngerasper
2 knoffelhuisies
125 ml (¹/₂ k) pomelosap
10 ml (2 t) sjerrieasyn
7 ml (1¹/₂ t) rissie-olie
15 ml (1 e) heuning

Bessiesous:
500 g bevrore bessies
180 ml (³/₄ k) rooiwynasyn
30 ml (2 e) heuning
30 ml (2 e) bruinsuiker

Wild-stroganoff

kookolie
1 pak (250 g) bladspekvleis, in kleiner
  stukke gesny
1 springbokfilet, in repe of
  blokkies gesny
2 mediumgroot uie, in ringe gesny
250 g knopiesampioene, in
  skyfies gesny
15-30 ml (1-2 e) sjerrie
125 ml (¹/₂ k) blatjang
250 ml (1 k) suurroom
sout en varsgemaalde swartpeper
  na smaak

Kerrie-appelkoossous
Week die droëappelkose oornag in warm water waarby 'n goeie skeut brandewyn gevoeg is. Sny die appelkose kleiner en meng dan met die suurroom, mayonnaise en kerriepoeier. Geur met sout en peper.

Lewer 300 ml sous.

Mosterd-mangosous
Sny 2 ryp mango's in stukkies. Hou 'n bietjie eenkant en maak die res saam met die mosterdsaad, piesang, fyn- gerasperde vars gemmerwortel en knoffelhuisies in 'n voedselverwerker fyn. Voeg die pomelosap, sjerrieasyn, rissie-olie en heuning deur die tuit by terwyl die masjien loop.

Lewer 375 ml sous.

Bessiesous
Verhit al die bestanddele saam tot kookpunt en laat 5 minute lank prut tot lekker stroperig en geurig. Sit voor saam met enige skywe vleis.

Lewer ongeveer 600 ml (2¹/₂ k) sous.

Op Noachabeb, net anderkant Grünau in die suide van Namibië, loop die springbokke volop in die veld. Springbokvleis in 'n lekker romerige sampioensous is daar gunstelingkos en hulle eet dit saam met baie rys. In die Karoo het ons ook selfs wild-stroganoff geproe wat van fyngekookte wildsvleis berei is.

Verhit 'n bietjie olie in 'n pan en roerbraai die spekvleis en vleis tot net effens bruin buite-om. Voeg die uie en sampioene by en roerbraai tot net gaar. Giet die res van die bestanddele by, verlaag die hitte en laat prut tot die sous effens afgekook het en dit lekker geurig is. Geur met sout en peper.
    Sit voor saam met rys.

Lewer 4 porsies.

Fyn wildsvleis

180 ml (³/₄ k) vars suurlemoensap
20 ml (4 t) balsamiese asyn
60 ml (¹/₄ k) olyfolie
2 knoffelhuisies, fyngedruk
3 suurlemoenblare
5 heel naeltjies
3 ml (ruim ¹/₂ t) witpeper
10 ml (2 t) gemaalde geskroeide
    koljander
1,5 kg wildsvleis (bv. springbok of
    opgesaagde nekvleis)
500 g lamskenkels of -stowevleis
250 g spekvleis, in stukkies gesny
2 mediumgroot uie, fyngekap
2 knoffelhuisies, fyngedruk
375 ml (1¹/₂ k) water
sout na smaak
250 ml (1 k) rooiwyn
15 ml (1 e) koekmeelblom
30 ml (2 e) kweperjellie of fyn
    appelkooskonfyt
15 ml (1 e) natuurlike jogurt (opsioneel)

'n Mens kry fyn wildsvleis en fyn wildsvleis. Vergeet maar van daardie asynsuur gedoente. Soos Marietjie Koekemoer, 'n eertydse Karoonooi wat nou in die Kaap bly, dit maak, is dit onverbeterlik. Gebruik die nek, lieslappe of enige ander oorskietvleis wat nie geskik is vir braai nie, om hierdie absoluut heerlike gereg te maak.

Meng die suurlemoensap, balsamiese asyn, olie, knoffel, suurlemoenblare, naeltjies, peper en koljander. Marineer die wilds- en lamsvleis oornag in die marinade.
    Braai die spekvleis, uie en knoffel in 'n drukpot of groot swaarboomkastrol tot die uie sag en deurskynend is. Voeg die gemarineerde vleis saam met die marinade en water by. Plaas die deksel op en drukkook ongeveer 1¹/₂-2 uur lank of tot die vleis sag en van die bene afgekook is. Plaas die vleis in 'n groot skottel en laat afkoel. Verwyder al die bene en meng die vleis deeglik. Geur met sout. Maak 'n pasta van die rooiwyn, koekmeelblom en kweperjellie en roer by die vleis in. Giet in 'n kastrol en verhit tot deurgekook en warm. Verwyder van die hitte en roer die jogurt in.
    Skep van die souserigheid op 'n warm dienbord en stapel die vleis bo-op. Geniet saam met vars appelliefies en koring.

Lewer 6-8 porsies.

AFVAL
Souserige beesstert

2 uie, in ringe gesny
kookolie
koekmeelblom
sout en varsgemaalde swartpeper
    na smaak
1,7 kg beesstert, deur die litte gesaag
250-500 ml (1-2 k) kookwater
60 ml (¹/₄ k) witdruiweasyn
60 ml (¹/₄ k) bruinsuiker
5 mediumgroot geelwortels, skoon
    geskraap en in stukke gesny
4 groot aartappels, geskil en gehalveer
1 pakkie (50 g) beesstertsoppoeier
50 ml fyngekapte vars pietersielie

Hierdie resep het ons reeds in 1992 geplaas, maar van al die ander daarna bly dit steeds die lekkerste. Dien dié beesstert op saam met baie rys, want dis 'n souserige en sappige storie.

Soteer die uie in 'n bietjie olie tot sag. Geur die koekmeelblom goed met sout en peper. Rol die beesstertstukke daarin tot heeltemal bedek en braai dan in verhitte olie tot bruin. Voeg net genoeg kookwater by om die vleis te bedek. Voeg die druiweasyn en bruinsuiker by en laat ongeveer 3 uur lank prut tot die vleis amper sag is. Voeg nog kookwater by indien nodig.
    Voeg die geelwortels, aartappels en die helfte van die beesstertsoppoeier by. Laat prut tot die groente en die vleis sag is. Voeg nog beesstertsoppoeier by indien die sous nog nie dik genoeg is nie. Geur met nog sout en peper indien nodig en strooi die pietersielie net voor opdiening oor.

Lewer 6 porsies.

Souserige beesstert

Sakkie se kerrie-beesstert

1-1,5 kg beesstert, opgesny
2 mediumgroot uie, in ringe gesny
1 piesang, in skywe gesny
2 lourierblare
60 ml ($^1/_4$ k) bruinasyn
20 ml (4 t) tamatiesous
20 ml (4 t) blatjang
20 ml (4 t) heuning
7 ml (1$^1/_2$ t) matige kerriepoeier
7 ml (1$^1/_2$ t) sout
1 ml (knippie) varsgemaalde swartpeper

Mev. H. Benadé van Windhoek kook al jare lank beesstert net op een manier – soos Sakkie haar geleer het. Vir hoeveel mense sy al dié resep moes gee, weet sy self nie.

Was vleis en plaas saam met die uie, piesang en lourierblare in 'n drukkastrol. Meng die res van die bestanddele en gooi bo-oor (daar kom geen water by nie). Verhit stadig en drukkook ongeveer 1$^1/_2$ uur lank by lae hitte tot die vleis sag is.
   Sit voor saam met rys.

Lewer 4-6 porsies.

Tong in appelkoos-rosynesous

1 gepekelde beestong
2 lourierblare
10 wonderpeperkorrels
10 swartpeperkorrels
2 groot uie, in ringe gesny
vars roosmaryntakkie (opsioneel)

Sous:
1 blik (825 g) appelkooshalwes,
   gedreineer maar behou die stroop
400 ml (1$^1/_2$ k) bruinsuiker
10 ml (2 t) mosterdpoeier
250 ml (1 k) witdruiweasyn
160 ml ($^2/_3$ k) sultanas of pitlose rosyne
sout

Toe ons in 1992 hierdie resep gepubliseer het, was ons so geïmponeer dat ons dit sommer "Tongtippie-lekkerte" gedoop het. Met die appelkose by is dit 'n heerlike variasie op die bekende tong in rosynesous.

Plaas die beestong saam met die lourierblare, wonderpeper- en swartpeperkorrels, uie en roosmaryntakkie in 'n groot kastrol of drukkastrol. Bedek met water en kook of drukkook tot die tong sag is. Laat die tong effens afkoel en verwyder die vel terwyl nog warm. Verwyder ook enige kliere indien nodig. Sny die tong in dun skywe.

Sous:
Hou die helfte van die appelkooshalwes eenkant en kap die res kleiner. Plaas die gekapte appelkose saam met hul stroop, bruinsuiker, mosterdpoeier, witdruiweasyn en sultanas in 'n kastrol en verhit. Roer aanhoudend tot die suiker opgelos is. Geur met sout. Laat prut tot die sous lekker dik is. Roer af en toe. Voeg die tongskywe en die heel appelkooshalwes by en laat prut tot die tong goed warm is.
   Sit voor saam met kapokaartappels en groente.

Lewer 6 porsies.

Tong in mosterdsous

1,5 kg gepekelde beestong
1 ui, in ringe gesny
sout en varsgemaalde swartpeper
  na smaak
1 lourierblaar

Mosterdsous:
20 ml (4 t) botter
15 ml (1 e) koekmeelblom
20-25 ml (4-5 t) mosterdpoeier
50 ml geelsuiker
1 ml ($^1/_4$ t) sout
100 ml kookwater
50 ml bruinasyn
100 ml mayonnaise
100 ml rooiwyn
4 eiers, geklits
100-150 ml suurroom
vars broodkrummels (opsioneel)

Onthou julle die resep "Skoonma se tong" wat in die tagtigerjare so 'n treffer was? Die resep daarvoor het in Wenresepte 1 van Annette Human verskyn. Die TV-ster Annette Hartmann skryf vir ons: "Dit laat my dink aan Kersfees en Nuwejaarsdag by my ma-hulle. Elke keer dat ek moet onthaal en my verbeelding laat my in die steek, maak ek hierdie gereg en dan is almal gaande daaroor.

Voorverhit die oond tot 180 °C. Smeer 'n oondbak met botter of margarien of bespuit met kleefwerende kossproei.
    Plaas die tong in 'n mediumgroot kastrol en bedek met koue water. Voeg die ui, sout, peper en die lourierblaar by. Bedek en verhit tot kookpunt. Laat 1-1½ uur lank prut of tot die tong gaar en sag is. Laat die tong effens afkoel en verwyder die vel en ook enige kliere terwyl nog warm. Sny die tong in dun skywe.

Mosterdsous:
Smelt die botter in 'n kastrol. Meng die meel, mosterd-poeier, geelsuiker en sout. Voeg by die botter en roer goed. Voeg die kookwater en asyn by. Verhit tot die sous kook en verdik. Roer gedurig. Verwyder van die stoof en voeg die mayonnaise en die res van die bestanddele by.
    Giet die sous oor die tong, sprinkel vars broodkrummels oor indien verkies en bak ongeveer 20 minute in die voorverhitte oond tot lekker warm.
    Sit voor saam met groente en rys.

Lewer 6 porsies.

Maleise skaapafval

1 kg skaapafval (pens en pootjies,
  skoongemaak)
sout
peper
3 uie, in ringe gesny
2 knoffelhuisies, fyngedruk
1 groen soetrissie, ontpit en in
  stukkies gesny
30 ml (2 e) botter
15 ml (1 e) kookolie
45 ml (3 e) matige kerriepoeier
5 ml (1 t) fyn komyn (jeera)
10 ml (2 t) borrie
3 tamaties, ontvel en grofgekap
30 ml (2 e) tamatiepasta
5 groot aartappels, geskil en in stukke gesny
appelkooskonfyt
gekapte vars pietersielie

'n Geurige variasie van kerrie-afval – die lekkerste afval wat daar is.

Was die afval skoon af onder koue water en sny die pens in 2 cm-blokkies. Bedek die afval met koue water, geur met sout en peper en kook 4-6 uur lank of tot sag. Verwyder die bene indien verkies.
    Soteer die uie, knoffel en groen soetrissie in verhitte botter en olie tot sag. Voeg die kerriepoeier, komyn en borrie by en roerbraai nog 1 minuut lank. Voeg die tamaties en tamatiepasta by en laat nog 5 minute prut tot 'n dikkerige sous vorm. Voeg dit saam met die aartappels by die afval en laat verder prut tot geurig en die aartappels sag is. Roer 'n skeppie appelkooskonfyt in net voor opdiening en sprinkel gekapte pietersielie oor.
    Sit voor saam met rys of roti's en sambals (bl. 78).

Lewer 6 porsies.

Hoender

Oondhoender, kerriehoender, Thaise hoender, roerbraaihoender . . . hoender kan op so baie maniere gaargemaak word en dis geskik vir van gesinskos tot byderwetse kos vir jong mense.

Lekkerste hoender

6 hoenderdye
6 hoenderboudjies
6 hoendervlerkies
sout en varsgemaalde swartpeper na smaak
2 ml ($^{1}/_{2}$ t) paprika
2 ml ($^{1}/_{2}$ t) mosterdpoeier
2 lourierblare
1 ui, fyngekap
5 knoffelhuisies, fyngedruk
kookolie

Sous:
180 ml ($^{3}/_{4}$ k) natuurlike jogurt
250 ml (1 k) mayonnaise
50 ml ($^{1}/_{5}$ k) sagte bruinsuiker
75 ml (5 e) tamatiesous
10 ml (2 t) Worcestershiresous
paar druppels Tabascosous

'n Gereg wat sy naam deur en deur gestand doen. Die resep vir hierdie lekker oondhoender het reeds in 1992 by ons opgedaag – en sedertdien is dit al 'n paar keer weer in die toetskombuis beproef.

Voorverhit die oond tot 180 °C.
    Pak die hoenderstukke in 'n oondskottel. Geur met sout en peper en strooi ook die paprika en mosterdpoeier oor. Breek die lourierblare fyn en strooi oor. Soteer die ui en knoffel in 'n bietjie olie tot sag en strooi oor.

Sous:
Meng al die bestanddele vir die sous en giet bo-oor die hoenderstukke. Bedek en bak ongeveer 1 uur lank in die voorverhitte oond of tot die hoender gaar en sag is.

Lewer 8-10 porsies.

Suurlemoen-heuninghoender

1,8 kg hoendervlerkies of gemengde
  hoenderstukke
sout en varsgemaalde swartpeper
  na smaak
koekmeelblom om hoender in te rol
125 ml ($^{1}/_{2}$ k) heuning
125 ml ($^{1}/_{2}$ k) suurlemoensap
30 ml (2 e) sojasous
1-2 knoffelhuisies, fyngedruk

Die gelyke hoeveelhede suurlemoen en heuning gee aan die hoender 'n heerlike soetsuur smaak en daarby verg dit bitter min moeite. By my huis het ons al selfs die mengsel oor hoender geverf wanneer ons braai en dan is dit net so lekker.

Voorverhit die oond tot 180 °C.
    Geur die hoenderstukke met sout en peper. Rol in die meel en skud die orige meelblom af. Pak die hoender met die velkante na onder in 'n oondbraaipan.
    Meng die res van die bestanddele en giet oor die hoenderstukke. Bak 1 uur lank in die voorverhitte oond of tot die hoender gaar en goudbruin is. Bedruip af en toe met van die pansappe en draai die hoenderstukke na die helfte van die baktyd om.
    Sit voor saam met 'n groenslaai.

Lewer 6 porsies.

Lekkerste hoender

Maklike mosterdhoender

2 kg hoenderstukke
sout en varsgemaalde swartpeper
  na smaak

Sous:
125 ml (^{1}/$_2$ k) suiker
50 ml (^{1}/$_5$ k) droë mosterdpoeier
50 ml (^{1}/$_5$ k) koekmeelblom
125 m (^{1}/$_2$ k) druiweasyn
250 ml (1 k) mayonnaise
250 ml (1 k) kookwater

Mosterdhoender is baie gewild onder Huisgenoot *se lesers en ons kry gereeld resepte daarvoor. Hierdie een is regtig verspot maklik om te maak en boonop baie lekker.*

Voorverhit die oond tot 180 °C. Smeer 'n groot oond-skottel met botter of margarien of spuit met kleefwerende kossproei.
   Sny enige oortollige vet en vel van die hoenderstukke af en geur met sout en peper. Braai in verhitte olie tot bruin buite-om. Pak in die voorbereide skottel.

Sous:
Meng al die droë bestanddele vir die sous en klits die druiwe-asyn, mayonnaise en kookwater by. Giet die sous oor die hoenderstukke en bak ongeveer 1 uur lank in die voorverhitte oond of tot die hoender gaar en sag is.

Genoeg vir 6-8 porsies.

Sondaghoender

kookolie
6-8 hoenderporsies
sout en varsgemaalde swartpeper
  na smaak
1 pak (60 g) dik bruinuiesoppoeier
500 ml (2 k) water
250 ml (1 k) mayonnaise
125 ml (^{1}/$_2$ k) mango-atjar of blatjang

Ek was nog nooit 'n voorstaander van pakkies soppoeier in kos nie, maar soms maak mens 'n uitsondering soos met hierdie hoender.

Voorverhit die oond tot 180 °C.
   Verhit 'n mediumgroot swaarboompan en verf met 'n bietjie olie. Geur die hoenderporsies met sout en peper en braai met die velkant na onder tot bros en goudbruin. Skep uit en rangskik in 'n oondvaste bak.
   Maak die uiesoppoeier met water aan en meng met die mayonnaise en mango-atjar of blatjang. Giet oor hoender-stukke en bak ongeveer 45-60 minute in die voorverhitte oond tot gaar. Sit warm voor saam met rys en groente.

Lewer 6-8 porsies.

Variasie: Vir kerriehoender, meng 5-10 ml (1-2 t) kerriepoeier en 'n knippie fyn komyn (jeera) by mayonnaise in en gebruik verder soos beskryf.

Peri-perihoender

8 hoenderporsies

Sous:
125 ml ($^1/_2$ k) tamatiesous
15 ml (1 e) Worcestershiresous
5 ml (1 t) paprika
2 druppels Tabascosous
125 ml ($^1/_2$ k) olie
5 ml (1 t) peri-peripoeier
2 ml ($^1/_2$ t) rooipeper
1 ml ($^1/_4$ t) sout

Hoender met 'n lekker brandsmakie.

Sous:
Meng al die bestanddele vir die sous.

Voorverhit die oond tot 180 °C.
    Pak die hoenderporsies in 'n oondskottel. Giet die sous oor en bedek. Bak die hoender ongeveer 45-60 minute lank in die voorverhitte oond of tot dit sag en gaar is. Verwyder die bedekking na die helfte van die baktyd en giet van tyd tot tyd van die sous oor die hoender.

Lewer 4-6 porsies.

Oondgebakte hoenderschnitzels met tamatiegroente

Schnitzels:
8 ontbeende hoenderborsies
suurlemoensap en varsgemaalde
  swartpeper na smaak
koekmeelblom
geklitste eier
droë broodkrummels
botter vir braai

Groente:
250 g murgpampoentjies, in growwe
  stukke gesny
500 g knopiesampioene, in
  skyfies gesny
botter vir braai

Tamatiesous:
1 blik (410 g) tamatie-en-uiesmoor
1 klein blikkie (25 g) tamatiepasta
1 knoffelhuisie, fyngedruk
sout en varsgemaalde swartpeper
  na smaak
10 ml (2 t) droë basiliekruid
10 ml (2 t) droë orego
Tabascosous na smaak
5 ml (1 t) suiker
witpeper na smaak
1 ml ($^1/_4$ t) fyn swartpeper
rooipeper na smaak

Bolaag:
1 houer (250 ml) suurroom
250 ml (1 k) gerasperde parmesaankaas

By Masorini Lodge *by Phalaborwa het die vriendelike gasvrou, Margaret Murphy, ons verras met hierdie heerlike hoenderschnitzels wat ook in die oond op 'n geurige laag tamatiegroente gaargemaak word.*

Voorverhit die oond tot 200 °C. Smeer 'n oondvaste bak van 28 cm x 28 cm of spuit met kossproei.

Schnitzels:
Plaas 'n hoenderborsie tussen 2 stukke kleefplastiek. Kap effens platter met 'n vleishamer en plaas in 'n glasbak. Sprinkel die suurlemoensap en swartpeper oor. Herhaal met die res van die hoender. Plaas 'n uur lank in die yskas. Draai nou en dan om. Verwyder die hoender uit die suurlemoensap en druk droog met kombuispapier. Rol in meel, dan in eier en laastens in droë broodkrummels. Braai liggies in botter tot goudbruin en gaar.

Groente:
Soteer die murgpampoentjies in 'n bietjie botter tot gaar maar ferm. Voeg die sampioene by en soteer tot net sag. Skep die groente uit in die voorbereide oondbak.

Sous:
Verhit alles vir die tamatiesous saam en laat 5-7 minute lank prut. Voeg die sous by die groente in die bak. Pak die hoenderborsies bo-op.

Bolaag:
Meng die suurroom en parmesaankaas en giet oor die hoenderborsies. Bak 30-35 minute lank in die voorverhitte oond tot deurwarm.
    Sit voor saam met rys en 'n groenslaai.

Lewer 6 porsies.

Klewerige hoendervlerkies

16 hoendervlerkies
125 ml ($^1/_2$ k) vars suurlemoensap
125 ml ($^1/_2$ k) fyn appelkooskonfyt, gesmelt
80 ml ($^1/_3$ k) blatjang
3 knoffelhuisies, fyngedruk
1 groot ui, fyngekap en gesoteer

Variasie: Ryg die hoendervlerkies saam met 'n opgerolde spekvleis-repie op sosatiestokkies en braai oor matige kole tot gaar. Smeer van tyd tot tyd met die marinade.

Mense sal hul vingers aflek as hulle dié hoendervlerkies geproe het. Deesdae braai mense ook graag die vlerkies oor die kole. Knak hulle in die lit en ryg op sosatiestokkies in. Ek merk op hulle word so in die winkels as skemerkelk-happies te koop aangebied.

Voorverhit die oond tot 160 ºC.
Pak die hoendervlerkies in 'n vlak oondskottel. Meng die res van die bestanddele goed en giet oor die vlerkies. Marineer ongeveer 1 uur lank.
Oondbraai die vlerkies ongeveer 1 uur lank onbedek in die voorverhitte oond of tot hulle gaar en goudbruin is.

Lewer 6-8 porsies.

Brejani

1,5 kg hoenderporsies, ontvel en ontbeen indien verkies

Marinade:
15 ml (1 e) kookolie
250 ml (1 k) karringmelk
10 ml (2 t) rooi masala of breyani-speserye
7 ml (1$^1/_2$ t) borrie
5 ml (1 t) fyn kaneel
10 ml (2 t) fyn koljander
10 ml (2 t) fyn komyn (jeera)
1-2 groen brandrissies, ontpit en fyngekap
2 knoffelhuisies, geskil en fyngedruk
2 cm-stuk vars gemmerwortel, gerasper
1 blik (400 g) gekapte tamaties

Rys en lensies:
680 ml (2$^3/_4$ k) rou rys
3 ml (ruim $^1/_2$ t) borrie
4 kaneelstokkies
4 kardemompeule
sout
500 ml (2 k) bruinlensies, uitgesoek en gewas

Groente:
30 ml (2 e) olie
2 uie, in dun skyfies gesny
4 aartappels, geskil en skywe gesny
125 ml ($^1/_2$ k) hoendervleisaftreksel

As jy vir baie mense moet regstaan, is hierdie geurige Maleise hoender-en-lensie-pot 'n goeie keuse.

Pak die hoender in 'n nie-metaalagtige bak.

Marinade:
Meng al die bestanddele vir die marinade saam en giet oor die hoender. Bedek en verkoel minstens 2 uur lank.

Rys en lensies:
Kook intussen die rys saam met al die geurmiddels tot gaar. Dreineer. Kook ook die lensies in soutwater tot sag. Dreineer. Voeg die sout eers teen die einde by. Meng die rys en lensies en hou eenkant.

Groente:
Verhit die 30 ml (2 e) olie in 'n groot pan of kastrol en braai die uie daarin tot sag. Voeg die aartappels by en braai tot goudbruin.

Voeg die hoender en die marinade by die groente, braai tot effens bruin aan die buitekant, bedek en laat prut tot die hoender gaar is. Skep uit.
Skep nou afwisselende lae van die hoendermengsel, rysmengsel en lensies in die pot. Giet die aftreksel oor, bedek en laat ongeveer 30 minute oor baie lae hitte stoom tot geurig.
Sit voor saam met 'n komkommer-jogurtsous (sien bl. 64) en gekapte tamatie-en-uiesambal.

Lewer 6-8 porsies.

Kerriehoendervlerkies

500 g hoendervlerkies
5 ml (1 t) fyn gemmer
10 ml (2 t) fyn koljander
3 ml (ruim ½ t) varsgemaalde swartpeper
10 ml (2 t) masala
kookolie vir braai
375 ml (1½ k) fyngekapte uie
2 knoffelhuisies, fyngedruk
250 ml (1 k) hoendervleisaftreksel
2 blikke (410 g elk) botterbone,
  gedreineer
sout na smaak

Dié hoendervlerkies is heerlik gegeur en kry ook botterbone in. 'n Gereg wat die befaamde Maleise kok en kookboek-skrywer Cass Abrahams nog in Huisgenoot se toetskombuis kom berei het.

Was die hoendervlerkies skoon en druk goed droog. Meng al die geurmiddels en vryf die vlerkies goed daarmee in. Braai in verhitte olie in 'n groot pan tot bruin van buite. Skep uit en hou eenkant.

Soteer die uie en knoffel in die pan tot sag. Voeg die hoendervleisaftreksel en die hoendervlerkies by. Verlaag die hitte en laat prut tot die hoender gaar en sag is.

Voeg die bone 10 minute voor die einde van die kook-tyd by. Geur met sout.

Sit voor saam met rys.

Lewer 6 porsies.

Romerige paprikahoender

1 uie, fyngekap
4 preie, skoongemaak en in ringe gesny
1 groot knoffelhuisie, fyngedruk
kookolie vir braai
1,2 kg hoenderporsies
sout en varsgemaalde swartpeper
  na smaak
15 ml (1 e) tamatiepasta
250 ml (1 k) droë witwyn
125 ml (½ k) suurroom

Die sous skif effens wanneer jy die suurroom byvoeg, maar dis heerlik.

Braai die uie, preie en knoffel in verhitte olie tot sag. Skep uit en hou eenkant.

Geur die hoenderporsies met sout en peper en braai tot bruin buite-om. Verlaag die hitte en voeg uiemengsel en die res van die bestanddele behalwe die suurroom by. Laat stadig oor lae hitte prut tot die hoender gaar en heeltemal sag is. Verwyder van die hitte, laat 'n rukkie staan en roer die suurroom in.

Sit voor saam met rys of fynaartappel en groente.

Lewer 6 porsies.

Lipleklekker-hoender

8 hoenderborsfilette, in repe gesny
sout en varsgemaalde swartpeper na smaak
kookolie vir braai
2 uie, in ringe gesny
2 knoffelhuisies, fyngedruk
1 groen soetrissie, ontpit en in repe gesny
100 ml water
60 ml blatjang of soet brandrissiesous
15-30 ml (1-2 e) oester- of vissous
50 ml tamatiesous
30 ml (2 e) tamatiepasta
suiker na smaak

'n Mens kan nie ophou eet aan hierdie hoender wat so half Chinees is nie.

Geur die hoenderrepe met sout en peper en braai in verhitte olie tot bruin. Hou eenkant.

Soteer die uie, knoffel en soetrissie in olie tot effens sag. Voeg die res van die bestanddele by en verhit tot kookpunt. Roer gedurig. Verlaag die hitte en laat prut tot 'n lekker dik sous. Voeg die hoender by en verhit tot warm.

Sit voor saam met rys.

Lewer 4-6 porsies.

Roerbraaihoender met kasjoeneute

Marinade:
1 knoffelhuisie, fyngedruk
30 ml (2 e) sojasous
1 lemmetjie se sap en gerasperde skil

Vir roerbraai:
30 ml kookolie of die helfte sesamolie
4 hoenderborsfilette, in repe gesny
2 cm-stuk vars gemmerwortel, gerasper
4 knoffelhuisies, fyngedruk
2 rooi brandrissies, ontpit en fyngekap
60 ml ($^1/_4$ k) hoendervleisaftreksel
30 ml (2 e) sojasous
30 ml (2 e) oester- of vissous
30 ml (2 e) gekapte grasuie
100 g kasjoeneute, grofgekap
vars basiliekruidblare, in stukkies geskeur
  (opsioneel)

Oosterse kos word in die nuwe millennium groot kosnuus.

Marinade:
Meng al die bestanddele vir die marinade en marineer die hoender ongeveer 'n halfuur daarin.

Roerbraai:
Verhit die olie in 'n groot pan of wok en roerbraai die hoender ongeveer 3 minute. Voeg dan die gemmer, knoffel en brandrissies by en roerbraai 'n verdere 2-3 minute.
   Meng die aftreksel, soja- en oestersous en voeg by. Laat ongeveer 3 minute prut of tot die hoender net gaar is. Sprinkel die grasuie, neute en basiliekruid oor.
   Sit dadelik voor saam met klewerige rys.

Lewer 4 porsies.

Jobetso-kerriehoender

12 hoenderdye
sout en varsgemaalde swartpeper
  na smaak
50 ml kookolie
3 uie, in ringe gesny
2 knoffelhuisies, fyngedruk
2 ml ($^1/_2$ t) borrie
3 ml (ruim $^1/_2$ t) fyn kaneel
30 ml (2 e) matige kerriepoeier
2 ml ($^1/_2$ t) ml peri-peripoeier (opsioneel)
10 ml (2 t) witsuiker
2 groen appels, geskil en grofgerasper
150 ml water
200 ml droëappelkose, geweek
200 ml pitlose rosyne, geweek
500 g jong aartappels, saggekook en
  ontvel (opsioneel)

Hierdie kerriehoenderresep het sy beslag gekry op die eiland Jaguanum, ongeveer 94 km van Rio de Janeiro, waar Sonia Groenewald van Pretoria een Kerstyd deur-gebring het. Die naam is afkomstig van die drie kokke van die dag, Jocelyn, Bettie en Sonia. (Jocelyn was op daardie tydstip die Brasiliaan wat by die Suid-Afrikaanse ambassade in Rio de Janeiro gewerk het.)

Geur die hoenderdye met sout en peper en braai in verhitte olie tot bruin. Verwyder uit die pan.
   Soteer die uie en knoffel in die olie in die pan tot sag. Voeg die borrie, kaneel, kerriepoeier, peri-peripoeier en suiker by en braai nog 'n minuut. Voeg die hoender, appel en ongeveer 150 ml water by, bedek en laat prut tot die hoender sag is. Verwyder die hoender uit die pan.
   Plaas die appelkose, rosyne en aartappels in die pan, meng goed met die kerriemengsel en laat ongeveer 20 minute lank prut. Voeg die hoender weer by en laat prut tot dit goed warm is.
   Sit voor saam met rys en sambals soos geroosterde klapper, piesang en tamatie-en-uie.

Lewer 8-12 porsies.

Variasie: Braai die hoender, uie en speserye in olie en pak dit dan saam met al die ander bestanddele in 'n oondvaste bak. Bedek en bak ongeveer 1 uur lank by 180 °C of tot die hoender sag is.

Kaapse kerriehoender

1 kg hoenderstukke, skoongemaak en
   oortollige vet verwyder
sout en varsgemaalde swartpeper na smaak
kookolie vir braai
1 ui, in ringe gesny
5 knoffelhuisies, fyngedruk
10 ml (2 t) gerasperde vars gemmerwortel
1 groen brandrissie, fyngekap (opsioneel)
2 stukke pypkaneel
3 kardemomsade
1 groot, ryp tamatie, gerasper
5 ml (1 t) fyn komyn (jeera)
5 ml (1 t) fyn koljander
15 ml (1 e) kerriepoeier of hoender-masala
2 ml ($^1/_2$ t) borrie

'n Tipies Maleise gereg wat geurig gespesery is.

Geur die hoenderstukke met sout en peper. Verhit die olie in 'n groot pan en braai die hoender bruin. Skep uit en hou eenkant.

Soteer die ui, knoffel, gemmer, brandrissie, kaneel en kardemomsade in die olie in die pan tot die ui sag is. Voeg die tamatie en al die geurmiddels by en laat prut tot 'n lekker dikkerige sous gevorm het. Voeg die hoenderstukke weer by en laat prut tot gaar en sag.

Sit voor saam met rys, 'n groen slaai en sambals soos blatjang en piesangskyfies.

Lewer 4 porsies.

Vinnige Tandoori-hoender

8-12 hoenderstukke
1 suurlemoen se sap
growwe sout

Marinade:
250 ml (1 k) natuurlike jogurt
1 ui, fyngekap
3 knoffelhuisies, fyngedruk
15 ml (1 e) gerasperde vars gemmerwortel
30 ml (2 e) borrie
1 groen brandrissie, ontpit
15 ml (1 e) garam masala of tandoori-
   speserye

Tandoori verwys eintlik na die tandoor-kleioond waarin die kerrie vroeër dae gaargemaak is. In die winkels kry jy nou klaarbereide tandoori-speserye. Gebruik dit om hierdie geurige kerriehoender te maak.

Maak insnydings in die dik dele van die hoenderstukke. Besprinkel met suurlemoensap en growwe sout.

Marinade:
Verwerk die bestanddele vir die marinade in 'n voedsel-verwerker tot 'n gladde pasta. Skep oor die hoenderstukke en laat 'n uur of wat marineer as daar tyd is.

Voorverhit die oond tot 200 °C. Pak die hoenderstukke op 'n bakplaat en oondbraai ongeveer 30 minute lank tot gaar maar nog sappig. Draai om gedurende die bakproses.

Sit voor saam met klewerige rys of warm naanbrood, natuurlike jogurt, suurlemoenwiggies en vars koljanderblare.

Lewer 4-6 porsies.

Variasie: Vir hoender-tikka kan jy die vleis in blokke sny, op vleispenne ryg en dan in die marinade laat lê voor dit onder die oondrooster of oor die kole gaargemaak word. Geniet saam met suurlemoenskyfies.

Thaise hoenderkerrie

30 ml (2 e) kookolie
15 ml (1 e) gerasperde vars gemmerwortel
2 stele suurlemoengras, harde buitekante
verwyder en fyngekap (opsioneel)
2 stingeluie, gekap
30 ml (2 e) Thaise groenkerriepasta
4-6 hoenderborsfilette sonder vel, in
  stukke gesny
125 g jong groenbone, kleiner gesny
1 blik (400 g) klappermelk
30 ml (2 e) vissous
5 ml (1 t) bruinsuiker
1 groen brandrissie, ontpit en gekap
sout en varsgemaalde swartpeper na smaak
paar vars basiliekruid- of koljanderblare
  vir garnering
geroosterde sesamsaad of gekapte
  grondbone

Die vinnige kerrie word met groenkerriepasta en 'n blik klappermelk berei.

Verhit die olie in 'n wok of braaipan. Roerbraai die gemmer-wortel, suurlemoengras en gekapte stingeluie saam tot sag en geurig. Voeg die groenkerriepasta by en roerbraai nog 2 minute. Voeg die hoender by en roer tot dit goed met die kerriemengsel bedek is. Roerbraai 3 minute lank.
Voeg die groenbone by en roerbraai effens. Roer dan die klappermelk by en verhit tot kookpunt. Verlaag die hitte en laat die kerrie 10 minute lank prut tot die hoender gaar en die sous geurig is. Roer die vissous, bruinsuiker en brand-rissie in. Laat ongeveer 3 minute lank prut. Geur met sout en peper.
  Rond met basiliekruidblare af en sprinkel sesamsaad oor. Sit dadelik voor saam met klewerige rys.

Lewer 4 porsies.

Natalse kerrie

1 mediumgroot ui, in ringe gesny
kookolie
5 ml (1 t) knoffelpasta
5 ml (1 t) gemmerpasta
15 ml (1 e) gemengde masala
15 ml (1 e) kerriepoeier
3 ryp konfyttamaties, fyngedruk
1 blik (410 g) tamatiepuree
500 g goeie hoender- of beesvleis,
  ontbeen en in blokkies gesny
vars kerrieblare
5 ml (1 t) vinkelpoeier
5 ml (1 t) garam masala
vars koljanderblare

Hierdie geurige kerrie was deel van 'n heerlike Indiese ete wat Cindy Valayadam van Umhali aan die KwaZulu-Natalse Noordkus vir ons berei het toe ons daar 'n draai gegooi het.

Braai die ui in 'n bietjie verhitte olie tot sag. Voeg die knoffel- en gemmerpasta by. Roer die masala in en dan die kerriepoeier. Voeg die tamaties en tamatiepuree by. Laat 'n paar minute lank prut tot geurig. Voeg dan die vleis en 'n paar kerrieblare by en laat stadig prut tot die vleis gaar en geurig is. Roer die vinkelpoeier en garam masala teen die einde in en sprinkel die vars koljanderblare oor.
  Sit voor saam met roti's of rys.

Lewer 3-4 porsies.

Thaise hoenderkerrie

Gevlekte hoender

2 baie jong hoendertjies
paprika, sout en varsgemaalde swart-
   peper na smaak

Lemoenbedruipsous:
80 ml (¹/₃ k) olyf- of sonneblomolie
1 lemoen se gerasperde skil
3 lemoene se sap of 30 ml (2 e)
   lemoensapkonsentraat
1 suurlemoen se gerasperde skil en sap
6-8 suurlemoenblare, fyngedruk
   (opsioneel)
2 knoffelhuisies, fyngedruk
15 ml (1 e) grasuie, gesnipper
15 ml (1 e) fyngekapte vars pietersielie
paar vars oregotakkies of 5 ml (1 t)
   droë orego
sout en varsgemaalde swartpeper
   na smaak

*Gevlekte hoender braai heerlik oor die kole. Steek die hoen-
der vas met twee houtpenne sodat dit mooi in posisie bly. In
plaas van hierdie lemoenbedruipsous kan jy net knoffel-
botter oorsmeer terwyl jy braai. Dis een van die vele staat-
makerresepte van die bekende kosskrywer Lannice Snyman.*

Maak die hoenders goed skoon. Sny hulle deur die borsbeen
oop en druk platter met jou handpalm. Hou die hoenders plat
deur 2 houtpenne, een deur die dye en een deur die vlerkies,
te steek. Geur die hoenders met paprika, sout, peper.

Lemoenbedruipsous:
Meng al die bestanddele vir die bedruipsous deeglik en
bedruip die hoenders voor die braaiproses daarmee.
   Braai die hoenders oor matige hitte en draai hulle van
tyd tot tyd om terwyl jy hulle weer bedruip. (Jy kan die
hoenders ook met 'n deksel of aluminiumfoelie bedek om
die hitte vas te vang en die gaarmaakproses te versnel.) Die
hoenders is gaar wanneer 'n boudjie vryelik beweeg as jy
dit wikkel, of as die vleissappe helder uitloop wanneer jy
die dik vleis met die vleispen prik.

Lewer 4-5 porsies.

Heel kerriehoender

1 heel hoender
sout
1 ui, in ringe gesny
15 ml (1 e) kookolie

Kerriemengsel:
15 ml (1 e) mediumsterk kerriepoeier
5 ml (1 t) borrie
2 ml (¹/₂ t) komyn
15 ml (1 e) vrugteblatjang
15 ml (1 e) kookolie
10 ml (2 t) witsuiker
5 ml (1 t) wit druiweasyn

*Die hoender word deur die borsbeen oopgesny en dan in
'n baksakkie in die oond gaargemaak.*

Voorverhit die oond tot 180 °C.
   Maak die hoender goed skoon. Sny dit deur die bors-
been oop en druk platter met jou handpalm. Vryf goed van
buite en binne in met sout. Plaas die hoender in 'n bak-
sakkie en vlek dit oop sodat dit plat lê.
   Soteer die uieringe in die olie tot sag en plaas in die
holte van die hoender.
   Kerriemengsel: Meng al die bestanddele vir die ker-
riemengsel en giet in die baksakkie. Skud die baksakkie
goed sodat die hoender heeltemal met kerrie bedek is.
   Plaas in 'n platterige bak en bak ongeveer 1 uur lank in
die voorverhitte oond of tot die hoender gaar is. (Daar
moet nog 'n bietjie sous in die sakkie oor wees.) Draai die
laaste kwartier die hoender om.
   Sit voor saam met gemengde groente en blatjang.

Lewer 4-6 porsies.

Lemoenhoender

1 groot hoender
sout en varsgemaalde swartpeper na smaak

Bottermengsel:
100 g sagte botter
2 lemoene se gerasperde skil
1 suurlemoen se gerasperde skil
50 ml lemoensap (van 1 van die
  geskilde lemoene)
2 knoffelhuisies, fyngedruk

Rys:
375 ml (1¹/₂ k) rou rys
125 ml (¹/₂ k) amandelvlokkies, gerooster

*Die geurmiddels vir hierdie hoender word met botter
gemeng en dan onder die vel van die borsbeen ingevryf.*

Voorverhit die oond tot 180 °C.
    Was die hoender goed en druk met handdoekpapier
droog. Geur aan die binne- en buitekant goed met sout en
peper. Maak die vel oor die borsbeen versigtig los deur jou
vingers onder die vel in te druk.

Bottermengsel:
Meng die botter met die helfte van die lemoenskil, die
suurlemoenskil, lemoensap en knoffel. Druk die helfte van
die bottermengsel onder die hoendervel in en versprei
egalig oor die bors. Smeer die res bo-oor die hoender, veral
oor die dye. Plaas ook die ander lemoen waarvan die skil
verwyder is, in die buikholte van die hoender. Plaas in
'n groot oondbraaipan, bedek en bak 60-90 minute lank
in die verhitte oond of tot gaar. Verwyder die laaste
20 minute die bedekking sodat die hoender kan bruin braai.
Verf van tyd tot tyd van die pansappe oor die hoender.

Rys:
Kook intussen die rys in genoeg soutwater tot sag en
gaar. Dreineer goed. Skep in 'n groot opdienskottel waarin
die hoender ook sal pas. Meng die orige lemoenskil en
amandelvlokkies met die rys. Giet die pansappe van die
hoender oor die rys en plaas die hoender bo-op die rys.
    Sit voor saam met groente.

Lewer 4-6 porsies.

Suurlemoenhoender met knoffel en aartappels

8-12 hoenderstukke (boudjies en dye)
paprika, sout en varsgemaalde swartpeper
  na smaak
1 suurlemoen se gerasperde skil en sap
vars tiemie- of roosmaryntakkies
1 kg jong aartappeltjies, skoon geskrop
1 suurlemoen
12 ongeskilde knoffelhuisies
125 ml (¹/₂ k) witwyn
olyfolie

*Stukkies vars suurlemoen, knoffel en kruie gee 'n heerlike
geur aan hierdie hoender wat in witwyn gaargemaak word.*

Voorverhit die oond tot 180 °C. Smeer 'n oondvaste bak
liggies met olie. Geur die hoenderstukke mildelik met
paprika, sout en peper, plaas in die voorbereide bak en
sprinkel die skil en sap van die suurlemoen en vars kruie
oor. Kap die klein aartappeltjies elkeen liggies met 'n
koekroller om dit effens te kraak en voeg by die hoender-
stukke. Sny die suurlemoen met skil en al in dun skyfies.
Druk die suurlemoenskyfies en knoffelhuisies by die
hoender in en giet die witwyn oor. Besprinkel met olyfolie.
    Bak ongeveer 45 minute lank in die voorverhitte oond
tot gaar en goudbruin. Meng af en toe om te keer dat die
onderste stukke aanbrand.
    Sit voor saam met korsige brood en slaai.

Lewer 4-6 porsies.

Knoffelhoender

kookolie
12 hoenderborsfilette, in blokkies gesny
sout en varsgemaalde swartpeper
  na smaak
± 150 g botter (nie margarien nie)
15 knoffelhuisies, fyngedruk
5 ml (1 t) droë orego of tiemie
5 ml (1 t) droë gemengde kruie
180 ml ($^3/_4$ k) bruinasyn

*Die hoender kry lekker baie knoffel in, maar gelukkig
neutraliseer die asyn al die knoffelreuke.*

Verhit 'n bietjie olie in 'n swaarboomkastrol. Geur die
hoendervleisblokkies met sout en peper. Braai die hoender
bietjie-vir-bietjie tot goudbruin. Skep uit en hou eenkant.
    Giet die oortollige olie uit die pan en smelt die botter in
die pan. Voeg die knoffel by en roerbraai 'n paar minute
oor matige hitte sonder dat die knoffel verkleur. Voeg die
gebraaide hoenderblokkies en die kruie by. Geur met nog
sout en peper indien nodig. Bedek en laat 'n paar minute
prut. Voeg die asyn net voor opdiening by en verhit weer
tot die geure goed gemeng is.
    Sit voor saam met pasta of slaai.

Lewer 6 porsies.

Olyftapenade-hoender

50 g ricottakaas
60 ml ($^1/_4$ k) gekoopte swartolyf-
  tapenade
40 g ontpitte groenolywe, gekap
4 ontvelde hoenderborsies
sout en varsgemaalde swartpeper
  na smaak
olyfolie

*Swartolyf-tapenade gemeng met ricottakaas, 'n laevetkaas,
gee kitsgeur aan hoenderborsies.*

Voorverhit die oond tot 180 °C.
    Meng die kaas, tapenade en olywe. Maak 3 snitte in
elke hoenderborsie en skep die olyfmengsel daarin. Geur
met sout en peper en plaas op 'n bakplaat, sprinkel olyfolie
oor en bak 20-30 minute in die voorverhitte oond tot gaar.
    Sit voor saam met brood en slaai.

Lewer 4 porsies.

*Variasie vir Songedroogde tamatiehoender: Roer 30 ml (2 e) songedroogde tamatiepesto by die ricotta-kaas
in. Sny die hoenderborsie bo-langs halfpad oop en gebruik as vulsel.*

Lemoenhoender (bl. 113)

Pastei en maalvleis

Pastei is deel van ons kultuur – hetsy dit wildspastei, hoenderpastei of lamspastei is. Met maalvleis laat jy jou kosbegroting klop en dis so veeldoelig jy kan dit met kerrie of tamatie geur en met allerlei bolae optower, of frikkadelle en die lekkerste bobotie daarmee berei.

PASTEI

Korse

Roosmarynkors

500 g koue botter
500 g koekmeelblom
5 ml (1 t) gekapte vars roosmaryn
knippie sout

Rasper die botter op die meel en vryf met jou vingerpunte in tot goed gemeng en tot dit soos growwe broodkrummels lyk. Voeg die roosmaryn en sout by, druk die deeg aanmekaar en vorm in 'n bol. Verkoel tot benodig.

Suurroomkors

750 ml (3 k) witbroodmeel
5 ml (1 t) sout
250 g ongesoute botter
250 ml (1 k) suurroom

Sif die meel en sout 3 keer saam en sny of vryf die botter met jou vingerpunte in tot die botter soos klein ertjies in die meel lyk. Voeg al die suurroom gelyk by die meel en sny dit met 'n mes in tot goed gemeng. Knie die deeg liggies met een hand tot dit 'n bol vorm. (Moenie ekstra water byvoeg nie, hou net aan knie tot die deeg hanteerbaar word.) Laat die deeg 30 minute of selfs oornag in die yskas rus.

Rol die deeg op 'n meelbestrooide oppervlak uit en vou in derdes. Draai die deegpakkie sodat die oop kante na jou toe wys. Rol weer uit en vou in derdes. Herhaal 1 maal. Laat die deeg weer 30 minute rus. Herhaal die rol-en-vou-proses nog 2 keer. Die deeg is reg om te gebruik, maar kan ook 3 dae lank verkoel of tot 3 maande lank gevries word.

Roerkors

125 ml (½ k) melk
125 ml (½ k) kookolie
1 eier
200 ml koekmeelblom
10 ml (2 t) bakpoeier
knippie sout

Klits al die bestanddele vir die kors saam. Giet oor enige pastei vulsel. Bak ongeveer 20 minute lank in die voorverhitte oond of tot die kors gaar en goudbruin is.

Ouma se Karoolamspastei (bl. 120)

Hoenderpastei

koekmeelblom
sout en varsgemaalde swartpeper
  na smaak
6 hoenderborsfilette, in stukkies gesny
kookolie en botter vir braai
$^1/_2$ pak (125 g) spekvleisrepe
250 g knopiesampioene, gehalveer
1 groot ui, fyngekap
1 groot tamatie, ontvel en fyngekap
12 spinasieblare, gewas, ontstingel en
  in dun repe gesny
5 ml (1 t) droë gemengde kruie
50 ml room
1 rol (400 g) bevrore skilferdeeg,
  ontdooi of roerkors
1 eiergeel

As dit by pasteie kom, is hoenderpastei die bekendste en beminste.

Voorverhit die oond tot 200 °C. Smeer 'n oondskottel met botter of margarien of spuit met kleefwerende kossproei.

Geur 'n bietjie meel met sout en peper en rol die hoenderstukkies daarin. Braai die hoender in die verhitte olie en botter tot bruin. Skep uit en braai die spekvleis tot gaar. Skep uit en kap fyn. Braai die sampioene tot bruin en voeg die ui by. Soteer tot deurskynend, verlaag die hitte en voeg die tamatie en spinasie by. Geur met gemengde kruie, sout en peper na smaak en roer die room in. Laat 'n paar minute lank prut en voeg die hoender en spekvleis weer by. Meng deur en laat prut tot die sous lekker dik is. Skep in die voorbereide skottel en laat heeltemal afkoel.

Verf die skottel se rand met water. Rol die skilferdeeg effens dunner uit en bedek die hoendermengsel daarmee. Druk die deeg stewig vas op die rand van die skottel. Sny dit netjies af. Versier bo-op met die oorskietdeeg. Druk 'n gaatjie of twee in die deeg vir stoom om te ontsnap. Verf met effens geklitste eiergeel. Bak 30 minute lank of tot die deeg bruin en mooi uitgepof is.

Sit voor saam met groente en slaai.

Lewer 6 porsies.

Pa se hoenderpastei

1 rol (400 g) bevrore skilferdeeg,
  ontdooi of roosmarynkors (bl. 116)
1 mediumgroot heel hoender
1 ui, gekap
4 spekvleisrepe, gekap
5 ml (1 t) hoenderspeserye
sout en varsgemaalde swartpeper
  na smaak
30 ml (2 e) wit asyn
15 ml (1 e) Worcestershiresous
1 blik (430 g) aspersies
1 blik (425 g) knopiesampioene
100 ml koekmeelblom
250 ml (1 k) melk
1 eier, geskei

Hierdie resep vir 'n heerlike hoenderpastei het in 1995 by Huisgenoot se toetskombuis opgedaag, maar sonder enige naam of adres. Tot vandag toe weet ons nog nie wie Pa is nie, maar die pastei is heerlik.

Voorverhit die oond tot 200 °C. Smeer 'n oondvaste pasteibak of margarien of spuit met kleefwerende kossproei.

Rol die skilferdeeg effens dunner uit en voer die voorbereide pasteibak daarmee uit. Prik die kors en verkoel tot benodig. Rol die oorskietdeeg weer in 'n bal en verkoel tot benodig.

Plaas die heel hoender saam met die ui en spekvleis in 'n druk- of diep kastrol. Geur die hoender met die hoenderspeserye, sout en peper. Voeg die asyn en Worcestershiresous by. Voeg ongeveer 400 ml water by, bedek en drukkook of laat prut tot die hoender gaar en sag is. Sny die vleis van die bene en sny dit dan in kleiner stukke. Hou die vleis eenkant. Verwyder alle bene uit die kastrol, maar behou die sous.

Dreineer die aspersies en sampioene, maar behou die vloeistof. Meng die inmaakvloeistof met die meel en melk en meng tot glad. Voeg by die sous in die kastrol en verhit tot die mengsel kook en verdik. Roer gedurig. Laat effens afkoel.

Klits die eierwit effens en verf oor die kors in die pastei-bak. Skep 'n laag hoendervleis in die bak en pak die sampioene bo-op. Giet van die sous oor en plaas die res van die hoender bo-op. Pak die aspersies bo-op en giet die res van die sous oor. Rasper die oorskietdeeg oor die aspersies tot goed bedek en verf 'n bietjie geklitste eiergeel oor. Bak 20-30 minute lank in die voorverhitte oond of tot die deeg gaar en goudbruin is.

Sit voor saam met die slaai op.

Lewer 6-8 porsies.

Wenk: Koel altyd eers die vulsel af tot heeltemal koud voor die deeg oorgesit word. Prik ook 'n paar gaatjies in die deeg waardeur stoom kan ontsnap. Plak deegpatrone met effens geklitste eierwit op die deeg vas en bestryk die kors met 'n mengsel van geklitste eiergeel en melk voor dit gebak word.

Olyfhoenderpasteitjies

1 rol (400 g) bevrore skilferdeeg, ontdooi
geklitste eiergeel
kookolie
1 ui, fyngekap
2 knoffelhuisies, fyngedruk
500 g hoenderborsfilette, in
  blokkies gesny
250 g kruieroomkaas
8 swartolywe, ontpit en in stukke gesny
sout en varsgemaalde swartpeper
  na smaak
vars pietersielie vir garnering

Ideaal om voor te sit vir gaste. Die vulsel is 'n interessante kombinasie van hoender en swart olywe gemeng met kruieroomkaas.

Voorverhit die oond tot 220 °C. Smeer 'n bakplaat.

Rol die skilferdeeg dunner uit tot ongeveer 1 cm dik. Druk sirkels uit deeg, sowat 10 cm in deursnee. Plaas op die voorbereide bakplaat. Verf die bokant van die skilferdeegsirkels met die geklitste eiergeel. Pasop dat dit nie oor die kante loop nie, want dan sal die deeg nie uitpof nie.

Merk met 'n skerppuntmessie 'n kleiner sirkel, 5 mm van die kant van elke skilferdeegsirkel uit, maar moenie regdeur die deeg sny nie. Sny 'n diamantpatroon liggies op die binneste sirkel. Bak ongeveer 10-15 minute lank in die voorverhitte oond of tot die skilferdeeg uitgepof en goudbruin is; die binneste sirkel het teen dié tyd weggetrek van die kante – verwyder dit versigtig. Skep ook enige oortollige skilferkors in die "bakkie" uit.

Verhit olie in 'n pan en soteer die ui en knoffel daarin tot sag en deurskynend. Voeg die hoender by en verhit tot gaar maar nie droog nie. Voeg die roomkaas by en verhit tot die kaas gesmelt het. Voeg die olywe by en verhit tot warm. Geur met sout en peper.

Skep die mengsel net voor opdiening in die skilferkors-bakkies en plaas die uitgeskepte deegstukkies bo-op. Garneer met pietersielie.

Lewer 10 porsies.

Ouma se Karoolamspastei

1 x suurroomkors (bl. 116)

Vulsel:
3 kg lamskenkels, in 3-5 cm-stukke
  gesaag
500 ml (2 k) groente- of hoendervleis-
  aftreksel
1 heel ui, waarin 10 heel kruienaeltjies
  ingedruk is
1 lourierblaar
5 peperkorrels
3-4 mediumgroot aartappels, geskil en
  in blokkies gesny

Geurmiddels:
5 ml (1 t) koljander
2 knoffelhuisies, fyngedruk
2 ml (¹/₂ t) rissiepoeier of rooipeper
10 ml (2 t) mosterdpoeier
10 ml (2 t) witsuiker
60 ml (4 e) wit druiweasyn
10 ml (2 t) sout
3 ml (ruim ¹/₂ t) varsgemaalde swart-
  peper na smaak
bietjie mielieblom om mee te verdik
1 ui, waarin 10 heel kruienaeltjies
  ingedruk is
geklitste eiergeel om bo-oor te verf

'n Ou gunsteling wat net so heerlik smaak as wat dit ruik, vertel Ina Paarman, bekende koskenner aan wie se gunstelingresepte ons in 1998 'n hele artikel gewy het. Hierdie pastei kan vooraf berei en ongebak gevries word. Ontvries dit dan oornag in die yskas, bestryk met eier en bak. Ina het die pasteideeg ontwikkel om aan haar studente 'n maklike, flatervrye deeg te gee wat nes toeka s'n smaak.

Vulsel:
Laat die vleis saam met die aftreksel, ui, lourierblaar en peperkorrels ongeveer 2 uur lank stadig prut of tot die vleis van die bene loskom. Voeg die aartappels die laaste 20 minute by en laat prut tot sag. Laat die vleis en aartappels in die aftreksel afkoel. Skep die vleis en aartappels met 'n gaatjieslepel uit en verwyder ook die heel ui, lourierblaar en peperkorrels. Vlok die vleis en verwyder die bene, vet en senings. Voeg al die geurmiddels behalwe die ui, by die vorige aftreksel en laat opkook. Verdik met 'n bietjie mielieblom indien dit te waterig is. Voeg die gevlokte vleis en die aartappels by en roer deur.

Skep die vleis in die voorbereide bak en plaas die ui in die middel om te voorkom dat die deeg insak. Laat heeltemal afkoel.

Voorverhit die oond tot 190 °C. Smeer 'n groot oondvaste bak met botter of margarien of spuit met kleefwerende kossproei.

Rol die deeg uit en bedek die vleis daarmee. Versier met deegrepe, verf met eiergeel en bak ongeveer 45 minute lank in die voorverhitte oond of tot goudbruin.

Sit warm voor saam met groente.

Lewer 1 groot pastei.

Wildspastei

1 x suurroomkors, roerkors, vinnige pastei-
  kors of gekoopte skilferdeeg (bl. 116)
1 x fynwildsvleis (bl. 98)

Berei die suurroom- of roerkors en ook die fynwildsvleis soos beskryf by die onderskeie resepte. Gaan verder te werk soos by Karoolamspastei (hierbo).

Olyfhoenderpasteitjies (bl. 119)

Skenkelpastei

1 x roerkors (bl. 116)

Vulsel:
± 1,5 kg skaapskenkelvleis
25 ml (5 t) olie
1 ui, fyngekap
50 ml koekmeelblom
25 ml (5 t) sampioensoppoeier
250 ml (1 k) melk
250 g knopiesampioene
10 ml (2 t) voorbereide mosterd
125 ml (¹/₂ k) gerasperde kaas
sout en varsgemaalde swartpeper
  na smaak

Dis Daleen van der Merwe, Huisgenoot se assistentkos-redakteur, wat my by die samestelling van hierdie boek herinner het aan die heerlike skenkelpastei in Wenresepte 3 *deur Annette Human. Dit kry 'n vinnige roerkors oor. Die resep kom nog van die gewese Vleisraad.*

Kook die skenkels in genoeg water tot baie sag. Dreineer en behou 200 ml van die aftreksel. Verwyder die bene en kap die vleis fyner
    Braai die vleis liggies in die verhitte olie in 'n groot kastrol. Skep uit en braai die ui in dieselfde pan tot ligbruin – voeg nog olie by indien nodig. Voeg die vleis weer by en meng. Voeg die aftreksel by. Meng die meel, soppoeier en melk en roer by die vleismengsel in. Voeg die sampioene en mosterd by en verhit tot die sous verdik. Verwyder van die hitte, roer die kaas in en geur met sout en peper. Skep in 'n 2 L-oondbak.

Lewer 6-8 porsies.

Beesvleispastei

Vleis:
1,5 kg beesskenkels
sout en varsgemaalde swartpeper
kookolie
1 ui, in ringe gesny
3 knoffelhuisies, gekneus
2 naeltjies
7 heel peperkorrels
1 lourierblaar
1 ml (¹/₄ t) droë tiemie
250 ml (1 k) warm groente- of
  hoendervleisaftreksel of water
4 mediumgroot aartappels, geskil en in
  blokkies gesny, of 10 jong aartappeltjies
  (ongeskil)
200 g knopiesampioene, in
  skyfies gesny
koekmeelblom om die sous mee te verdik
melk

Pietersielie-skonkors:
500 ml (2 k) koekmeelblom
10 ml (2 t) bakpoeier
2 ml (¹/₂ t) sout
knippie neutmuskaat
50 ml vars pietersielie, fyngekap
100 g botter of margarien
± 150 ml melk

Die pastei word met skenkels gemaak en het 'n geurige pietersielieskonkors.

Geur die vleis liggies met sout en peper en braai bietjies-bietjies bruin in verhitte olie. Skep uit. Soteer ui en knoffel in die olie in die kastrol tot sag en deurskynend. Voeg die naeltjies en peperkorrels by en roerbraai nog ongeveer 1 minuut. Plaas die vleis terug in kastrol, voeg die lourierblaar en tiemie by, giet die aftreksel oor, verlaag die hitte en laat prut tot die vleis amper sag is. Voeg die aart-appels en sampioene by en laat prut tot die aartappels sag en gaar en die vleis souserig is. (Voeg meer warm vleisaftreksel of water by indien die vleis droog kook.) Verdik die sous met koekmeelblom indien verkies. Skep in 'n oondvaste bak.

Pietersielie-skonkors:
Voorverhit die oond tot 200°C.
    Sif die droë bestanddele saam, voeg die pietersielie by en vryf die botter in tot dit soos broodkrummels lyk. Voeg net genoeg melk by om 'n sagte deeg te vorm en sny met 'n mes in. Rol op 'n meelbestrooide oppervlak uit tot ongeveer 2 cm dik. Druk skons uit en pak op die vleis. Bak ongeveer 20 minute in die voorverhitte oond tot die kors gaar is.
    Sit voor saam met rys.

Lewer 6 porsies.

Niertjiepastei

500 g lamsniertjies
5 ml (1 t) sout
250 g knopiesampioene, in skyfies gesny
1 uitjie, fyngekap
30 ml (2 e) botter
125 ml ($^1/_2$ k) room
100 ml port, sjerrie of hoendervleis-
  aftreksel
geuropwekker en varsgemaalde swart-
  peper na smaak

Kors:
2 rolle (400 g elk) bevrore skilferdeeg
1 eiergeel
25 ml (5 t) melk

Nog 'n lekker pasteiresep wat uit Wenresepte 3 *deur
Annette Human kom.*

Smeer 'n bakplaat met botter of margarien of spuit met
kleefwerende kossproei.

Halveer die niertjies, trek die velletjies af en sny die are
uit. Week 30 minute lank in gesoute water. Dreineer, spoel
af in koue water en plaas in 'n kastrol. Bedek met koue
water, voeg die sout by en bring tot kookpunt. Laat
2 minute kook – moenie dat dit oorkook nie.

Dreineer die niertjies en spoel onder koue water af.
Kap fyn.

Roerbraai die sampioene, ui en niertjies in die verhitte
botter tot bruin buite-om. Roer die room in en verhit tot
effens afgekook. Voeg die port by en laat nog 5 minute
prut. Geur met geuropwekker en peper. Laat afkoel.

Ontdooi die skilferdeeg en rol oop. Sny elkeen netjies in
'n reghoek, maar moenie dunner uitrol nie. Plaas 1 reghoek
op die voorbereide bakplaat. Skep die vulsel op, maar hou
'n rand van 3 cm reg rondom. Verf 'n lagie water op die
kante en bedek met die ander rol skilferkors. Verseël die
kante – druk vas met 'n vurk. Prik 'n paar gaatjies in die
deeg. Sny patrone uit die orige deeg en plak bo-op die
kors. Klits die eiergeel en melk saam en smeer bo-oor die
kors. Plaas in die vrieskas tot yskoud.

Voorverhit die oond tot 190 °C. Bak die kors ongeveer
25 minute lank in die voorverhitte oond of tot dit uitgepof
en goudbruin is.

Sit dadelik voor.

Lewer 6-8 porsies.

VEELSYDIGE MAALVLEIS

'n Mens kan vele watertandgeregte met maalvleis optower. Huisgenoot *het al talle resepte vir heerlike maalvleisgeregte ontvang, soos kerriepastei en maalvleis met 'n kaasskon-, mielie- of aartappelbolaag.*

Basiese kerriemaalvleis

kookolie
2 uie, in ringe gesny
15 ml (1 e) fyngedrukte vars knoffel
15 m (1 e) kerriepoeier
2 ml ($^1/_2$ t) fyn komyn (jeera)
2 ml ($^1/_2$ t) fyn gemmer
2 ml ($^1/_2$ t) fyn koljander
1 heel kaneelstok
500 g maalvleis
sout en varsgemaalde swartpeper na smaak
10 ml (2 t) fyn appelkooskonfyt
15 ml (1 e) tamatiepasta
1-2 mediumgroot tamaties, ontvel
   en fyngekap
5 ml (1 t) borrie

Gebruik hierdie basiese kerriemaalvleis om saam met rys voor te sit of 'n kerriemaalvleispastei mee te berei.

Verhit 'n bietjie olie in 'n pan en soteer die uie saam met die knoffel daarin tot sag en deurskynend. Voeg die speserye by en roerbraai 'n verdere minuut. Voeg die maalvleis by en braai tot dit net gaar is. Roer met 'n vurk om die groot klonte te breek. Geur met sout en peper en voeg die res van die bestanddele by. Verlaag die hitte, bedek en laat stadig prut tot die geure goed gemeng het. Gebruik in die resepte soos beskryf.

Lewer 4 porsies.

Kerrie en rys

1 x basiese kerriemaalvleis
3 mediumgroot aartappels, geskil en
   in skywe gesny
250 ml (1 k) bevrore ertjies
125 ml ($^1/_2$ k) geelwortelringe

Berei die basiese kerriemaalvleis (sien hierbo), maar voeg ook die aartappels, ertjies en geelwortels by voor die vleis begin prut. Roer 'n bietjie water of vleisaftreksel in en laat prut tot die maalvleis en die aartappels gaar is.
   Sit voor saam met rys of roti's.

Lewer 4 porsies.

Kerriemaalvleispastei

1 x basiese kerriemaalvleis (hierbo)

Bolaag:
450 ml (1$^1/_2$ k) koekmeelblom
7 ml (1$^1/_2$ t) bakpoeier
2 ml ($^1/_2$ t) sout
7 ml (1$^1/_2$ t) kerriepoeier
75 ml (5 e) botter of margarien
melk

Vulsel:
50 ml botter
50 ml blatjang
50 ml sultanas
25 ml (5 t) droë klapper

Berei die basiese maalvleismengsel en skep in 'n oondvaste bak.
   Voorverhit die oond tot 180 °C.

Bolaag:
Sif die droë bestanddele saam en vryf die botter in. Voeg net genoeg melk by om 'n uitrolbare deeg te maak en meng liggies deur. Rol die deeg tot ongeveer 6 mm dik uit.

Vulsel:
Meng al die bestanddele vir die vulsel en smeer oor die deeg. Rol op en sny in 1 cm dik skywe. Pak die skywe op die kerriemaalvleis en bak 30-40 minute lank in die voorverhitte oond of tot die deegskywe gaar en effens ligbruin bo-op is.

Lewer 4 porsies.

Herderspastei (bl. 126)

Basiese tamatiemaalvleis

kookolie
1 ui, gekap
2 knoffelhuisies, fyngedruk
1 klein soetrissie, ontpit en in blokkies
  gesny (opsioneel)
3 spekvleisrepe, in stukkies gesny
750 g maalvleis
1 blik (400 g) heel tamaties, gekap
65 ml (1 pakkie) tamatiepasta
5 ml (1 t) droë basiliekruid
1 ml ($^1/_4$ t) neutmuskaat
5 ml (1 t) witsuiker
sout en varsgemaalde swartpeper
  na smaak

Verhit die olie in 'n groot pan en soteer die ui, knoffel en soetrissie daarin tot sag en deurskynend. Voeg die spekvleis by en braai tot gaar. Voeg die maalvleis bietjie-bietjies by en roerbraai met 'n vurk tot gaar. Voeg die tamaties en res van die geurmiddels by. Laat opkook, verlaag die hitte en laat 20 minute prut tot geurig.
    Gebruik in resepte soos beskryf.

Lewer 4-6 porsies.

Mieliemaalvleispastei

1 x basiese tamatiemaalvleis (hierbo)

Bolaag:
125 ml ($^1/_2$ k) mieliemeel
125 ml ($^1/_2$ k) koekmeelblom
10 ml (2 t) bakpoeier
1 ml ($^1/_4$ t) sout
100 ml louwarm melk
25 ml (5 t) botter, gesmelt
1 eier, geklits

Voorverhit die oond tot 200°C.
    Berei die basiese tamatiemaalvleis en skep in 'n oond-vaste bak.

Bolaag:
Sif die droë bolaag-bestanddele saam in 'n mengbak. Klits die res van die bestanddele saam, voeg by die droë bestanddele en meng goed. Skep oor die tamatiemaalvleis, maak gelyk en bak 30-35 minute lank in die voorverhitte oond tot die bolaag gaar en goudbruin is.

Lewer 4-6 porsies.

Herderspastei

1 x basiese tamatiemaalvleis (hierbo)

Aartappelbolaag:
7 mediumgroot aartappels, geskil
150 ml melk
2 ml ($^1/_2$ t) bakpoeier
sout en varsgemaalde swartpeper
  na smaak

Voorverhit die oond tot 180 °C.
    Berei die basiese tamatiemaalvleis en skep in 'n oond-vaste bak.
    Kook die aartappels in soutwater tot sag, dreineer en druk fyn. Voeg die melk en bakpoeier by, meng tot lekker lig en geur met sout en peper. Skep op die maalvleis en bak tot effens goudbruin bo-op.

Lewer 4-6 porsies.

Kaaskrummel-maalvleispastei

1 x basiese tamatiemaalvleis (bl. 126)

Krummellaag:
80 ml ($^1/_3$ k) botter
200 ml koekmeelblom
200 ml gerasperde cheddarkaas
2 ml ($^1/_2$ t) mosterdpoeier
1 ml ($^1/_4$ t) paprika
sout

'n Blikkie gebakte bone kan ook by die maalvleismengsel ingeroer word. Voeg bietjie brandrissie by indien verkies.

Voorverhit die oond tot 180 °C.
Berei die basiese tamatiemaalvleis en skep in 'n oond-vaste bak.
Vryf die botter by die koekmeelblom in tot goed gemeng. Voeg die kaas en die geurmiddels by, meng deur en strooi oor die maalvleis. Bak totdat die krummellaag goudbruin en die gereg deurwarm is.

Lewer 4-6 porsies.

Vinnige maalvleispastei

1 x basiese tamatiemaalvleis (bl. 126)

Kors:
60 ml ($^1/_4$ k) botter
90 ml (6 e) koekmeelblom
500 ml (2 k) melk
sout en varsgemaalde swartpeper
2 eiers, geklits
5 ml (1 t) bakpoeier

My ouma Winnie het altyd hierdie vinnige pasteikors gemaak wanneer sy gou-gou iets vir ete moes bedink. Selfs oor enige oorskiet is dit 'n wenner.

Voorverhit die oond tot 190 °C. Smeer 'n mediumgroot oondbak met botter of margarien of spuit met kleefwerende kossproei.
Skep die tamatiemaalvleis in 'n oondvaste bak.
Berei 'n witsous van die botter, koekmeelblom en melk en geur met sout en peper. Laat effens afkoel en voeg die eiers by terwyl aanhoudend geroer word. Sif die bakpoeier by en meng goed. Giet die beslag oor die maalvleis en bak tot ligbruin en effens gepof.

Lewer 6 porsies.

Mexikaanse maalvleis

1 ui, fyn gekap
3 knoffelhuisies, fyngedruk
2 groen brandrissies, ontpit en fyn gekap
2 rooi soetrissies, ontpit en grof gekap
kookolie
15 ml (1 e) fyn koljander
15 ml (1 e) fyn komyn
5 ml (1 t) fyn kaneel
3 ml (ruim $^1/_2$ t) gemengde speserye
3 ml (ruim $^1/_2$ t) brandrissiepoeier
5 ml (1 t) droë orego
1 kg maalvleis
2 blikke (400 g elk) heel tamaties
1 blik (65 g) tamatiepasta
sout en varsgemaalde swartpeper

Skep hierdie geurige maalvleis, wat so 'n effense byt het, op tortillas, sprinkel fyngesnyde blaarslaai en gerasperde cheddarkaas oor en geniet dit met 'n skeppie suurroom. Heerlik vir 'n vinnige dog vullende middagete.

Soteer die ui, knoffel, brand- en soetrissies in 'n klein bietjie verhitte kookolie tot sag. Voeg die speserye en orego by en roerbraai vinnig vir 'n minuut. Voeg die maalvleis by en roerbraai tot gaar. Voeg die tamaties en tamatiepasta by, verlaag die hitte en prut tot geurig. Geur met sout en swartpeper na smaak.

Lewer 4-6 porsies.

Lekkerbekbobotie

30 ml (2 e) kookolie
3 uie, gekap
2 knoffelhuisies, fyngedruk
15 ml (1 e) gerasperde vars gemmer-
  wortel (opsioneel)
15 ml (1 e) kerriepoeier
5 ml (1 t) fyn borrie
5 ml (1 t) fyn koljander
2 ml ($^1/_2$ t) fyn komyn (jeera)
5 ml (1 t) fyn gemmer
5 ml (1 t) fyn kaneel
1 kg maer maalvleis
sout en varsgemaalde swartpeper
  na smaak
30 ml (2 e) suurlemoensap
30 ml (2 e) fyn appelkooskonfyt
60 ml (4 e) blatjang
30 ml (2 e) sagte bruinsuiker
30 ml (2 e) Worcestershiresous
30 ml (2 e) tamatiepasta
2 snye witbrood, in water geweek
  en fyngedruk
250 ml (1 k) pitlose rosyne
250 ml (1 k) gerasperde appel
6 suurlemoen- of lourierblare

Bolaag:
500 ml (2 k) melk
4 eiers, geklits
sout en varsgemaalde swartpeper
  na smaak

Bobotie is so eie aan Suid-Afrika soos wat moussaka Grieks en lasagne in Italië gewild is. Maar tog is sy oorsprong eintlik onbekend, hoewel ons weet dat die woord afkomstig is van die Indonesiese woord "bobotok" waarvoor die resep in 1609 in 'n Hollandse kookboek verskyn. Aanvanklik is dit deur die Kaapse Maleiers bekend gemaak, maar elke generasie het daaraan geskaaf en verander tot wat dit vandag is. Hierdie resep is weer eens 'n samevoeging van resepte wat ons oor jare in Wenresepte *gekry het.*
Die gewildste by Huisgenoot se lesers is die een van die onbekende Isabel wie se resep jare gelede in 'n Sondag-koerant verskyn het en ook in Wenresepte 3 *deur Annette Human opgeneem is. Hier is ons variasie.*

Voorverhit die oond tot 180 °C. Smeer 'n groot oondvaste bak goed met botter of margarien of spuit met kleefwerende kossproei.

Verhit 'n groot swaarboompan of -kastrol en giet die olie in. Soteer die uie, knoffel en gemmer oor matige hitte tot sag en deurskynend. Voeg die speserye by en soteer 'n verdere minuut. Voeg die maalvleis bietjie-vir-bietjie by en braai tot net voor dit begin verbruin. Geur mildelik met sout en peper en voeg die res van die geurmiddels by, asook die brood, rosyne en appel. Laat opkook, verlaag die hitte en laat 30 minute lank stadig prut.

Skep die maalvleis in die voorbereide bak. Druk die suurlemoenblare na willekeur in.

Bolaag: Klits die melk en eiers saam en geur. Giet oor die vleismengsel en bak ongeveer 40 minute lank tot die bolaag gaar en gestol is. Laat 5 minute lank voor opdiening staan.

Sit voor saam met geelrys, blatjang en sambals (bl. 74).

Lewer 6-8 porsies.

Variasie: Vir 'n eksotiese variasie, voeg 85 ml elk gekapte droëappelkose en amandelvlokkies by.

Lekkerbekbobotie

FRIKKADELLE

Vir frikkadelle bestaan daar net so 'n magdom resepte en net soveel opinies waarvan dit gemaak behoort te word – suiwer beesvleis of 'n mengsel van bees en vark – en watter geurmiddels sal pas. Helaas, frikkadelle is so lekker soos die vleis waarvan dit gemaak, hoe dit gegeur en gevorm en dan ook hoe dit gaargemaak word. 'n Algemene riglyn is om die bestanddele nie te veel te meng nie, net liggies, anders maak jy doodgooi-frikkadelle soos Peter Veldsman sê. Moet die frikkadelle ook nie te lank bak nie, dan word hulle droog, en as jy dit in die pan gaarmaak, moet dit oor stadige hitte wees sodat hulle mooi bruin buite-om en gaar binne-in kan wees.

Basiese geurige frikkadelle

4 snye witbrood, korsies verwyder
500 ml (2 k) water
1 kg maer maalvleis
2 ekstragroot eiers, effens geklits
10 ml (2 t) sout
2 ml ($^1/_2$ t) fyn naeltjies
2 ml ($^1/_2$ t) neutmuskaat
5 ml (1 t) varsgemaalde swartpeper
koekmeelblom om in te rol
olie vir vlakbraai

Week die witbrood in die water, druk die oortollige water uit en maak die brood fyn. Voeg die maalvleis en eiers by, geur met sout, naeltjies, neutmuskaat, gemmer en peper en meng goed. Vorm ongeveer 20 frikkadelle, rol in koekmeelblom en braai stadig in olie tot bruin van buite.

Lewer 5-8 porsies.

Kerrie-piesangfrikkadelle

1 x basiese geurige frikkadelle (hierbo)

Sous:
25 ml (5 t) kookolie
3 uie, in ringe gesny
10 ml (2 t) borrie
20 ml (4 t) matige kerrie
20 ml (4 t) witsuiker
25 ml (5 t) koekmeelblom
30 ml (2 e) fyn appelkooskonfyt
50 ml asyn
500 ml (2 k) water
sout en varsgemaalde swartpeper
  na smaak
4 piesangs, in skywe gesny
klapper vir bo-oor strooi

Hierdie frikkadelle is maklik die gewildste frikkadelle in die land. Die resep hiervoor het die heel eerste keer in Wenresepte 1 *deur Annette Human verskyn. Hier is 'n aangepaste variasie.*

Voorverhit die oond tot 180 °C. Smeer 'n groot oondvaste bak met botter of margarien of spuit met kleefwerende kossproei.
    Berei die basiese frikkadelle en pak in die voorbereide bak.

Sous:
Verhit die olie in 'n pan en soteer die uie daarin tot sag. Voeg die borrie en kerrie by en braai nog ongeveer 1 minuut lank. Voeg die witsuiker, koekmeelblom, appelkooskonfyt, asyn en water by en laat prut totdat 'n dik sous gevorm het. Geur na smaak met sout en peper. Voeg die piesangs by en giet die sous oor die frikkadelle. Strooi 'n bietjie klapper oor en bak ongeveer 30 minute lank tot goed warm.
    Sit voor saam met rys en groente of slaai.

Lewer 6-8 porsies.

Soetsuur frikkadelle

1 x basiese geurige frikkadelle (bl. 130)

Sous:
1 blik (820 g) pynappelstukke
250 ml (1 k) sagte bruinsuiker
90 ml (6 e) mielieblom
500 ml (2 k) water
160 ml ($^2/_3$ k) druiweasyn
2 beesvleisaftrekselblokkies
30 ml (2 e) sojasous
sout en varsgemaalde swartpeper
  na smaak
1 rooi soetrissie, ontpit en in
  repies gesny

Berei die basiese frikkadelle en hou eenkant.
  Dreineer die pynappelstukke en behou die stroop.
Meng die bruinsuiker en mielieblom en roer die pynappel-stroop, water, druiweasyn, aftrekselblokkies en sojasous in. Verhit in 'n groot kastrol en kook tot effens dik en gaar terwyl geroer word. Geur na smaak met sout en peper. Voeg die frikkadelle, pynappelstukke en soetrissierepies by en laat prut tot deurwarm.
  Sit voor saam met rys en 'n lekker mengelslaai.

Lewer 10 porsies.

Frikkadelle met paprikasous

1 x basiese geurige frikkadelle (bl. 130)

Paprikasous:
30 ml (2 e) botter
1 groot ui, fyngekap
45 ml (3 e) koekmeelblom
10 ml (2 t) paprika
7 ml (1$^1/_2$ t) sout
3 ml (ruim $^1/_2$ t) varsgemaalde swartpeper
2 ml ($^1/_2$ t) Tabascosous
125 ml ($^1/_2$ k) droë witwyn, effens verhit
125 ml ($^1/_2$ k) hoendervleisaftreksel
125 ml ($^1/_2$ k) room

Berei die basiese frikkadelle en hou eenkant.
  Smelt die botter en soteer die ui daarin tot sag. Voeg die meel by en roer tot glad. Verhit 1 minuut lank terwyl geroer word. Voeg die res van die geurmiddels by en roer die verhitte wyn en aftreksel geleidelik in. Verhit tot kookpunt en laat dan 10 minute lank stadig prut. Roer die room in en verhit die sous tot warm. Plaas die frikkadelle in die sous en verhit tot lekker warm.
  Dis heerlik saam met kapokaartappels waarby fyn-gekapte pietersielie ingemeng is, en 'n skeppie gebraaide uieringe.

Lewer 6 porsies.

Frikkadel-kebabs

Basiese frikkadelmengsel:
1 ui, fyngekap
1 knoffelhuisie, fyngedruk
kookolie
600 g maer maalvleis
25 ml (5 t) fyngekapte vars pietersielie
Worcestershiresous na smaak
sout en varsgemaalde swartpeper
  na smaak
1 pak (250 g) streepspekvleis
aangemaakte mosterd

Klein frikkadelletjies in spekvleis toegerol, op sosatie-stokkies geryg en oor die kole gerooster, is 'n heerlike alternatief by braaivleis.

Soteer die ui en knoffel in 'n bietjie olie tot sag en deur-skynend en laat goed afkoel. Voeg by die maalvleis. Voeg die pietersielie en Worcestershiresous by, geur met sout en peper en meng goed. Vorm balletjies so groot soos okker-neute. Verdeel elke spekvleisreep in 2 stukke en smeer mosterd oor elke reep. Vou 'n reep spekvleis om elke frikkadel. Ryg 4 frikkadelle op 'n sosatiestokkie. Herhaal tot al die bestanddele opgebruik is.
  Rooster die kebabs oor matige kole tot bruin buite-om en gaar.

Lewer ± 12 kebabs.

Frikkadelletjies in tamatie-spinasiesous

1 x basiese frikkadelmengsel soos by
  frikkadel-kebabs (bl. 131)

1 mediumgroot ui, fyngekap
2 geelwortels, skoon geskraap en
  fyngekap
1 eiervrug, in klein blokkies gesny
2 pakke (300 g elk) vars spinasie, gewas,
  ontstingel en gekerf
olyfolie
1 blik (420 g) heel tamaties
1 blikkie (65 g) tamatiepasta
sout en varsgemaalde swartpeper
  na smaak

Nie net lekker nie, maar ook baie gesond.

Berei die basiese frikkadelle en hou eenkant.
  Roerbraai die ui, geelwortels, eiervrug en spinasie in verhitte olyfolie tot sag. Voeg die tamaties en tamatiepasta by en verhit tot kookpunt. Geur met sout en peper.
  Plaas die frikkadelle in die sous en laat prut tot gaar en geurig.
  Sit voor saam met rys.

Lewer 4 porsies

Wenk: 'n Bietjie spekvleis kan ook saam met die groente geroerbraai word. Ek verkies rugspekvleis – soek pakke uit wat min vet bevat.

Lamsvleis-koftas

500 g lamsmaalvleis
2 knoffelhuisies, fyngedruk
60 m l ($^1/_4$ k) sesamsaad (opsioneel)
50 ml fyngekapte vars koljanderblare
sout en varsgemaalde swartpeper
  na smaak
5 ml (1 t) paprika
5 ml(1 t) fyn komyn
3 ml (ruim $^1/_2$ t) fyn koljander
$^1/_2$ mediumgroot ui, gerasper
1 dik sny witbrood, in 'n bietjie melk
  geweek
1 eier
koekmeelblom
kookolie

Vyeblatjang:
100 g droëvye
50 ml lemoensap
gerasperde skil van 1 lemoen
2 fyngedrukte knoffelhuisies
125 g ontpitte dadels
1 klein gekapte, ontpitte groen
  brandrissie
50 ml balsamiese asyn
50 ml olie

Hierdie Turkse maalvleissosaties word tradisioneel met suurlemoen voorgesit. Dit was deel van Christine Capendale van Langebaan se lente-ete wat sy vir ons tussen die blomme voorgesit het.

Voorverhit die oond tot 180 °C. Smeer 'n bakplaat baie goed met olie.
  Meng al die bestanddele behalwe die meel en olie en rol in balletjies – ongeveer 20. Rol elke bolletjie in meel en vorm tot effens ovaal. Steek 'n sosatiestokkie in elkeen en plaas op die bakplaat. Verf liggies met olie en bak 30 minute lank in die voorverhitte oond. Draai een keer in die baktyd om.
  Sit voor saam met vye-blatjang (hieronder).

Lewer 20 koftas.

Vyeblatjang
Week die droëvye 10 minute lank in lemoensap. Voeg die gerasperde skil van die lemoen, die fyngedrukte knoffelhuisies, ontpitte dadels en klein gekapte, ontpitte groen brandrissie by. Plaas in 'n voedselverwerker.
  Giet balsamiese asyn en olie by. Verwerk tot glad en gemeng.

Frikkadelletjies in tamatie-spinasiesous

Groente en bykos

Oondgebraai of geroerbraai, hier's resepte vir van aartappels, beet en patats tot eiervrug, soetrissies en murgpampoentjies met of sonder baie knoffel. Vir bykos is daar couscous en rys, selfs koring, en om alles te kroon, nog 'n paar treffer-geregte wat so reg in die kraam van nie-vleiseters sal val.

GEMENGDE GROENTE

Griekse oondgebraaide groente

1 klein eiervruggie, in blokkies gesny
3 geelwortels, skoon geskrop en in
   stukke gesny
700 g aartappels, skoon geskrop en in
   stukke gesny
2 geel soetrissies, ontpit en in
   stukke gesny
4 tamaties, in stukke gesny of 250 g
   Roma-kersietamaties
2 uie, geskil en in stukke gesny
12 knoffelhuisies, geskil
80 ml ($^1/_3$ k) water
60 ml ($^1/_4$ k) olyfolie
5 ml (1 t) orego
sout en varsgemaalde swartpeper
   na smaak

Die groente word aanvanklik bedek gaargemaak voor dit by 'n baie hoë temperatuur verder gebak word tot dit effens begin verdonker en lekker bros is.

Plaas die eiervrugblokkies in 'n vergiettes, sprinkel sout oor en laat minstens 15 minute lank staan. Spoel af en druk met handdoekpapier droog.
   Voorverhit die oond tot 180 °C.
   Plaas al die groente in 'n oondvaste bak. Giet die water en olyfolie oor. Sprinkel orego oor en geur met sout en peper. Bedek met aluminiumfoelie en bak 30 minute lank in die voorverhitte oond tot die groente gaar en net-net sag is. Verhoog die temperatuur tot 225 °C, verwyder die aluminiumfoelie en bak tot die groente effens begin verdonker en bros is.

Lewer 6 porsies.

Klewerige wortelgroentes

2 groot patats, skoon geskrop en in
   stukke gesny
suurlemoenwater
4 groot uie, geskil
2 kleinerige botterskorsies, skoon
   geskrop en ontpit
5 geelwortels, skoon geskrop en in
   stukke gesny
125 ml ($^1/_2$ k) lemoensapkonsentraat
growwe sout na smaak
olyfolie
10 ml (2 t) elk mosterd- en sesamsaad

Hierdie groenteskottel is al 'n instelling in die Niehaus-huis. Maklik om te berei en sonder fieterjasies.

Voorverhit die oond tot 200 °C. Smeer 'n mediumgroot oondvaste bak of spuit met kleefwerende kossproei.
   Doop die patatskywe in die suurlemoenwater om verbruining te voorkom en rangskik dan saam met die res van die groente in die voorbereide bak. Giet die lemoensap-konsentraat oor en sprinkel growwe sout, sade en olyfolie oor. Bak ongeveer 1$^1/_2$ uur lank in die oond tot die groente sag en klewerig is. Roer elke 30 minute deur om te voorkom dat die groente aanbrand. Bedek liggies met 'n vel aluminiumfoelie as die groente te donker word.
   Laat effens afkoel en sit warm voor.

Lewer 4-6 porsies.

Griekse oondgebraaide groente

Ratatouille

2 mediumgroot eiervrugte, in
  skywe gesny
20 ml (4 t) growwe sout
100-125 ml olyfolie
2 groot uie, grofgekap
1 groen soetrissie, ontpit en in
  repies gesny
1 rooi soetrissie, ontpit en in
  ringe gesny
2 knoffelhuisies, gekap
4-6 murgpampoentjies, in skywe gesny
250 g bruinsampioene, in skywe gesny
4 ryp tamaties, ontvel en in
  blokke gesny
sout, varsgemaalde swartpeper, droë
  basiliekruid en droë orego na smaak
15 ml (1 e) gekapte vars pietersielie
  vir garnering

Hierdie bekende groentegereg in 'n geurige tamatiesous bly maar die lekkerste bykos by enige vleis. Geniet dit ook saam met pasta of krummelpap.

Plaas die eiervrugskywe in 'n vergiettes, sprinkel sout oor en laat minstens 15 minute lank staan. Spoel af en druk met handdoekpapier droog.
    Verhit 80 ml (ongeveer ¹/₃ k) van die olyfolie in 'n groot pan en soteer die eiervrugskywe daarin tot bruin. Skep uit. Soteer die uie, soetrissies en knoffel in die pan tot sag. Voeg nog olie by indien nodig. Voeg die murgpampoentjies en sampioene by en soteer tot effens bruin. Voeg die eiervrugskywe en tamaties by, bedek en laat 10-15 minute lank prut tot geurig. Geur met sout, peper, basiliekruid en orego.
    Strooi pietersielie net voor opdiening oor. Sit warm of koud voor.

Lewer 4-6 porsies.

Variasie: Strooi parmesaankaas en broodkrummels oor die ratatouille en stip met botter. Plaas onder die verhitte oondrooster en rooster tot die bolaag goudbruin is. Sit warm voor.

AARTAPPELS
Aartappeldis

500 g aartappels, geskil
1 blikkie (50 g) ansjovis in olie
3 mediumgroot uie, in ringe gesny
varsgemaalde swartpeper na smaak
375 ml (1¹/₂ k) room

Madeleine van Biljon is nie net gevat as dit by die skryf-kuns kom nie, agter die kospotte het sy ook nog altyd geweet waarvan sy praat. Sy het eintlik 'n magdom disse waarvoor sy lief is . . . soos hierdie aartappelgereg wat so ryk is dat 'n mens met elke mond vol voel hoe jy gewig aansit. Maar dis lekkerder as tien, verseker sy jou.

Voorverhit die oond tot 180 °C. Smeer 'n oondvaste bak met botter of margarien of spuit met kleefwerende kossproei.
    Sny die aartappels in dun skywe. Sny die ansjovis aan stukkies. Pak lae aartappel, ansjovis en uie in die voorbereide bak en strooi peper oor elke laag. Giet die room oor, voeg 'n bietjie van die ansjovis se olie by en bak minstens 1 uur lank in die voorverhitte oond of tot gaar.
    Sit net 'n groenslaai saam hiermee voor, nie eens poeding nie.

Lewer 6 porsies.

Konsertina-aartappels

4 groot aartappels, skoon geskrop
1 tamatie, in skywe gesny
$^1/_2$ ui, in halwe ringe gesny
olyfolie
growwe sout en varsgemaalde swart-
  peper na smaak

Onthou julle nog die resep vir konsertina-aartappels in Wenresepte 2, waar 'n mens die aartappels net so halfpad in skywe sny, 'n pakkie soppoeier met 'n klein pakkie margarien meng en dan in die oond tot bros bak? Hierdie variasie is heelwat gesonder en ons het die resep vroeg in die 1990's van een van ons gereelde lesers ontvang.

Voorverhit die oond tot 200 °C.
  Sny die ongeskilde aartappels in skywe, maar nie regdeur nie. Plaas die tamatieskywe en uieringe in elke opening en smeer goed met olyfolie. Geur met sout en peper, pak op 'n bakplaat en bak 1$^1/_2$-2 uur lank in die voorverhitte oond tot die aartappels gaar en sag is. Bestryk af en toe met die olie.

Lewer 4 porsies.

Variasie: Sit skywe mozzarella-kaas vir die laaste 20 minute in 'n paar openinge en bak tot gesmelt.

Toskaanse aartappels

8 aartappels, skoon geskrop en in groot
  stukke gesny
1 ui, in skywe gesny
2-4 knoffelhuisies, fyngedruk
botter en olyfolie
sout en varsgemaalde swartpeper
  na smaak
100 ml fyngekapte vars kruie (bv. grasui,
  pietersielie, roosmaryn en tiemie)

Wanneer jy in die buitelug kos maak, is hierdie gereg 'n wenner.

Roerbraai die aartappelstukke, ui en knoffel in genoeg verhitte botter en olyfolie tot die aartappels gaar is. Geur met sout en peper. Voeg die kruie by en roerbraai nog 1-2 minute lank.
  Dien die aartappels liefs dadelik op, maar dit kan weer verhit word.

Lewer 6 porsies.

Variasie: Braai 125 g ($^1/_2$ pak) spekvleis tot bros en gaar. Kap fyn en voeg by.

Jong aartappeltjies met roosmaryn

1 kg jong aartappeltjies, skoon geskrop
80 ml ($^1/_3$ k) kook- of olyfolie
3 vars roosmaryntakkies, blaartjies
  afgestroop
growwe sout na smaak

Voorverhit die oond tot 200 °C.
  Plaas die aartappels in 'n oondpan en giet die olie bo-oor. Strooi die roosmaryn oor en geur met sout. Bak 40-60 minute lank onbedek in die voorverhitte oond of tot die aartappels gaar en die skil bros is. Roer af en toe met 'n eierspaan. Die gaarmaaktyd sal van die grootte van die aartappels afhang.
  Sit voor saam met 'n heel lamsboud of braaivleis.

Lewer 6 porsies.

Spesery-aartappels

kookolie
5 ml (1 t) fyn koljander
5 ml (1 t) paprika of rooipeper
5-10 ml (1-2 t) komynsaad
25 ml (5 t) sesamsaad
30 ml (2 e) botter
2 knoffelhuisies, fyngedruk
650 g aartappels, geskil, sag gekook en
  in skywe gesny
knippie sout

Dis heerlik saam met braaivleis.

Verhit 'n bietjie olie in 'n ysterpot en roerbraai die speserye en sesamsaad 1-2 minute lank daarin. Voeg die botter en knoffel by en roerbraai nog 'n paar minute. Voeg die aartappelstukke by die geurmiddels in die pot. Roer deur en verhit tot die aartappels warm en deeglik met die geurmiddels gemeng is. Geur met sout.

Lewer 4 porsies.

Skordalia

2 mediumgroot aartappels
4 snye witbrood, korsies afgesny
6 knoffelhuisies, geskil
60 ml (4 e) olyfolie
40 ml (8 t) suurlemoensap
sout en witpeper na smaak

Skordalia uit Rusland neem die plek van kapokaartappels in wanneer dit by 'n geurige aansitete kom. Dis heerlik saam met die Marrakesj-lamsboud (bl. 74). Die resep kom van Huisgenoot se assistentkosredakteur, Daleen van der Merwe.

Kook die ongeskilde aartappels tot sag, trek die skille af terwyl nog warm en druk fyn. Week die brood 2 minute lank in koue water en druk die water uit. Plaas die aartappels, brood en knoffel in die voedselverwerker en verwerk tot glad. Giet die olyfolie en suurlemoensap by terwyl die masjien nog loop. Geur met sout en peper.

Lewer 4 porsies.

PAMPOEN
Soet pampoenskywe

¹/₂ pampoen, ontpit en in dik skywe
  gesny met skil en al
60 ml (¹/₄ k) heuning
45 ml (3 e) bruinsuiker
125 ml (¹/₂ k) lemoensapkonsentraat
2 ml (¹/₂ t) fyn kaneel
botter

Heel gebakte pampoenskywe lyk nie net lekker nie, dit smaak heerlik.

Voorverhit die oond tot 190°C. Smeer 'n oondvaste bak met botter of margarien of spuit met kleefwerende kossproei.
    Plaas die pampoen met die vleiskant na bo in die voorbereide bak. Meng heuning, bruinsuiker, lemoensapkonsentraat en kaneel en skep oor. Stip met botter. Bak ongeveer 45 minute lank in die voorverhitte oond tot sag en gaar en tot dit effens gekaramelliseer het.
    Sit voor saam met gegeurde couscous.

Lewer 4 porsies.

Variasie: Pak ongeskilde pampoenskywe in 'n oondvaste bak en besprinkel mildelik met vars salieblaartjies en fyngedrukte knoffel. Giet olyfolie oor en bak in die oond tot gaar.

Pampoenkoekies in stroop

Pampoen:
500 ml (2 k) gaar boerpampoen
250 ml (1 k) koekmeelblom, gesif
10 ml (2 t) bakpoeier
2 ml ($^1/_2$ t) sout
1 eier, geklits
kookolie

Sous:
15 ml (1 e) botter of margarien
375 ml (1$^1/_2$ k) witsuiker
200 ml melk
15 ml (1 e) mielieblom
170 ml ($^2/_3$ k) koue water

Nadat hierdie resep in Wenresepte 1 *deur Annette Human verskyn het, maak die hele land nou pampoenkoekies in hierdie karamelstroop.*

Maak die pampoen goed fyn. Voeg die meel, bakpoeier, sout en eier by en meng goed. Skep teelepels vol in die warm olie, druk effens plat en bak aan weerskante tot goudbruin en gaar. Dreineer op handdoekpapier en skep in 'n opdienskottel.

Sous:
Verhit die botter, suiker en melk tot kookpunt. Los die mielieblom in die koue water op en roer in 'n straaltjie by die melkmengsel in. Verhit tot kookpunt en giet oor die koekies.
    Dien warm op.

Lewer 36 koekies.

Pampoenpoffertjies

250 g rou pampoenblokkies
230 g sagte botter
250 ml (1 k) witsuiker
5 ml (1 t) vanieljegeursel
4 ekstragroot eiers
440 ml (1$^3/_4$ k) koekmeelblom
250 ml (1 k) bruismeel
5 ml (1 t) bakpoeier
kookolie vir diepbraai
kaneelsuiker vir bo-oor strooi

Kook die pampoen in 'n klein bietjie soutwater tot sag. Dreineer indien nodig, druk baie fyn en hou eenkant. Klits die botter tot lig en romerig. Voeg die suiker bietjie-vir-bietjie by terwyl aanhoudend geklits word. Voeg die vanieljegeursel by. Voeg die eiers een-een by en klits goed ná elke byvoeging. Sif die koekmeelblom, bruismeel en bakpoeier saam en voeg by. Roer die fyngemaakte pampoen in en meng deur.
    Verhit genoeg olie in 'n pan vir diepbraai en braai lepels vol van die beslag in die olie. Dreineer op handdoekpapier.
    Dien op saam met kaneelsuiker of goue stroop.

Lewer 25 groot poffertjies.

Geurige pampoenmoes

2 uie, fyngekap
2 knoffelhuisies, fyngedruk
kookolie
1 kg rou pampoenblokkies
10 ml (2 t) fyngekapte vars salie
10 ml (2 t) tamatiepuree
15 ml (1 e) bruinsuiker
125 ml ($^1/_2$ k) hoendervleisaftreksel
sout en varsgemaalde swartpeper
    na smaak
25 ml (5 t) botter
250 ml (1 k) gerasperde Tusserskaas

Nadat 'n mens hierdie pampoen wat met salie gegeur is, geëet het, gaan jy nie sommer weer net soet pampoen maak nie.

Braai die uie en knoffel in 'n klein bietjie olie in 'n kastrol tot sag en voeg die pampoen, salie, tamatiepuree, bruinsuiker en aftreksel by. Verlaag die hitte, bedek en laat prut tot die pampoen sag is. Dreineer soveel moontlik van die vloeistof en druk die pampoen effens fyn. Geur met sout, peper en botter en roer die gerasperde kaas in.
    Sit warm as heerlike, geurige bygereg voor.

Lewer 4-6 porsies.

Lemoenpatats

1,5-2 kg patats
50 ml mielieblom
500 ml (2 k) lemoensap
125 ml ($^1/_2$ k) bruinsuiker
2 ml ($^1/_2$ t) sout
2 ml ($^1/_2$ t) gerasperde lemoenskil
125 ml ($^1/_2$ k) pitlose rosyne (opsioneel)

Die patats wat 'n lekker soet lemoensous oor kry, is altyd baie gewild. Die resep is reeds in Wenresepte 1 *deur* Annette Human *gepubliseer.*

Voorverhit die oond tot 160°C. Smeer 'n oondvaste bak van 20 x 30 x 5 cm of spuit met kleefwerende kossproei.
   Kook die patats in soutwater tot sag, trek die skille af en sny in skywe. Pak in die voorbereide bak. Meng die mielieblom met 'n bietjie van die lemoensap tot 'n gladde pasta. Voeg die res van die sap saam met res van bestand-dele by en verhit oor matige hitte tot dik. Roer deurgaans. Gooi die sous oor die patatskywe en bak 30 minute lank in die voorverhitte oond.

Lewer 6-8 porsies.

Oondgebraaide heuningpatats

6 klein patats, skoongeskraap, nie geskil
suurlemoenwater
125 ml ($^1/_2$ k) olyfolie
60 ml ($^1/_4$ k) suurlemoensap
45 ml (3 e) gekapte vars koljanderblare
60 ml (3-4 e) heuning
20 ml (4 t) gerasperde vars gemmer-
   wortel
1 brandrissie, ontpit en gekap
2 knoffelhuisies, fyngedruk
sout en varsgemaalde swartpeper
   na smaak

Die patats word in die oond gaargemaak en kry 'n geurige sous van heuning, gemmerwortel en koljanderblare.

Voorverhit die oond tot 200 °C. Smeer 'n oondpan met botter of margarien of spuit met kleefwerende kossproei.
   Sny die patats in skyfies van ongeveer 3 mm dik. Doop die patatskywe in die suurlemoenwater om verbruining te voorkom. Pak in die voorbereide oondpan. Meng die res van die bestanddele en giet oor die patatskywe. Oondbraai ongeveer 30-45 minute lank in die voorverhitte oond of tot gaar en geurig. Roer 'n paar maal deur met 'n eierspaan.
   Sit warm voor.

Lewer 6 porsies.

Spinasie in botterskorsie

1 groot botterskorsie of 2 kleines
$^1/_2$ pak (125 g) rugspekvleis, gekap
1 ui, gekap
1 pak (300 g) spinasie, gewas,
   ontstingel en gekerf
125 g knopiesampioene, in skyfies
   gesny
180 ml ($^3/_4$ k) gekrummelde feta-
   of cheddarkaas
varsgemaalde swartpeper na smaak

Berei 'n vulsel van spinasie en sampioene en skep in die holte van botterskorsies.

Halveer die botterskorsie, skep die pitte uit en hol effens verder uit. Mikrogolf tot effens sagter. Andersins kook heel in water tot sag, halveer en verwyder die pitte. Braai die spekvleis, ui, spinasie en sampioene tot geurig. Meng met die kaas en geur met swartpeper. Skep die vulsel in die holtes en bak 30 minute lank by 180 °C of tot gaar.

Lewer 2-3 porsies.

Oondgebraaide heuningpatats

Spinasie met eiervrug

2 klein eiervrugte, in skywe gesny
olyfolie
1 ui, gekap
3 knoffelhuisies
1 soetrissie, ontpit en in blokke gesny
1 pak (300 g) spinasie, gewas,
    ontstengel en grofgekap
2 wielie fetakaas
sout en varsgemaalde swartpeper
    na smaak
balsamiese asyn

*'n Heerlike voedsame groentegereg wat deels op die stoof,
deels in die oond gaargemaak word.*

Plaas die eiervrugskywe in 'n vergiettes, sprinkel sout oor
en laat 15 minute lank staan. Spoel af en druk droog. Pak
in 'n oondpan, besprinkel met olyfolie en oondbraai by
200 °C tot gaar. Draai een of twee maal om.
    Roerbraai die ui, knoffelhuisies en soetrissie in 'n bietjie
verhitte olyfolie. Voeg die eiervrug by. Pak die spinasie bo-
op die mengsel. Bedek en verhit 'n paar minute lank.
Krummel die fetakaas oor en meng deur. Geur met sout en
peper en sprinkel 'n bietjie balsamiese asyn oor.

Lewer 3-4 porsies.

Oondgebakte beet

2 bossies beet, skoon geskrop, stingels
    verwyder
vars tiemietakkies
4 knoffelhuisies, fyngedruk
90 ml (8 e) olyfolie
45 ml (3 e) balsamiese asyn
1 suurlemoen se sap en gerasperde skil
sout en varsgemaalde swartpeper
    na smaak

Voorverhit die oond tot 220°C.
    Pak die bete in 'n oondvaste bak en sprinkel 'n hand
vol vars tiemietakkies oor. Meng die knoffel, olyfolie en
balsamiese asyn, asook die suurlemoensap en -skil. Giet
oor die bete en meng deur. Geur met sout en peper. Bak
40 minute lank in die voorverhitte oond. Voeg dan 'n klein
bietjie water by, bedek en bak tot sag en gaar.
    Sit voor saam met ricottakaas en roketblare.

Lewer 4 porsies.

Gevulde gebakte beet

1 groot ui, fyngekap
kookolie
180 ml (³/₄ k) sagte broodkrummels
50 ml fyngekapte vars pietersielie
125 ml (¹/₂ k) gerasperde cheddarkaas
sout en varsgemaalde swartpeper
    na smaak
8 gaar mediumgroot bete, skille
    afgetrek (1 beet per persoon)

*Vul 'n slag gaar beet met 'n mengsel van broodkrummels,
pietersielie en kaas en bak dit in die oond.*

Voorverhit die oond tot 180 °C. Smeer 'n oondvaste bak
liggies of spuit met kleefwerende kossproei.
    Soteer die ui in 'n klein bietjie olie tot sag. Voeg die
broodkrummels by en roerbraai verder minuut. Verwyder
van die stoof en laat afkoel. Roer die pietersielie en kaas by
en geur met sout en peper.
    Sny die bo- en onderkant van die bete gelyk en hol
elke beet effens met 'n skerppuntmessie uit. Skep van die
vulsel in elke holte en strooi van die orige krummels oor en
tussen die bete. Bak 15-20 minute lank in die voorverhitte
oond tot die vulsel goudbruin en die bete warm is.

Lewer sowat 8 porsies.

Oondgebakte beet

Groenbone met droëpere

125 ml (¹/₂ k) gekapte droëpere
100 ml (²/₅ k) hoendervleisaftreksel
1 reep suurlemoenskil
500 g groenbone, stingelente afgesny
kookolie
6 spekvleisrepe, in kleiner stukke gesny
30 ml (2 e) suiker
10 ml (2 t) suurlemoensap
25 ml (5 t) druiweasyn
sout en varsgemaalde swartpeper
  na smaak

Diegene wat van interessante smake hou, sal hierdie resep geniet. Buiten die pere, kry dit spekvleis in en het dit so 'n lekker soetsuur sousie. Heerlik saam met varkboud.

Meng die pere, aftreksel en suurlemoenskil en kook 5 minute lank. Hou eenkant.
   Roerbraai die groenbone in 'n klein bietjie olie of kook in 'n klein bietjie water tot net sag, maar nog bros. Skep uit en hou eenkant. Braai die spekvleis in 'n pan tot gaar, skep uit en kap fyn. Voeg saam met die droëpere-mengsel by die groenbone. Voeg die suiker, suurlemoensap en wynasyn by die pansappe waarin die spekvleis gebraai is. Laat 'n paar minute lank prut en giet oor die groenbone. Geur met sout en peper.

Lewer 4-6 porsies.

Griekse groenbonekasserol

1 mediumgroot eiervrug, in ringe gesny
50 ml kookolie
2 uie, grofgekap
2 groen soetrissies, ontpit en grofgekap
5 knoffelhuisies, gekneus
1 kg jong groenbone, stingelente
  afgesny
5 tamaties, ontvel en grofgekap
10 ml (2 t) droë orego
4 lourierblare
20 ml (4 t) bruinsuiker
sout en varsgemaalde swartpeper
  na smaak
50 g fetakaas, in blokkies gesny

Groenbone kry 'n Griekse geurtjie as dit met eiervrug en tamatie gemeng en laastens 'n bietjie fetakaas oorgesprinkel word. Heelparty resepte vir hierdie geurige kasserol het oor die jare op ons tafel geland.

Plaas die eiervrugskywe in 'n vergiettes, sprinkel sout oor en laat minstens 15 minute lank staan. Spoel af en druk met handdoekpapier droog.
   Verhit die helfte van die olie in 'n groot pan en soteer die uie, soetrissies en knoffel daarin tot sag. Skep uit. Giet die orige olie in en soteer die eiervrugskywe tot bruin. Voeg die uiemengsel asook die groenbone, tamaties, geur-middels en 'n bietjie water by, bedek en laat stadig prut tot die groenbone sag is. Roer af en toe. Verwyder die lourierblare, geur met nog sout en peper indien nodig. Skep in 'n oondvaste bak en plaas die fetakaas bo-op. Plaas vinnig onder die verhitte oondrooster tot die kaas net effens gesmelt het.

Lewer 6 porsies.

Botterskorsieroerbraai

kookolie
250 ml (1 k) kasjoeneute
1 prei of ui, dun gesny
10 ml (2 t) fyn koljander
10 ml (2 t) fyn komyn
10 ml (2 t) bruin mosterdsaadjies
2 knoffelhuisies, fyngedruk
1 kg botterskorsieblokkies
60 ml ('/₄ k) lemoensapkonsentraat
5 ml (1 t) sagte bruinsuiker
sout en varsgemaalde swartpeper

Hierdie roerbraai van botterskorsie met neute is gereeld in my huis op tafel.

Verhit 'n wok of pan tot baie warm, voeg 15 ml (1 e) olie by en roerbraai die kasjoeneute tot goudbruin. Skep uit en dreineer op handdoekpapier. Verhit nog 'n bietjie olie en roerbraai die prei ongeveer 2-3 minute lank tot sag. Skep uit en hou eenkant.
   Verhit die pan weer, voeg 15 ml (1 e) olie by en roerbraai die koljander, komyn, mosterdsaadjies en knoffel ongeveer 2 minute lank tot geurig en die saadjies begin "skiet". Voeg die botterskorsie by en roerbraai 1-2 minute lank. Giet lemoensapkonsentraat oor, voeg die bruinsuiker by, bedek en stoombraai tot net sag. Geur met sout en peper. Sprinkel die gebraaide prei en kasjoeneute oor.

Lewer 3-4 porsies.

Oondgebraaide botterskorsie

1 botterskorsie, geskil, ontpit en in
   blokkies gesny
2 rooi soetrissies, ontpit en in blokke
   gesny
100 ml olyfolie
50 ml balsamiese asyn
15 ml (1 e) aangemaakte mosterd
gekapte vars kruie, sout en vars-
   gemaalde swartpeper na smaak

Voorverhit die oond tot 220 °C.
   Stoom die botterskorsie tot net gaar. Plaas saam met die soetrissies in 'n oondbak. Meng die olyfolie, balsamiese asyn en aangemaakte mosterd saam. Geur met kruie, sout en swartpeper na smaak. Giet die sous oor die groente en oondbraai ongeveer 25 minute lank in die voorverhitte oond tot sag.

Lewer 4 porsies.

Gaarmaakwenk: Stoom die botterskorsie eers in 'n stoommandjie of net so in die mikrogolfoond voor dit gerooster word. Vir 'n minder olierige opsie, spuit die botterskorsie met kossproei voor dit gerooster word.

Murgpampoentjies met fetakaas

30 ml (2 e) olyfolie
6 mediumgroot murgpampoentjies, in
   skywe gesny
2 preie, goed gewas en in ringe gesny
sout en varsgemaalde swartpeper
   na smaak
100 g fetakaas, in stukke gebreek
5 ml (1 t) fyngekapte vars roosmaryn

'n Eietydse treffergereg wat maklik en vinnig is om te berei.

Skakel die oondrooster aan. Smeer 'n oondskottel met botter of margarien of spuit met kleefwerende kossproei.
   Verhit die olyfolie in 'n pan en roerbraai die murgpampoentjies en preie daarin tot sag maar nog bros. Geur met sout en peper. Skep in 'n oondskottel en strooi die feta-kaas en roosmaryn oor. Rooster tot die kaas bo effens bruin is.

Lewer 4 porsies.

Murgpampoentjiekasserol

250 g murgpampoentjies, in 1 cm-skywe
   gesny
45 ml (3 e) botter
2 knoffelhuisies, gekneus
1 blik (410 g) heel tamaties, kleiner
   gesny
10 ml (2 t) suiker
sout en varsgemaalde swartpeper
   na smaak
250 ml (1 k) suurroom
250 ml (1 k) sagte bruinbroodkrummels
5 ml (1 t) paprika
15 ml (1 e) fyn amandels
125 ml (¹/₂ k) gerasperde cheddarkaas

Hierdie kasserol kry 'n tamatie-suurroom-krummelkors oor. Heerlik. Jy kan maar die murgpampoentjies vervang deur ander groente soos groenbone, sampioene of eiervrug.

Voorverhit die oond tot 180 °C. Smeer 'n oondvaste bak met botter of margarien of spuit met kleefwerende kossproei.

   Soteer die murgpampoentjies in 20 ml (4 t) van die botter tot bruin aan albei kante. Verwyder uit die pan en pak in die voorbereide bak. Plaas die orige botter in 'n pan en soteer die knoffel daarin. Voeg die tamaties by en soteer nog 'n paar minute lank. Geur met suiker, sout en peper. Voeg die suurroom, broodkrummels, paprika en amandels by en laat 5 minute lank prut of tot die sous lekker dik is. Skep uit oor die murgpampoentjies en strooi die kaas oor. Bak in die voorverhitte oond tot die kaas gesmelt en die gereg goed deurgaar is.

Lewer 4-6 porsies.

Mediterreense eiervrug

2 eiervrugte, in die lengte in dun, plat
   skywe gesny
sout
4 heel knoffelhuisies
varsgemaalde swartpeper na smaak
olyfolie
paar vars tiemie- en roosmaryntakkies
6-8 olywe
6-8 kersietamaties
125 ml (¹/₂ k) witwyn
botter

Eiervrug wat oor die lengte in skywe gesny is, lyk sommer baie aptytlik, veral as dit goed met kruie en olywe gegeur word, tamaties op die koop toe inkry en in 'n wynsous gaar word.

Voorverhit die oond tot 225 °C. Smeer 'n oondskottel met botter of margarien of spuit met kleefwerende kossproei.

   Plaas die eiervrugskywe in 'n vergiettes, sprinkel sout oor en laat minstens 15 minute lank staan. Spoel af en druk met handdoekpapier droog. Pak in 'n oondvaste bak saam met 'n paar heel knoffelhuisies. Sprinkel swartpeper oor en bedruip met 'n bietjie olyfolie. Sprinkel vars kruie oor. Bak ongeveer 20 minute lank in die voorverhitte oond tot gaar. Draai die eiervrugskywe 'n paar maal met 'n eierspaan om. Voeg die olywe en kersietamaties by, giet die witwyn by, stip met botter en bak nog 20 minute lank tot geurig.

Lewer 4 porsies.

Gebakte eiervrug

sout
2 eiervrugte, in skywe gesny
kookolie vir braai
2 uie, in ringe gesny
3 knoffelhuisies, fyngekap
3 groot tamaties, ontvel en grofgekap
knippie witsuiker
3 ml (ruim ¹/₂ t) orego
sout en varsgemaalde swartpeper
  na smaak
45 ml (3 e) botter of margarien
50 ml koekmeelblom
500 ml (2 k) melk
45 ml (3 e) gekapte vars pietersielie
droë broodkrummels vir bo-oor strooi

Gebakte eiervrug op 'n geurige tamatiemoes en afgerond met 'n witsous is en bly maar lekker.

Voorverhit die oond tot 180 °C. Smeer 'n 25 cm-tertbord met botter of margarien of spuit met kleefwerende kossproei.
  Plaas die eiervrugskywe in 'n vergiettes, sprinkel sout oor en laat minstens 15 minute lank staan. Spoel af en druk met handdoekpapier droog. Soteer die eiervrug in die olie tot bruin. Dreineer op handdoekpapier.
  Soteer die uie en knoffel in die pan tot sag. (Voeg ekstra olie by indien nodig.) Skep uit en hou eenkant.
  Plaas die tamaties, suiker, orego en sout en peper na smaak in die pan en laat prut tot 'n moes.
  Berei 'n witsous met die botter, koekmeelblom en melk. Geur met sout en peper en voeg die pietersielie by.
  Skep die tamatiemoes onder in die tertbord en pak die eiervrugskywe bo-op. Skep die witsous oor en sprinkel broodkrummels oor. Bak ongeveer 30 minute lank in die voorverhitte oond tot die bokors verbruin.

Lewer 4-6 porsies.

Spesery-couscous

125 ml (¹/₂ k) witwyn
125 ml (¹/₂ k) groenteaftreksel
250 ml (1 k) couscous
30 ml (2 e) botter
125 ml (¹/₂ k) rosyne (opsioneel)
1 ui, in ringe gesny
3 ml (ruim ¹/₂ t) komyn
3 ml (ruim ¹/₂ t) kaneel
3 ml (ruim ¹/₂ t) koljander
olyfolie
amandelvlokkies
gekapte vars koljanderblare na smaak

Couscous maak so maklik en vinnig gaar. Hierdie een met speserye is heerlik saam met kerrie. Geniet ook piesang-skyfies en jogurt saam met vars kruisementblare hierby.

Kook die witwyn en groenteaftreksel saam. Giet oor die couscous en laat 5 minute lank staan. Vlok met 'n vurk. Mikrogolf 1 minuut lank. Meng die botter en rosyne by. Roerbraai die uie saam met die geurmiddels in olyfolie tot geurig. Voeg by die couscous en meng deur. Sprinkel 'n bietjie amandelvlokkies en koljanderblare oor.

Lewer 4 porsies.

Wenk: Jy kan die wyn weglaat en die couscous net in die groente-aftreksel laat week – verdubbel dan die hoeveelheid.

Warm koringslaai

¹/₂ pak (125 g) spekvleis
25 ml (4 t) olie
2 uie, grofgekap
250 g knopiesampioene, in skyfies
  gesny
750 ml (3 k) gaar stampkoring
125 ml (¹/₂ k) hoendervleisaftreksel
50 ml rosyne (opsioneel)
sout en varsgemaalde swartpeper
  na smaak

Koring met spekvleis en sampioene is heerlike bykos saam met vleis.

Braai die spekvleis in 'n groot pan tot bros. Verwyder uit die pan en kap fyn.
   Voeg die olie by die vet in die pan en soteer die uie daarin tot sag. Voeg die sampioene by en soteer tot gaar. Voeg nou die spekvleis, stampkoring, aftreksel en rosyne by. Geur met sout en peper. Laat prut tot die koring warm en die meeste van die aftreksel geabsorbeer is.
   Sit warm voor.

Lewer 6 porsies.

Klapperrys

500 ml (2 k) Basmati-rys
1 stuk kassia
2 kardemomsade
2 heel naeltjies
kookolie
250 ml (1 k) klappermelk
250 ml (1 k) water
5 ml (1 t) swart mosterdsaadjies
1 takkie kerrieblare

Basmati-rys word in klappermelk gaargemaak. Geniet dit saam met Indiese of Maleise geregte of kerrie.

Laat die rys 'n halfuur lank in water week. Dreineer. Braai die kassia, kardemom en heel naeltjies in 'n bietjie olie tot geurig. Voeg die klappermelk en water by. Laat kook. Voeg die rys by. Laat 15 minute lank kook of tot die meeste water geabsorbeer en die rys sag is. Bedek en laat nog 10 minute lank oor baie lae hitte stoomkook. Verhit nog olie in 'n ander pan en braai die mosterdsaadjies en 'n takkie kerrieblare daarin tot die saad begin "skiet". Sprinkel oor die rys.

Lewer 4 porsies.

Besonderse geelrys

250 ml (1 k) rys
625-875 (2¹/₂-3¹/₂ k) water
5 ml (1 t) sout
5 ml (1 t) borrie
1 kaneelstokkie
80 ml (¹/₃ k) rosyne
30 ml (2 e) gouestroop
30 ml (2 e) botter

Eet hierdie geelrys saam met bobotie.

Plaas die rys in die water, voeg die sout, borrie en kaneelstokkie by en kook tot die rys sag is. Dreineer. Plaas die rys saam met die rosyne in 'n vergiettes en stoom oor kookwater tot die rosyne uitgeswel is. Voeg die stroop en botter by en meng liggies met twee vurke.

Lewer 4 porsies.

VEGETARIESE ETES

Lensie-en-groentekerrie

¹/₄ ui, in ringe gesny
1 takkie vars kerrieblare
kookolie
1-2 heel groen brandrissies
15 ml (1 e) knoffel-gemmerpasta
2 ml (¹/₄ t) borrie
30 ml (2 e) gemengde masala
1 konfyttamatie, ontvel en gerasper
1 aartappel, geskil en in blokke gesny
paar knopiesampioene, in skyfies gesny
¹/₂ groen soetrissie, ontpit en in repe
   gesny
1 eiervrug, in stukke gesny
250 ml (1 k) gaar lensies, splitertjies of
   suikerboontjies
sout en gekapte vars koljanderblare
   na smaak

'n Heerlike kerrie met baie oemf wat ons leer eet het by Impulse Curry, 'n restaurant by Tinley Beach Manor aan die KwaZulu-Natalse Noordkus.

Braai die ui saam met die kerrieblare in 'n bietjie verhitte olie tot sag en goudbruin.
   Voeg die brandrissies en die knoffel-gemmerpasta by. Roer deur. Voeg die borrie en masala by en smoor 1-2 minute lank. Voeg die tamatie by en laat opkook. Voeg die groente by en laat 10 minute lank prut tot net sag, maar nog effens aan die broskant. Voeg die lensies by en laat prut tot deurwarm en geurig. Voeg 'n klein bietjie water by indien nodig. Geur met sout indien nodig asook 'n bietjie gekapte vars koljanderblare.
   Sit voor saam met piekels, poppadums of rys en roti's.

Lewer 2-3 porsies.

Pampoen-en-lensiebobotie

1 ui, fyngekap
kookolie
15 ml (1 e) kerriepoeier
750 g geskilde pampoenblokkies
50 ml bruinsuiker
50 ml tamatiepasta
sout en varsgemaalde swartpeper
   na smaak
500 ml (2 k) gaar bruinlensies
± 400 ml (1¹/₂ k) melk
2 eiers, liggies geklits

'n Mens staan eintlik verstom oor die eenvoud van hierdie gereg, maar as jy eers geproe het, sal jy die nie meer as minderwaardig beskou nie. Jy kan dit selfs vir gaste voorsit – skep dit in 'n poppadum op klapperrys en sprinkel lekker baie vars koljanderblare oor.

Voorverhit die oond tot 180 °C. Smeer 'n oondvaste bak met botter of margarien of spuit met kleefwerende kossproei.
   Roerbraai die ui in olie in 'n kastrol tot byna sag. Voeg die kerriepoeier by en roerbraai tot geurig. Voeg die pampoenblokkies en 100 ml water by. Bedek en laat prut tot sag en droog. Voeg die bruinsuiker en tamatiepasta by. Geur met sout en peper en druk fyn. Pak lae pampoen en lensies in die voorbereide bak. Meng die melk en die eiers, geur met sout en peper en giet oor die pampoen en lensies. Bak die bobotie ongeveer 30-40 minute lank in die voorverhitte oond tot die eierlaag gestol is.
   Geniet saam met klewerige rys of klapperrys, poppadums en sambals.

Lewer 4 porsies.

Lensie-groentepot

400 g bruinlensies, uitgesoek en gewas
sout
1 ui, gekap
kookolie
2 pakke (300 g elk) vars spinasie,
  gewas en ontstingel
1 botterskorsie, geskil en in stukke gesny
30 ml (2 e) tamatiepasta
10 ml (2 t) witsuiker
2 ml ($^1/_2$ t) kaneel
7 ml (1$^1/_2$ t) komyn
2 ml ($^1/_2$ t) brandrissiepoeier
3 knoffelhuisies, fyngedruk
sout en varsgemaalde swartpeper na smaak

Gekookte jogurt
1 eierwit
5 ml (1 t) sout
15 ml (1 e) mielieblom
350 ml (1$^1/_2$ k) natuurlike jogurt

Kook die lensies sag in water. Geur met sout en hou eenkant. Braai die ui in 'n bietjie olie tot sag. Voeg die spinasie en botterskorsie by. Bedek en laat prut tot sag. Meng die tamatiepasta, suiker, kaneel, komyn en brandrissiepoeier met die knoffel. Geur met sout en peper. Voeg by spinasiemengsel en laat prut tot geurig. Meng met die lensies en verhit tot warm en geurig. Roer die gekookte jogurt (hieronder) deur.

Sit voor saam met rys.

Lewer 4 porsies.

Gekookte jogurt

Klits die eierwit, sout en mielieblom saam. Voeg die natuurlike jogurt by. Verhit terwyl geroer word tot dit kook. Verlaag die hitte en laat 2-3 minute lank prut.

Roer by die lensiemengsel in.

Lewer 4-6 porsies.

Pampoen-en-feta-risotto

500 g pampoen of botterskorsie, geskil
  en in blokkies gesny
sout en varsgemaalde swartpeper
  na smaak
olyfolie

Risotto:
30 ml (2 e) olyfolie
500 ml (2 k) Arborio-rys
1,25 L (5 k) hoendervleis- of groente-
  aftreksel (5 blokkies in kookwater
  opgelos)

Afronding:
2-3 wielie fetakaas
parmesaankaas
neutmuskaat
gekerfde stingeluie
varsgemaalde swartpeper na smaak
olyfolie en balsamiese asyn
botter (opsioneel)

Risotto is 'n maaltyd op sy eie. Hierdie pampoen-risotto is deel van Le Must *op Upington se spyskaart. Vir my 'n persoonlike gunsteling.*

Voorverhit die oond tot 200 °C. Smeer 'n oondvaste bak of oondpan of spuit met kleefwerende kossproei.

Pak die pampoen in 'n enkellaag in die voorbereide bak. Geur met sout en peper en bedruip met olyfolie. Bak ongeveer 20 minute lank in die voorverhitte oond tot sag.

Risotto:
Giet die olyfolie in 'n swaarboomkastrol. Voeg die rys by en roer tot dit begin blink raak, so 1-2 minute lank. Voeg 250 ml (1 k) aftreksel by en roer liggies tot alles geabsorbeer is. Giet weer 'n koppie aftreksel by en roer tot geabsorbeer. Herhaal koppie vir koppie tot al die aftreksel bygevoeg en deurgeroer is en die rys sag is en 'n lekker romerige tekstuur het. Verwyder van die stoof.

Afronding:
Meng die rys met die pampoen en voeg fetakaas na smaak by. Rasper parmesaankaas en neutmuskaat oor. Rond af met geknipte stingeluie, maal peper oor en drup 'n bietjie olyfolie en balsamiese asyn oor. Meng 'n goeie klont botter deur as jou risotto nie lekker romerig is nie.

Lewer 4-6 porsies.

Pampoen-en-feta-risotto

Pasta

Of dit nou lasagne, met vleis of groente, pasta met sous of nuwerwetse kitspasta met pesto en groente is, pasta is die hoofdis in enige huishouding, veral omdat dit so vinnig is om te berei.

Tamatiepasta

1 pak (500 g) rou spaghetti
1 groot ui, fyngekap
1 knoffelhuisie, fyngedruk
$^1/_2$ groen soetrissie, ontpit en in blokkies
  gesny
kookolie
100 ml witwyn
1 blik (400 g) heel tamaties, fyngekap
4 sondroë tamaties in viniagrette, gekap
50 ml tamatiepasta
20 ml (4 t) suiker
vars basiliekruidblare, fyner geskeur
sout en varsgemaalde swartpeper na smaak
1-2 blikke (200 g elk) tuna in soutwater
  verpak, gedreineer
'n paar swart olywe
100 g fetakaas, gekrummel

Tuna of worsies word by 'n basiese tamatiesous gemeng om 'n geurige sous te maak wat by spaghetti ingeroer kan word.

Kook die spaghetti soos op die pak beskryf. Dreineer goed.
   Soteer die ui, knoffel en groen soetrissie in olie tot sag en deurskynend. Voeg die witwyn, tamaties en -pasta by, verlaag die hitte en laat prut tot 'n dikkerige geurige sous. Geur met die suiker, basiliekruid, sout en peper.
   Vlok die tuna effens en voeg dit saam met die olywe by die tamatiesous. Prut tot lekker warm. Meng met die spaghetti en sprinkel fetakaas oor.

Lewer 4 porsies.

Variasie: Braai 500 g Frankfurters, of Russiese worsies en sny in skyfies. Voeg by die sous pleks van die tuna.

Ingemaakte tamatiespaghetti

500 g uie, in ringe gesny
kookolie
4 kg ryp tamaties, ontvel en in kwarte
  gesny
375 ml (1$^1/_2$ k) fyn appelkooskonfyt
250 ml (1 k) witsuiker
12,5 ml (1 e) sout
5 ml (1 t) neutmuskaat
2 ml ($^1/_4$ t) rooipeper
2 pakke (500 g elk) spaghetti

Die spaghetti word in 'n bottel ingemaak. Jare gelede toe Lizbé Botha, nog Huisgenoot se assistentkosredakteur was, het haar ma altyd vir haar van hierdie spaghetti die hele pad van Upington af gestuur. Lekker om so 'n ma te hê, nè!

Soteer die uie in 'n bietjie olie tot sag. Voeg die tamatie-kwarte by die uieringe en laat prut tot die tamaties sag en fyn is.
   Meng die res van die bestanddele, behalwe die spaghetti, en voeg dit by die tamatiemengsel. Laat prut tot die mengsel nie meer waterig is nie.
   Kook intussen die spaghetti soos op die pak beskryf. Dreineer goed, voeg by die tamatiemengsel en laat nog 5 minute lank prut.
   Skep uit in skoon, gesteriliseerde flesse.

Lewer ongeveer 4 L (16 k).

Ingemaakte tamatiespaghetti

Lekker lasagne

Basiese vleismengsel:
1 ui, fyngekap
2 groot knoffelhuisies, fyngedruk
1 geelwortel, skoon geskraap en gerasper
  (opsioneel)
olyfolie
3-4 spekvleisrepe, gekap
1 gerookte worsie, in ringe gesny
1 kg beesmaalvleis
4 ryp tamaties, ontvel en fyngekap
1 blik (65 g) tamatiepasta
30 ml (2 e) sondroëtamatiepesto
sout en varsgemaalde swartpeper na smaak
10 ml (2 t) droë orego
50 ml blatjang (opsioneel)
25 ml (5 t) Worcestershiresous
suiker
groente- of hoendervleisaftreksel
  (opsioneel)
60 ml portwyn of 250 ml rooiwyn
  (opsioneel)

Basiese kaassous:
100 ml botter
50 ml koekmeelblom
50 ml kaaspoeier
50 ml wituiesoppoeier
7 ml (1$^1/_2$ t) mosterdpoeier
500 ml (2 k) melk
sout en varsgemaalde swartpeper
  na smaak

1 pak (250 g) lasagnevelle
250 ml (1 k) gerasperde mozzarella-
  of cheddarkaas

'n Trefferresep van die voormalige TV-ster Annette Hartmann.

Voorverhit die oond tot 180 °C. Smeer 'n groot oondskottel of spuit met kleefwerende kossproei.

Vleismengsel:
Soteer die ui, knoffel en geelwortel in die olyfolie tot sag. Voeg die spekvleis, worsie en maalvleis bietjie-vir-bietjie by en braai tot gaar en effens bruin. Voeg die tamaties, tamatiepasta en tamatiepesto by en geur met die res van die bestanddele. Indien die mengsel nie souserig genoeg is nie, kan jy 'n bietjie aftreksel byvoeg. Laat stadig prut, minstens 20 minute lank, tot die sous dik en geurig is.

Basiese kaassous:
Smelt die botter en roer die koekmeelblom, kaaspoeier en uiesoppoeier by. Roer tot glad en verhit ongeveer 1 minuut lank. Voeg die mosterdpoeier by en roer die melk bietjie-vir-bietjie in. Verhit tot die mengsel kook en verdik. Roer gedurig. Geur met sout en peper.

> *Wenk vir die voorbereiding van die kaassous: Vermeerder die koekmeelblom tot 100 ml as jy nie uiesoppoeier wil gebruik nie. Vervang die kaaspoeier deur 125-250 ml ($^1/_2$-1 k) gerasperde sterk cheddarkaas en roer by die klaarbereide sous in.*

Skep lae vleismengsel, lasagnevelle en kaassous in die voorbereide oondskottel en strooi die kaas bo-oor. Bak 20 minute lank of tot die lasagne gaar en goudbruin van bo is.

Lewer 8 porsies.

> *Wenk: Doop die lasagnevelle eers in kokende water om te versag.*

> *Variasies:*
> - ***Moussaka:*** *Sny 3-4 eiervrugte in skywe en braai bruin in olie. Pak in lae saam met die basiese vleismengsel en kaassous, sprinkel kaas oor en bak 30 minute tot gaar.*
> - ***Pastitso:*** *Kook 500 g macaroni gaar. Pak in lae in 'n oondvaste bak saam met 250 ml (1 k) gerasperde kaas en basiese vleismengsel. Klits 4 eiers, 25 ml (5 t) koekmeelblom, 5 ml mosterdpoeier, 'n knippie sout en rooipeper saam en giet oor. Bak 40-60 minute tot gaar.*

Groente-lasagne

100 g botter
200 ml koekmeelblom
1,2 L melk
neutmuskaat, sout en varsgemaalde
  swartpeper na smaak
1 kg groente soos murgpampoentjies,
  sampioene, soetrissie
fyngekapte knoffel
geurselsout (roosmaryn en olyf)
olyfolie
1 pak (250 g) lasagnevelle
15-30 ml basiliekruidpesto (bl. 159) of
  sondroëtamatiepesto
4-6 ryp Roma- of konfyttamaties, in
  skywe gesny of 1 groot eiervrug in
  skywe gesny en in olie gebraai
250 ml (1 k) mozzarellakaas
parmesaankaas (opsioneel)

Dis nodig dat jy baie witsous vir hierdie lasagne maak, dan is dit heerlik souserig. Roer ook 'n lepel gekoopte pesto by die witsous in om dit lekker geurig te maak.

Voorverhit die oond tot 180 °C. Smeer 'n oondvaste bak met botter of margarien of spuit met kleefwerende kossproei.

Berei 'n witsous van die botter, koekmeelblom en melk. Geur met neutmuskaat, sout en peper.

Sny die groente in stukke, pak in 'n oondvaste bak, besprinkel met fyngekapte knoffel, geurselsout en olyfolie en bak tot gaar.

Skep 'n lepel van die witsous in die voorbereide bak. Pak dan lae lasagnevelle, witsous, waarby jy 'n lepel pesto inroer, groente en 'n laag tamatieskywe of eiervrugskywe op mekaar. Geur die tamaties met sout en peper. Herhaal die lae en eindig met witsous. Rasper die mozzarellakaas en 'n bietjie vars parmesaankaas oor. Bak 35-40 minute lank in die voorverhitte oond tot die kaas gesmelt is.

Lewer 6 porsies.

Hoender-lasagne

Hoendermengsel:
250 g rou lintnoedels of 1 pak (250 g)
  lasagnevelle
6 klein uitjies, in stukke gesny
1 rooi soetrissie, ontpit en in ringe gesny
2 knoffelhuisie, fyngedruk
kookolie
sout en varsgemaalde swartpeper na smaak
500 g hoenderborsies, ontvel en ontbeen
1 houer (250 g) bruin sampioene, in
  skywe gesny
250 g gaar broccoli of spinasie

Witsous:
25 ml (5 t) botter
50 ml (¹/₅ k) koekmeelblom
400 ml (1¹/₂ k) melk
¹/₂ houer (125 g / ¹/₂ k) gladde maaskaas
250 ml (1 k) cheddarkaasblokkies of
  gerasperde cheddarkaas

Hierdie pastagereg was baie gewild in Huisgenoot *se toetskombuis.*

Voorverhit die oond tot 180 °C. Smeer 'n groot oondskottel met botter margarien of spuit met kleefwerende kossproei. Kook die noedels soos op die pak beskryf. Dreineer en skep in die voorbereide oondskottel.

Soteer die uie, soetrissie en knoffel in 'n bietjie olie tot sag. Voeg die hoender by, geur met sout en peper en braai tot gaar. Skep uit en braai die sampioene tot bruin. Meng die gaar hoendervleis met die sampioene, en broccoli en geur met sout en peper. Skep oor die noedels in die skottel.

Berei 'n witsous van die botter, koekmeelblom en melk. Verwyder van die hitte, geur met sout en peper en roer die maaskaas in. Giet oor die pasta en die hoendermengsel. Strooi die kaas oor en bak vir 30 minute in die voorverhitte oond tot die gereg goed warm is en die kaas gesmelt is.

Sit voor saam met slaai.

Lewer 6 porsies.

Variasie: Vervang die witsous deur 1 houer (250 g) kruieroomkaas en 250 ml (1 k) warm melk. Roer by die hoendermengsel in saam met 60 ml (4 e) sondroëtamatiepesto.

Macaroni-en-kaas

½ pak (250 g) rou elmboogmacaroni
1 ui, fyngekap
1 houer (250 g) knopiesampioene,
   gehalveer (opsioneel)
50 ml botter
50 ml koekmeelblom
500 ml (2 k) melk
250 ml (1 k) room
75 ml (5 e) tamatiepuree
3 ekstragroot eiers, geklits
7 ml (1½ t) mosterdpoeier
sout en varsgemaalde swartpeper
   na smaak
75 ml (5 e) fyngekapte vars pietersielie
500 ml (2 k) gerasperde cheddarkaas

'n Mens kry baie resepte vir macaroni-en-kaas, maar dié een troon bo die gewone soort uit. Dit het 'n witsousbasis, wat deels van room berei en heerlik gegeur word met 'n bietjie tamatie.

Voorverhit die oond tot 180 °C. Smeer 'n oondskottel met botter of margarien of spuit met kleefwerende kossproei. Kook die macaroni soos op die pak beskryf. Dreineer en hou eenkant.

Soteer die ui en sampioene in die botter tot die ui sag en deurskynend is. Roer die koekmeelblom in en verhit nog 1 minuut terwyl geroer word.

Verwyder van die stoof en giet die melk stadig by terwyl geroer word. Verhit die sous tot dit kook en verdik. Roer die room en tamatiepuree in. Meng 'n bietjie van die warm sous met die geklitste eiers en roer goed. Voeg dit nou by die res van die warm sous en roer goed. Geur met mosterdpoeier, sout en peper.

Meng die helfte van die pietersielie en cheddarkaas met die macaroni. Skep in die voorbereide oondskottel en giet die sous oor. Strooi die res van die pietersielie en cheddar-kaas oor. Bak 30-40 minute lank of tot die gereg gestol en goudbruin van bo is.

Sit voor saam met groen slaai.

Lewer 6-8 porsies.

Pizza-pasta

1 pak (500 g) rou spaghetti
250 ml (1 k) gerasperde cheddarkaas
2 ekstragroot eiers
250 ml (1 k) melk of room
sout en varsgemaalde swartpeper
   na smaak

Tamatiesous:
1 ui, fyngekap
5 ryp tamaties, ontvel en fyngekap
80 ml (⅓ k) tamatiesous
5 ml (1 t) droë gemengde kruie
5 ml (1 t) droë orego
5 ml (1 t) paprika

Bolaag:
100 g mozzarellakaas, in skywe gesny
paar swart olywe
1 blik (50 g) gerolde ansjovisfilette
   (opsioneel)

Amper soos macaroni-en-kaas, maar met 'n pizza-bolaag. Eksperimenteer gerus met die bolaag.

Voorverhit die oond tot 180 °C. Smeer 'n oondvaste bak van 26 x 22 x 5 cm of spuit met kleefwerende kossproei.

Kook die spaghetti soos op die pak beskryf. Dreineer goed, meng met die cheddarkaas en skep in die voorbereide bak. Klits die eiers en melk saam. Geur met sout en swart-peper. Giet oor die pasta en meng.

Tamatiesous:
Soteer die ui in 'n bietjie olie tot sag en deurskynend. Voeg die tamaties, tamatiesous en die geurmiddels by. Laat prut tot 'n dikkerige sous en giet oor die pastamengsel.

Bolaag:
Rangskik die mozzarellaskywe, olywe en ansjovisfilette bo-op. Bak 25 minute lank in die voorverhitte oond of tot die eiervlamengsel gestol en die kaas lekker gesmelt is. Dien op saam met 'n groen slaai.

Lewer 6 porsies.

Groentelasagne (bl. 155)

Ouma Hanna se slikkies

1 pak (500 g) rou macaroni
2 groot uie, fyngekap
kookolie
1 blik (115 g) tamatiepasta
10 ml (2 t) suiker
5 ml (1 t) droë orego of basiliekruid
250 ml (1 k) gerasperde cheddarkaas
  (opsioneel)

Hannatjie Everson van Worcester het vir ons 'n resep vir 'n vinnige, ekonomiese macaronigereg gestuur, wat hul ouma altyd vir hulle voorgesit het. As kinders het hulle dit "slikkies" gedoop. "Ons het dit altyd tussen ons lippe vasgebyt en dan ingesuig, vandaar die naam," verduidelik Hannatjie. Ouma Hanna se slikkies bly staatmaker in hul huis, veral as mense onverwags opdaag, skryf sy.

Kook die macaroni soos op die pak beskryf. Dreineer goed en hou eenkant.
    Soteer die uie in 'n bietjie olie tot sag. Voeg die tamatiepasta, suiker en orego by en laat 'n paar minute lank prut. Skep by die macaroni en meng goed deur. Voeg die kaas by en meng deur.

Lewer 4 porsies.

Kersietamatie-en-olyf-pasta

$^1/_2$-1 pak (300-500 g) skulpiepasta
15 kersietamaties
olyfolie
sout en varsgemaalde swartpeper
  na smaak
250 ml (1 k) vars witbroodkrummels
60 ml ($^1/_4$ k) vars pietersielie, gekap
16 swartolywe
olyfolie vir oorsprinkel
gerasperde vars parmesaankaas

Die kersietamaties word vinnig in die oond gebak voordat dit saam met gebraaide broodkrummels by die pasta ingeroer word.

Voorverhit die oond tot 180 °C.
    Kook die pasta soos op die pak beskryf. Dreineer en hou eenkant.
    Plaas die kersietamaties op 'n bakplaat, besprinkel met olyfolie en geur met sout en peper. Bak 15 minute lank in die voorverhitte oond. Roer by die gaar pasta in.
    Verhit 10 ml olyfolie in 'n pan. Soteer die witbroodkrummels oor lae hitte tot goudbruin. Verwyder van die hitte. Roer die pietersielie by die broodkrummels in en sprinkel oor die pasta. Sprinkel ekstra olyfolie oor en dien op saam met parmesaankaas indien verkies.

Lewer 4 porsies.

Lintnoedels met sampioene

$^1/_2$-1 pak (300-500 g) lintnoedels
250 g knopiesampioene
60 g botter
30 ml (2 e) olyfolie
30 ml (2 e) vars stingel- of grasuie,
   gekap
30 ml (2 e) basiliekruidpesto of amandel-
   en-fetapesto (hieronder)
sout en varsgemaalde swartpeper
   na smaak
ekstra olyfolie vir opdiening
parmesaankaas, gerasper vir opdiening

Braai net sampioene in botter en olyfolie en meng dit met lintnoedels. Blitsig klaar.

Kook die pasta soos op die pak beskryf. Dreineer en hou eenkant.

   Vee die knopiesampioene met 'n klam lap af, sny in skyfies en soteer in verhitte botter en olyfolie tot gaar. Voeg die gekapte stingeluie en pesto by die sampioene. Geur met sout en peper. Roer by die pasta in en skep in warm opdien-borde. Sprinkel ekstra olyfolie en parmesaankaas oor en sit dadelik voor.

Lewer 4 porsies.

Penne met spekvleis en pesto

$^1/_2$-1 pak (300-500 g) penne
$^1/_2$ pak (125 g) rugspekvleis, in kleiner
   stukke gesny
1 ui, fyngekap
2 knoffelhuisies, fyngedruk
125 g bruinsampioene, in skywe gesny
   (opsioneel)
15-30 ml (1-2 e) sondroëtamatie-pesto
1 houer (250 g) roomkaas
gerasperde vars parmesaankaas of feta-
   kaas vir opdiening

Roomkaas word aan die einde met die pasta gemeng om dit lekker romerig te maak.

Kook die pasta soos op die pak beskryf. Dreineer en hou eenkant.

   Braai die spekvleis, ui, knoffel en sampioene tot geurig. Verwyder van hitte. Meng die pesto met die roomkaas. Roer by die warm spekvleismengsel in en meng met die gaar pasta. Sit dadelik voor saam met parmesaankaas.

Lewer 4 porsies.

> *Variasie: Meng amandel-en-feta pesto of basiliekruidpesto by hierdie pasta in.*

Amandel-en-fetapesto:
150 g amandelvlokkies
4 wiele gekrummelde fetakaas
5-10 ml (1-2 t) paprika
30 ml (2 e) gekapte vars pietersielie
175 ml ($^3/_4$ k) olyfolie

Groen basiliekruidpesto:
2 pakkies vars basiliekruidblaartjies
4 vars knoffelhuisies, fyngedruk
1 pakkie haselneute
100 ml ($^2/_5$ k) gerasperde vars parmesaankaas
15 ml (1 e) suurlemoensap
200 ml olyfolie

Amandel-en-fetapesto
Verwerk alle bestanddele saam tot glad. Geur met swartpeper. Giet 'n lagie olyfolie oor.

Lewer 250 ml (1 k) pesto.

Groen basiliekruidpesto
Hierdie pesto word gemaak van haselneute pleks van dennepitte. Amandels kan ook gebruik word. Plaas alle bestanddele in 'n voedselverwerker en verwerk tot 'n pasta. Geur die pesto mildelik met sout en varsgemaalde swartpeper na smaak. Voeg ekstra olyfolie by indien die pesto te dik is.

Lewer ongeveer 300 ml (1$^1/_4$ k) pesto.

Pizza

Lekker dik of superdun korse, skud- of skondeeg, selfs gekooptes maak heerlike pizza as jy dit met nuwerwetse bolae van geroosterde groente, pikante rissies (Peppadew™), bloukaas en bokkaas optower.

Basiese pizzadeeg

500 ml (2 k) koekmeel- of witbrood-
  meelblom
10 ml (2 t) kitsgis
5 ml (1 t) witsuiker
2 ml (¹/₂ t) sout
30 ml (2 e) olyfolie
180-250 ml (± ³/₄-1 k) louwarm water
1 x geurige tamatiesous (bl. 163)
enige bolaag

Met hierdie basiese deeg kan jy dik of dun korse berei. Ek hou ook daarvan om die korse eers 'n paar minute lank te bak voor die bolaag oorgesprinkel word.

Meng die meel, kitsgis, suiker en sout in 'n mengbak. Giet die olyfolie by die louwarm water. Voeg dan net genoeg water by die meelmengsel om 'n sagte, hanteerbare deeg te vorm. Knie 10-15 minute lank tot die deeg sag en elasties is en nie meer aan jou hande kleef nie. Voeg nog meer meel by indien dit te klewerig is.

Smeer 'n mengbak en die deeg liggies met olyfolie. Laat op 'n warm plek staan om te rys tot dubbel die volume. Keer die deeg op 'n meelbestrooide oppervlak uit en knie dit af.

Berei korse soos verkies:
Vir 'n dik kors, rol die deeg uit in 'n sirkel van ongeveer 30 cm in deursnee; vir 'n dunner kors, rol die deeg uit in 2 dunner sirkels van elk ongeveer 25-30 cm in deursnee; en vir mini-pizzas, verdeel die deeg in 4-6 stukke en rol kleiner sirkels uit van elk ongeveer 10 cm in deursnee. Laat effens rys.

Voorverhit die oond tot 220 °C. Berei die geurige tamatiesous.

Plaas die pizzakors(e) op meelbestrooide bakplate. Smeer die tamatiesous oor en bak 5-7 minute lank in die voorverhitte oond na gelang van die dikte van die kors of tot dit goed uitgerys en net-net gaar is. Verwyder uit die oond.

Plaas enige van die bolae bo-op en bak 'n verdere 5-7 minute of tot die kaas gesmelt is.

Sit dadelik voor.

Lewer 1 groot, 2 kleiner of 4-6 minipizzas.

Variasie: Vir 'n volkoringdeeg vervang die helfte van die meel deur volkoringmeel.

Pizza met geroosterde eiervrug (bl. 167)

Skudkors

275 g (500 ml) bruismeel
150 ml kookwater
125 ml ($^1/_2$ k) kookolie
knippie sout
1 x geurige tamatiesous (bl. 163)
enige bolaag

Dis nou vir jou min moeite – dis net skud, skud, skud en die kors is klaar gcmcng. Dic oorspronklike resep was saam met die resep vir `n vinnige pizza wat in Wenresepte 2 *verskyn het.*

Voorverhit die oond tot 190 °C.
 Plaas die bruismeel, kookwater, kookolie en sout in 'n plastiekhouer met 'n deksel wat seël. Skud die houer heen en weer tot 'n sagte deeg gevorm het. Druk die deeg ewe dik in 'n rolkoekpan van 35 x 25 x 2 cm vas.
 Berei die basiese tamatiesous, smeer oor die kors en bedek met enige van jou bolae soos verkies. Bak 25-30 minute lank in die voorverhitte oond by tot die kors gaar is.

Lewer 4-6 porsies.

Skon pizzakors

250 ml (1 k) bruismeel
3 ml (ruim $^1/_2$ t) mosterdpoeier
3 ml (ruim $^1/_2$ t) pizzapastageursel
knippie sout
1 ml ($^1/_4$ t) rooipeper
30 ml (2 e) margarien
1 groot eier
100 ml melk
1 x geurige tamatiesous (bl. 163)
enige bolaag

Voorverhit die oond tot 200 °C. Smeer 'n bakplaat met botter en margarien of spuit met kleefwerende kossproei. Sif die droë bestanddele saam, vryf die margarien in, klits die eier en melk saam, voeg by en meng deur. Druk op die voorbereide bakplaat vas.
 Berei die geurige tamatiesous, smeer oor, sit 'n bolaag van jou keuse op en bak 15-25 minute lank in die voor-verhitte oond.

Lewer 4-6 porsies.

Gekoopte pizzakorse

1-2 gekoopte vars of bevrore pizzakorse
1 blik (410 g) tamatie-en-uiesmoor
  (opsioneel)
bolaag van jou keuse

Voorverhit die oond tot 220 °C.
 Strooi meel oor 1-2 bakplate en plaas die korse bo-op (moenie die korse ontdooi indien bevrore nie). Smeer tamatie-en-uiesmoor oor indien die korse nog nie tamatiesous op het nie. Bedek met 'n bolaag van jou keuse en bak ongeveer 10-15 minute in die voorverhitte oond tot gaar en die kaas gesmelt is.

Lewer 1-2 porsies.

Geurige tamatiesous

2 knoffelhuisies, gekneus
olyfolie
1 blik (410 g) gekapte tamaties
15 ml (1 e) tamatiepasta
gekapte vars basiliekruid, suiker, sout,
  varsgemaalde swartpeper na smaak

*Smeer hierdie geurige sous oor die korse voor jy die bolae
oorsprinkel. As jy haastig is, kan jy net 'n blik gekapte
tamaties of tamatie-en-uiesmoor gebruik.*

Soteer die knoffelhuisies in 'n bietjie olyfolie tot sag en
deurskynend. Voeg die tamaties by en laat prut tot dit
lekker dik is. Geur met basiliekruid, suiker, sout en peper na
smaak. Smeer oor die pizzabassis(se) en bedek met 'n
bolaag van jou keuse.

Lewer 300 ml.

BOLAE
Brocolli, bloukaas en pikante rissies

1-2 pizzakorse (bl. 160-162) of gebruik
  gekoopte korse
1 x geurige tamatiesous (opsioneel)

Bolaag:
$^1/_2$ pak (125 g) spekvleisrepe
500 ml (2 k) gaar gestoomde broccoli-
  blommetjies
6 pikante rissies (Peppadew™), grofgekap
100 g bloukaas, gekrummel
swart peper

Berei die pizzakors(e) van jou keuse en smeer tamatiesous
oor.

Bolaag:
Braai die spek in 'n verhitte pan tot gaar en bros. Dreineer
op handdoekpapier. Rangskik die spekvleis, broccoli en
pikante rissies op die kors(e), strooi die bloukaas oor en
geur met ekstra peper.
    Bak soos beskryf by die onderskeie korse.
Dien dadelik op.

Lewer 1 groot pizza.

Geroosterde groente en bokmelkkaas

1-2 pizzakorse (bl. 160-162) of gebruik
  gekoopte korse
1 x geurige tamatiesous (opsioneel)

Bolaag:
1 eiervruggie, in dun skywe gesny
4 murgpampoentjies, in lang, dun skywe
gesny
1 geel soetrissie, ontpit en in kwarte
  gesny
90 ml (6 e) olyfolie
2 klein uitjies of 1 groot rooiui, in skywe
  gesny
150 g mozzarellakaas, grofgekap of
  gerasper
sout en varsgemaalde swartpeper
125 g bokmelk- of fetakaas, gekrummel

Berei die pizzakors(e) van jou keuse en smeer tamatie-
sous oor.
    Verhit die oondrooster.

Bolaag:
Pak die groente op 'n bakplaat. Verf al die groente behalwe
die uie mildelik met olyfolie. Rooster die groente tot effens
verbruin, draai om en rooster tot gaar. Voeg die uie by en
rooster nog 5 minute. Laat die soetrissies afkoel, trek die
velle af en sny in dun repies.
    Strooi die helfte van die mozzarellakaas oor, rangskik
die geroosterde groente en bokmelkkaas bo-op die
pizzabasis en strooi die orige mozzarellakaas oor.
    Bak soos beskryf by die onderskeie korse.
Dien dadelik op.

Lewer 1 groot pizza.

Salami, soetrissie, artisjokke

1-2 pizzakorse (bl. 160-162) of gebruik
  gekoopte korse)
1 x geurige tamatiesous (bl. 163,
  opsioneel)

Bolaag:
30 ml (2 e) olyfolie
1 groot rooi soetrissie, ontpit en in
  repies gesny
1 groot geel soetrissie, ontpit en in
  repies gesny
sout en varsgemaalde swartpeper
  na smaak
6 snytjies salami, gehalveer
150 g mozzarellakaas, grofgekap of
  gerasper
1 blik (400 g) artisjokharte, gedreineer
  en in kwarte gesny

Berei die pizzakors(e) van jou keuse en smeer tamatie-
sous oor.

Bolaag:
Verhit die olie en soteer die soetrissies 5 minute lank oor
matige hitte tot sag. Geur mildelik met sout en peper.
Rangskik die soetrissies en salami op die kors(e) en strooi
die mozzarellakaas oor. Rangskik die artisjokke bo-op.
    Bak soos beskryf by die onderskeie korse.
Sit dadelik voor.

Lewer 1 groot pizza.

Four seasons

1-2 pizzakorse (bl. 160-162) of gebruik
  gekoopte korse
1 x geurige tamatiesous (bl. 163)

Bolaag:
4 ansjovisfilette
6 knopiesampioene, gehalveer
5 skyfies salalmi, kwarte gesny
2 ingemaakte artisjokharte of pikante
  rissies (Peppadew™), grofgekap
50 g steurgarnale
25 g gerookte mossels
$^1/_4$ rooi soetrissie, in repies gesny
6 swartolywe
fyngekapte vars pietersielie
125 ml ($^1/_2$ k) gerasperde cheddarkaas of
  mozzarellakaas
gerasperde parmesaankaas (opsioneel)

Toe dié pizza in Huisgenoot *van 2 Februarie 1989 verskyn
het, het ons telefoon onophoudelik gelui soos almal gebel
het om te sê hoe lekker dit is. Ja, jou mond water sommer
by voorbaat vir hierdie heerlike pizza soos die Italianers
hom maak, ekstra lekker met 'n ander smul-smaaklike
bolaag op elke kwart.*

Berei 'n pizzakors van jou keuse en smeer tamatiesous oor.

Bolaag:
Verdeel die deegsirkel in kwarte met die ansjovisfilette.
Plaas die halwe sampioene in die eerste kwart, en in die
kwart oorkant die eerste salamiskyfies. Vul die derde kwart
met artisjokharte en die laaste met steurgarnale en mossels.
Rangskik die repies soetrissie en olywe bo-op en sprinkel 'n
bietjie vars pietersielie, cheddarkaas en parmesaankaas oor.
    Bak soos beskryf by die onderskeie pizzakorse.

Lewer 1 groot pizza.

*Wenk: Meng 2 skeppe tapenade (sien resep op bl. 167) met olyfolie om 'n effens loperige maar smeerbare
pasta te maak en smeer oor die kors voor die bolaag opgesit word.*

Tuingroente pizza (bl. 166)

Tuingroente

1-2 pizzakorse (bl. 160-162) of gebruik
  gekoopte korse
1 x geurige tamatiesous (bl. 163,
  opsioneel)

Bolaag:
gekoopte knoffelsous
125-250 ml ($^{1}/_{2}$-1 k) gerasperde
  mozzarellakaas
knippie droë orego
geblikte ertjies
kersietamaties
gekapte rooi soetrissie
fyngesnyde prei
skyfies knopiesampioene
olyfolie

Berei 'n pizzakors van jou keuse. Smeer tamatiesous oor indien nodig.

Bolaag:
Smeer 2-3 skeppe knoffelsous oor die pizzakors. Sprinkel driekwart van die kaas oor, en dan orego en al die groente. Sprinkel die res van die kaas oor. Bedruip met olyfolie.
   Bak soos beskryf by die onderskeie pizzakorse. Sit voor saam met fyngekapte mengelslaai en suurroom.

Lewer 1 groot pizza.

Spinasie-en-roomkaas-pizza

1-2 pizzakorse (bl. 160-162) of gebruik
  gekoopte korse
1 x geurige tamatiesous (bl. 163,
  opsioneel)

Bolaag:
125-250 ml ($^{1}/_{2}$-1 k) gerasperde
  mozzarellakaas
4-6 stukke bladspekvleis
25-30 ml (5-6 t) balsamiese asyn
60 ml (4 e) geroomde kruiegeur-
  maaskaas
vars jong spinasieblare, gewas,
  ontstingel en fyner geskeur

Berei 'n pizzakors van jou keuse en smeer die tamatiesous oor.

Bolaag:
Sprinkel driekwart van die mozzarellakaas oor die kors. Braai die spekvleis in 'n pan tot gaar en voeg die asyn by. Verwyder van die hitte en meng met die maaskaas. Meng met die spinasie en stapel op die pizzakors. Sprinkel die orige mozzarellakaas oor.
   Bak soos beskryf by die onderskeie korse.

Lewer 1 groot pizza.

Pikante rissie-en-salamipizza

1-2 pizzakorse (bl. 160-162) of gebruik
  gekoopte korse
1 x geurige tamatiesous (bl. 163, opsioneel)

Bolaag:
gekoopte soetsuur sous
125-250 ml ($^{1}/_{2}$-1 k) gerasperde
  mozzarellakaas
dun skyfies salami of pepperoni
pikante rissies (Peppadew™)
olyfolie
gerasperde parmesaankaas vir opdiening
  (opsioneel)

Berei 'n pizzakors van jou keuse en smeer die tamatiesous oor indien nodig.

Bolaag:
Smeer 2 skeppe soetsuur sous oor die pizzakors. Sprinkel driekwart van die kaas oor. Pak die salami en pikante rissies op die kors. Sprinkel die res van kaas oor.
   Bak soos beskryf by die onderskeie korse. Bedruip met olyfolie en sit voor saam met parmesaankaas indien verkies.

Lewer 1 groot pizza.

Pizza met geroosterde eiervrug

1-2 pizzakorse (bl. 160-162) of gebruik
  gekoopte korse
1 x geurige tamatiesous (bl. 163,
  opsioneel)

Bolaag:
1 eiervrug, in skywe gesny
sout
olyfolie
4 skyfies salami
125-250 ml (^{1}/$_2$-1 k) gerasperde
  mozzarellakaas
olyftapenade
vars slaaiblare

Tapenade:
1 blikkie ansjovisfilette
250 ml (1 k) swart of groen olywe, ontpit
60 ml (^{1}/$_4$ k) fyngekapte vars pietersielie
45 ml (3 e) fyngekapte vars basiliekruid
2 knoffelhuisies
15 ml (1 e) suurlemoensap
125 ml (^{1}/$_2$ k) olyfolie

Berei 'n pizzakors van jou keuse en smeer tamatiesous oor.

Bolaag:
Plaas die eiervrugskywe in 'n vergiettes, sprinkel sout oor en laat minstens 15 minute lank staan. Spoel af en druk met handdoekpapier droog. Smeer die eiervrugskywe met olie en rooster in die oond tot net-net gaar. Pak die salami en eiervrug op die pizzakors en sprinkel mozzarellakaas oor.

Bak soos beskryf by die onderskeie korse. Plaas 'n skep tapenade net voor opdiening bo-op en sit voor saam met vars slaaiblare bo-op.

Lewer 1 groot pizza.

Tapenade
Verwerk die ansjovisfilette, groen of swart olywe, vars pietersielie, vars basiliekruid, knoffelhuisies, suurlemoensap en olyfolie tot glad in 'n voedselverwerker. Skep in 'n bakkie en verkoel tot benodig. Genie took saam met Italiaanse brood, Melba-roosterbrood, gebakte aartappels of pasta.

Toevou-pizza

1 x basiese pizzadeeg (bl. 160)
1 x geurige tamatiesous (bl. 163)

Salamivulsel:
1 houer (200 g) gladde maaskaas
50 g parmesaankaas
1 eier, geklits
50 g salamiskyfies, in kwarte gesny
100 g mozzarellakaas, in blokkies gesny

Ham-en-sampioen-vulsel:
^{1}/$_2$ knoffelhuisie, gesoteer
1 uitjie, gesoteer
200 g knopiesampioene, in skyfies
  gesny
200 g ham, in klein blokkies gesny

Hierdie Italiaanse calsone-pizza smaak hemels.

Voorverhit die oond tot 190 °C. Berei 'n pizzakors tot by die eerste maal dat die deeg moet rys. Knie effens af, verdeel die deeg in 2 stukke en rol elkeen ongeveer 5 mm dik in 'n sirkel uit. Plaas die deegsirkels op afsonderlike bakplate wat met meel bestuif is. Smeer tamatiesous oor elkeen van die deegsirkels, maar los 'n rand van ongeveer 1 cm reg rondom.

Salamivulsel:
Meng die maaskaas, parmesaankaas en eier en smeer oor die helfte van die een deegsirkel. Rangskik die salamiskyfies en kaasblokkies bo-op. Verf die deegrand met water en vou die helfte van die deegsirkel oor die vulsel om 'n toegevoude pizza te vorm. Druk die kante vas en borsel die deeg met olyfolie indien verkies. Laat op 'n warm plek staan tot die deeg verdubbel het in hoogte.

Ham-en-sampioen-vulsel:
Meng al die bestanddele en skep op die een helfte van die orige deegsirkel. Gaan verder te werk soos beskryf by die salamivulsel. Bak die pizza ongeveer 30 minute lank in die voorverhitte oond of tot die deeg bo gaar en ligbruin is.

Lewer 4-6 porsies.

Souttert

Souttert of quiche kry plek op die eettafel en teetafel waar gesondheidsbewustes dit as gawe alternatief vir soet verleidelikhede aansien. Lekker is dit gewis, met vulsels van groente, vis of kaas wat geur gee.

Botterlose brosdeeg

310 ml (1¹/₄ k) koekmeelblom
3 ml (ruim ¹/₂ t) sout
25 ml (5 t) kookolie
100-125 ml (²/₅-¹/₂ k) louwarm water

Dis 'n deeg wat maar broskors in soutterte kan vervang – dis lekker lig, maar bevat byna geen vet nie.

Meng die meel en sout in 'n mengbak. Roer die olie en net genoeg louwarm water in om 'n stywe, kniebare deeg te maak. Knie ongeveer 10 minute lank tot glad en elasties. Vorm in 'n bal en bedek met kleefplastiek. Laat minstens 2 uur lank in die yskas rus. Laat weer 'n rukkie buite staan voor dit uitgerol word.

Kaasdeeg

375 ml (1-¹/₂ k) koekmeelblom
5 ml (1 t) bakpoeier
knippie sout
250 ml (1 k) gerasperde cheddarkaas
1 ekstragroot eier
125 ml (¹/₂ k) gesmelte botter

Sif die koekmeelblom, bakpoeier en sout saam en roer die cheddarkaas in. Klits die eier en gesmelte botter saam en voeg by die droë bestanddele. Meng tot 'n sagte, hanteerbare deeg en vorm 'n bol. Verkoel.

Tamatietertjies

Kors:
1 x suurroomkors (bl. 116) of
  basiese brosdeeg (bl. 220)

Vulsel:
6 ewe groot tamaties, in die breedte
  gehalveer
olyfolie, gemengde kruie en bruinsuiker
  na smaak

Voorverhit die oond tot 200 °C. Smeer 'n muffinpan met botter of margarien of spuit met kleefwerende middel.

Kors:
Berei die deeg. Druk sirkels uit die deeg en voer die holtes van muffinpanne daarmee uit. Verkoel. Voer elkeen met 'n vel bakpapier uit en vul met rou rys. Bak ongeveer 10 minute lank in die voorverhitte oond tot die korse net gaar is. Verwyder die bakpapier en rys. Verlaag die oond-temperatuur tot 180 °C.

Vulsel:
Pak die tamaties op 'n bakplaat en bestryk met olyfolie. Sprinkel kruie en bruinsuiker oor en bak 30 minute lank. Rangskik die tamaties in die gebakte tertkorse en bak nog 10 minute. Sit die tertjies louwarm voor.

Lewer 12 tertjies.

Tamatietertjies

Tamatie-en-olyftert

1 x basiese brosdeeg (bl. 220) of
  kaasdeeg (bl. 168)

Vulsel:
30 ml (2 e) olyfolie
2 knoffelhuisies, fyngedruk
2 mediumgroot uie, in ringe gesny
1 sakkie (200 g) sondroë tamaties in
  vinaigrette
12-14 swartolywe
30 ml (2 e) fyngekapte vars orego
2 Roma-tamaties, in skywe gesny

> *Wenk: Ingemaakte sondroë tamaties
> kan vervang word deur droë tamaties
> wat nie ingelê is nie. Bedek hulle met
> kookwater en laat week tot sag.
> Dreineer en laat afkoel. Vervang dan
> die vinaigrette in die resep deur
> 45 ml (3 e) olyfolie.*

Toe ek die eerste keer vir die TV-program Pasella *gekook het, was dié tert ook deel van die ete. Jo-Anne Strauss was daardie dag die aanbieder. Die resep is toe ook ingesluit in* Pasella *se eerste kookboek. Toe Jo-Anne haar gunsteling-gereg uit die boek moes kies, was dit sowaar op haar lysie. Is regtig baie lekker.*

Voorverhit die oond tot 200 °C. Smeer 'n 20 cm-losboom-pan liggies met botter of margarien of spuit met kleef-werende kossproei.

Kors:
Berei die brosdeeg. Sny die deeg in skyfies, pak in die pan en druk met die vingers op die boom en teen die kante vas. Laat 20 minute lank in die yskas rus. Bak blind.

Vulsel:
Verhit die olyfolie en soteer die knoffelhuisies en uie tot sag. Dreineer die sondroë tamaties, maar behou vinaigrette. Kap die tamaties fyner. Voeg die tamaties en die helfte van die olywe by die uiemengsel. Geur met die helfte van die orego. Skep oor kors. Rangskik die vars tamatieskywe en orige olywe bo-op.
    Sprinkel die orige gekapte orego oor en bedruip met die vinaigrette. Bak 20-25 minute lank in die voorverhitte oond. Laat afkoel tot louwarm en sit voor saam met 'n bros groen slaai.

Lewer 'n mediumgroot tert.

Tamatie-mayonnaisetert

Kors:
1 x basiese brosdeeg (bl. 220)

Vulsel:
1 kg Roma-tamaties, in dik skywe gesny
  en pitte verwyder
varsgemaalde swartpeper na smaak
250 ml (1 k) mayonnaise
3 ekstragroot eiers, geklits
45 ml (3 e) fyngekapte stingeluie
625 ml (2¹/₂ k) gerasperde cheddarkaas

Vir hierdie resep wat ons in Oktober 1996 ontvang het, was daar later oneindig baie versoek.

Berei die basiese brosdeeg. Voorverhit die oond tot 200 °C. Smeer 'n diep, vierkantige oondbak van 24 cm met botter of margarien of spuit met kleefwerende kossproei.
    Rol die deeg uit en voer die voorbereide bak daarmee uit. Bak blind (bl. 222).

Vulsel:
Rangskik 'n laag tamatieskywe in die kors en geur met peper. Meng die res van die bestanddele en skep 'n laag oor die tamaties. Herhaal die lae, eindig met die mayon-naisemengsel en bak ongeveer 30 minute lank in die voorverhitte oond tot stewig en goudbruin bo-op.

Lewer 6-8 porsies.

Italiaanse spinasietert (bl. 172)

Italiaanse spinasietert

1 x botterlose brosdeeg (bl. 168)

45 ml (3 e) olyfolie
1 groot ui, fyngekap
1 knoffelhuisie, fyngedruk
250 g knopiesampioene, in skyfies
  gesny
2 pakke (300 g elk), spinasie gewas,
  ontstingel en gekerf
200 g fetakaas, grofgekrummel
10 sondroë tamaties in vinaigrette,
  grofgekap
30 ml (2 e) fyngekapte vars pietersielie
sout en varsgemaalde swartpeper
  na smaak
2 ekstragroot eiers

Hierdie spinasietert word in 'n botterlose brosdeeg toegevou.

Berei die botterlose brosdeeg. Voorverhit die oond tot 190 °C. Smeer 'n bakplaat of bespuit met kleefvrye kossproei.
Verhit 30 ml (2 e) olyfolie en soteer die ui en knoffel daarin tot sag. Voeg ekstra olie by en soteer die sampioene tot gaar. Voeg die spinasie by en verhit tot dit verwelk. Skep uit in 'n mengbak. Laat afkoel en voeg fetakaas, sondroë tamaties en pietersielie by. Geur met sout en peper. Klits die eiers en voeg by. Meng goed en hou eenkant.
Sprinkel 'n bakplaat liggies met koekmeelblom.
Sny 'n derde van deeg af en hou eenkant. Rol die groter stuk deeg op 'n meelbestrooide oppervlak uit tot 'n sirkel van 30 cm in deursnee. Plaas op die bakplaat en skep die vulsel in 'n sirkel tot 5 cm van die rand. Rol die orige deeg uit tot 'n sirkel van 25 cm in deursnee en plaas bo-op die vulsel. Verf die oop rand van die onderste deeg liggies met water en vou oor die boonste deegsirkel. Prik reëlmatig met 'n vurk sodat stoom in die baktyd daardeur kan ontsnap en verf die bokant met 15 ml (1 e) olyfolie. Bak ongeveer 35 minute lank in die voorverhitte oond tot ligbruin. Laat afkoel tot louwarm en sit voor in skrywe gesny.

Lewer 4-6 porsies.

Variasies: Vervang die fetakaas deur 'n mengsel van ricotta en roomkaas. Vervang die deeg deur filodeeg – spuit 6 velle met olyfoliesproei en pak opmekaar. Voer 'n tertbord daarmee uit. Vou die deeg weer effens toe oor die vulsel en bak. Voeg sampioene, rooirissie of gebraaide spekvleis of russiese worsies by die vulsel.

Dieet-spinasietert

Kors:
500 ml (2 k) gaar rys
2 eierwitte, liggies geklits

Vulsel:
250 ml (1 k) gaargestoomde spinasie
$^1/_2$ houer (125 g) gladde maaskaas
125 ml ($^1/_2$ k) natuurlike jogurt
2 ekstragroot eiers, geklits
$^1/_2$ suurlemoen se sap en gerasperde skil
sout en varsgemaalde swartpeper
  na smaak
125 ml ($^1/_2$ k) gekrummelde laevet-
  fetakaas

Gaar rys wat met eierwit gemeng word, is 'n kitsoplossing vir 'n kors met min kilojoules.

Voorverhit die oond tot 180 °C. Spuit 'n mediumgroot oondvaste bak goed met kleefwerende kossproei.

Kors:
Meng die rys met die eierwit en druk op die boom en teen die kante van die voorbereide bak vas.

Vulsel:
Meng die spinasie, maaskaas, jogurt, geklitste eiers, skil en sap van die suurlemoen. Geur met sout en peper. Skep die vulsel in die voorbereide kors en sprinkel die fetakaas oor. Bak ongeveer 20 minute lank in die voorverhitte oond of tot die vulsel gestol is.

Lewer 1 mediumgroot tert.

Veelsydige kaas-en-uietert

1 x basiese kaasdeeg (bl. 168)

Vulsel:
3 groot uie, in skywe gesny
kookolie
400 g fetakaas, gekrummel
250 ml (1 k) suurroom
1 ml (¹/₄ k) rooipeper
5 ml (1 t) mosterdpoeier
4 ekstragroot eiers, geklits

> *Variasie: Vervang die fetakaas deur
> 250 ml (1 k) gerasperde cheddarkaas,
> 250 ml (1 k) gerasperde Tussers-kaas
> en 100 ml gekrummelde bloukaas.
> Voeg 3 ml (ruim ¹/₂ t) droë gemengde
> kruie by die kors in plaas van die
> cheddar-kaas, indien verkies, en berei
> verder soos die fetakaas-uitert.*

Hierdie resep vir 'n uithalertert met fetakaas en ui het in 1996 by die toetskombuis aangekom. Gedurende 1997 maak nog 'n heerlike uietert, dié keer met drie soorte kaas, sy opwagting by ons. Dis weer 'n treffer. Ons het die resepte verwerk dat jy met een resep albei terte kan bak.

Voorverhit die oond tot 180 °C. Smeer 'n losboomkoekpan van 23 cm met botter of margarien of spuit met kleefwerende kossproei.

Vulsel:
Soteer die uie en 'n klein bietjie olie tot sag. Skep uit en meng met die fetakaas en suurroom. Geur met die geurmiddels, voeg die eiers by en meng goed. Giet in die voorbereide kors en bak 10 minute lank in die voorverhitte oond, verlaag dan die temperatuur tot 160 °C en bak die tert 'n verdere 40-50 minute lank of tot gestol en bruin bo-op.

Lewer 6-8 porsies.

Groentetert

Kors:
325 ml (1¹/₂ k) volkoringbroodkrummels
100 ml volkoringmeel
250 ml (1 k) hawermout
3 ml (ruim ¹/₂ t) sout
2 ml (¹/₂ t) witpeper
5 ml (1 t) droë gemengde kruie
180 ml (³/₄ k) botter

Vulsel:
1 ui, fyngekap
2 knoffelhuisies, fyngedruk
1 groen soetrissie, ontpit en in blokkies gesny
kookolie
3 mediumgroot geelwortels, gerasper
250 ml (1 k) fyngekerfde kool
100 ml boontjiespruite (opsioneel)
15 ml (1 e) suurlemoensap
sout en varsgemaalde swartpeper na smaak

Bolaag:
180 ml (³/₄ k) natuurlike jogurt of gladde maaskaas
1 ekstragroot eier
5 ml (1 t) mielieblom
60 ml (¹/₄ k) gerasperde cheddarkaas

Voorverhit die oond tot 180 °C. Smeer 'n oondvaste ronde 24 cm-tertbord met botter of margarien of spuit met kleefwerende kossproei.

Kors:
Meng al die droë bestanddele en geurmiddels vir die kors goed. Smelt die botter, voeg by en meng goed. Druk die deeg in 'n bal en druk in die tertbord vas. Prik die boom en verkoel ongeveer 30 minute lank.

Vulsel:
Soteer die ui, knoffel en soetrissie in 'n bietjie olie tot sag. Voeg die geelwortels en kool by en roerbraai tot sag. Voeg die boontjiespruite en geurmiddels by, meng deur en verwyder van die stoof. Sny die rande van die voorbereide tertkors netjies en skep die vulsel in die kors.

Bolaag:
Klits die jogurt en eier vir die bolaag goed saam. Voeg die mielieblom by en meng goed. Roer die kaas in en meng. Giet oor die vulsel en smeer tot teen die kante. Bak 15-20 minute lank in die voorverhitte oond of tot die bolaag gestol en effens verbruin het.
Dien koud of warm op.

Lewer 1 mediumgroot tert.

Olyfsnoektert

Kors:
5 velle fillodeeg, ontdooi
50 ml gesmelte botter

Vulsel:
1 ui, fyngekap
1 groen soetrissie, ontpit en fyngekap
20 ml (4 t) olyfolie
250 ml (1 k) gerasperde cheddarkaas
500 ml (2 k) gevlokte, gerookte snoek
50 ml olyftapenade
250 ml (1 k) room
50 ml melk
4 ekstragroot eiers
sout en varsgemaalde swartpeper na smaak
15 ontpitte swartolywe vir afronding

Die Weskus-spysenier Christine Capendale maak 'n byderwetse tert met die Weskus se bekende vislekkerte.

Voorverhit die oond tot 190° C. Smeer 'n oondvaste ronde 23 cm-tertbord met botter of margarien of spuit met kleefwerende kossproei.

Kors:
Smeer elke vel fillodeeg met gesmete botter, stapel opmekaar en voer die tertbord daarmee uit.

Vulsel:
Soteer die ui en soetrissie in die verhitte olie tot sag. Meng met die kaas en snoek. Smeer die olyftapenade op die boom van die tertkors en skep die snoekmengsel bo-op. Klits die room, melk en eiers goed saam. Geur met sout en peper. Giet oor die snoekmengsel. Frommel die oorhang-kante van die fillodeeg netjies langs die kante. Bak 30-35 minute lank in die voorverhitte oond en rond met olywe af.
    Sit warm of koud voor.

Lewer 1 mediumgroot tert.

Japtrap-snoektert

Kors:
1 pak (200 g) cheddarkaasbeskuitjies, fyngemaak (hou 6 beskuitjies eenkant)
160 ml margarien, gesmelt

Vulsel:
2 eiers, geklits
1 klein blikkie (170 g) ingedampte melk
2 ml (½ t) mosterdpoeier
1 ui, fyngekap
1 klein groen soetrissie, ontpit en fyngekap
200 ml gerookte snoek, ontgraat en gevlok
200 ml (⅘ k) gerasperde cheddarkaas
50 ml fyngekapte vars pietersielie

Daar's nie veel fieterjasies aan hierdie tert nie, maar die ideale tert om aan hongerige huismense voor te sit.

Voorverhit die oond tot 180 °C.

Kors:
Meng die beskuitjiekrummels en margarien en druk op die boom en teen die kante van 'n 26 cm-tertbord vas.

Vulsel:
Meng al die bestanddele vir die vulsel goed. Skep in die voorbereide kors en krummel die res van die beskuitjies oor. Bak ongeveer 30 minute lank in die voorverhitte oond of tot die vulsel gestol en die krummels goudbruin is.
    Dien warm op saam met slaai vir 'n ligte ete of selfs koud as versnapering.

Lewer 1 groot tert.

Veelsydige kaas-en-uietert (bl. 173)

Gebakte poedings

Bruinpoeding, broodpoeding, kluitjies of gebakte vrugtepoedings – ons bly gek na poeding.

Karringmelkpoeding

250 ml (1 k) bruismeel
knippie sout
15 ml (1 e) botter of margarien
250 ml (1 k) suiker
4 ekstragroot eiers, geklits
1 L karringmelk of 500 ml (2 k) melk en
  500 ml (2 k) karringmelk
8 groenvye in stroop, gehalveer
  (opsioneel)

Ek het grootgeword met karringmelkpoeding. Eintlik is dit 'n heerlike ligte poeding, want daar kom byna geen smeer in nie. Vir my bly dit na al die jare die lekkerste om dit met karamelsous te geniet, maar saam met groenvye is dit ewe lekker.

Voorverhit die oond tot 180 °C. Smeer 'n diep, oondvaste skottel van 21 x 30 cm liggies met botter of margarien of spuit met kleefwerende kossproei.

Sif die bruismeel en sout. Klits die botter en suiker saam en voeg die eiers by. Klits goed en klits die karringmelk by. Voeg by die bruismeel en klits tot glad. Giet in die voorbereide skottel en bak 50-60 minute lank in die voorverhitte oond of tot gestol en goudbruin bo-op.

Sit louwarm voor saam met vye en stroop, karamelsous (bl. 205) of suurlemoensous (bl. 205).

Lewer 8 porsies.

Mikrogolf-karringmelkpoeding

90 g botter
200 ml witsuiker
2 ekstragroot eiers
250 ml (1 k) bruismeel
1 ml (¼ t) sout
250 ml (1 k) melk
500 ml (2 k) karringmelk

'n Karamelsous, sommer van roomkaramellekkers gemaak, smaak vorentoe hierby. Die resep is in 'n 600 W-oond getoets.

Smeer 'n ronde 22 cm-glasbak met botter of margarien of spuit met kleefwerende kossproei.

Klits die botter en suiker tot lig en romerig. Voeg die eiers een vir een by en klits goed na elke byvoeging. Sif die bruismeel en sout saam. Meng ook die melk en karringmelk. Vou die droë bestanddele beurtelings met die melkmengsel by die bottermengsel in. Skep in die voorbereide bak. Plaas die bak op 'n omgekeerde piering en mikrogolf 15 minute lank op medium of 50 persent krag. Laat 10 minute lank staan om styf te word.

Sit voor saam met 'n karamelsous (bl. 205).

Lewer 6 porsies.

Karringmelkpoeding

Malvapoeding

Beslag:
20 ml (4 t) botter
250 ml (1 k) strooisuiker
2 eiers
12,5 ml (2½ t) fyn appelkooskonfyt
5 ml (1 t) koeksoda
125 ml (½ k) melk
5 ml (1 t) bruinasyn
250 ml (1 k) koekmeelblom, gesif
knippie sout

Sous:
250 ml (1 k) room
180 ml (¾ k) suiker
125 g botter
125 ml (½ k) kookwater
5 ml (1 t) vanieljegeursel

Praat van Suid-Afrikaanse kookkuns en jy dink aan malva-poeding vir nagereg. Die resep kom nog uit Helmine Myburgh se boek, So eet ons aan die Kaap, *waarin so mooi van al die Kaapse kosse geskryf word.*

Voorverhit die oond tot 180 °C. Smeer 'n groterige oond-vaste bak goed met botter of margarien of spuit met kleefwerende kossproei.

Room die botter en strooisuiker. Voeg die eiers een-een by en klits goed na elke byvoeging. Voeg die appelkoos-konfyt by. Roer die koeksoda by die melk in en voeg die asyn by. Voeg dan die gesifte meel en sout om die beurt met die melk by die botter-en-suikermengsel. Skep die beslag in die voorbereide bak. Bak ongeveer 45 minute lank In die voorverhitte oond of tot gaar en 'n toetspen skoon uit die middel van die poeding kom.

Sous:
Meng al die bestanddele vir die sous en verhit tot kook-punt. Giet die sous oor die gaar poeding sodra dit uit die oond kom.

Sit voor saam met vla.

Lewer 6-8 porsies.

Waterbul

1,25 L (5 k) water
500 ml (2 k) suiker
500 ml (2 k) koekmeelblom
10 ml (2 t) fyn kaneel
5 ml (1 t) fyn gemmer
2 ml (½ t) sout
200 ml melk
10 ml (2 t) koeksoda
25 ml (5 t) fyn appelkooskonfyt
30 ml (2 e) botter of margarien

Die resep vir hierdie outydse kluitjiepoeding verskyn al in die heel eerste Wenresepte. *Dis goedkoop en net waarvoor 'n mens op 'n koue dag lus is, skryf Annette Human daardie tyd.*

Verhit water en suiker saam tot kookpunt in 'n groot, diep kastrol met 'n deksel wat styf pas. Sif die meel, kaneel, gemmer en sout saam. Meng die melk en koeksoda. Vryf die konfyt en die botter in die droë bestanddele in en maak met die sodamelk aan. Skep klontjies deeg in die kokende stroop, sit die deksel op en kook 5 minute lank vinnig. Verlaag die hitte en kook nog 25 minute lank stadig sonder om die deksel op te lig.

Sit warm voor saam met die poeding se eie sous.

Lewer 4-6 porsies.

Malvapoeding

Speserykluitjies

Sous:
500 ml (2 k) water
180 ml (³/₄ k) suiker
1 ml (¹/₄ t) sout
5 ml (1 t) fyn gemmer
5 ml (1 t) fyn kaneel
2 ml (¹/₂ t) fyn naeltjies

Beslag:
60 g botter
125 ml (¹/₂ k) fyn appelkooskonfyt
10 ml (2 t) koeksoda
375 ml (1¹/₂ k) koekmeelblom
1 ml (¹/₄ t) sout
1 eier

Dis kluitjies met 'n heerlike speserygeur.

Sous:
Verhit die water, suiker, sout en speserye saam. Roer tot die suiker opgelos is.

Beslag:
Smelt die botter in 'n ander kastrol en voeg die appelkooskonfyt by. Roer tot gesmelt en roer die koeksoda in. (Die mengsel skuim baie.) Voeg die meel en sout by en roer met 'n houtlepel tot 'n stywe bal in die kastrol vorm. Verwyder van die stoof en laat effens afkoel. Klits die eier, voeg by en klits met 'n houtlepel tot 'n klewerige deeg vorm.

Skep lepels vol deeg in die kokende stroop, bedek en laat 15-20 minute lank prut tot die kluitjies gaar is.

Sit voor saam met vla of roomys.

Lewer 6-8 porsies.

> *Variasie: Kap 4 stukke ingemaakte gemmer fyn en voeg saam met 100 ml gemmerstroop by die sous. Voeg 'n bietjie sjerrie by indien verkies.*

Klapper-sjokoladekluitjies

Stroop:
1,25 L (5 k) water
625 ml (2¹/₂ k) suiker
10 ml (2 t) fyn kaneel
15 ml (1 e) kakaopoeier
100 ml druiweasyn
125 ml (¹/₂ k) droë klapper

Beslag:
750 ml (3 k) koekmeelblom
2 ml (¹/₂ t) sout
15 ml (1 e) koeksoda, opgelos in
    200 ml melk
30 ml (2 e) margarien, gesmelt
125 ml (¹/₂ k) gouestroop of fyn
    appelkooskonfyt

Nog 'n heerlike kastrolkluitjie. Hierdie keer is daar klapper en asyn in die stroop.

Sous:
Meng al die bestanddele vir die sous in 'n groot kastrol. Verhit tot kookpunt terwyl aanhoudend geroer word en laat 5 minute lank kook.

Beslag:
Sif die meel en sout saam. Meng die res van die bestanddele en voeg by die droë bestanddele. Meng tot 'n gladde beslag.

Skep teelepels vol van die beslag in die kokende stroop, bedek en laat 15-20 minute lank prut of tot gaar en 'n toetspen skoon uit die middel van die poeding kom.

Sit voor saam met vla of roomys.

Lewer 8-10 porsies.

Speserykluitjies

Sponskluitjies

1 L (4 k) melk
1 heel kaneelstokkie
200 ml koekmeelblom
knippie sout
3 ekstragroot eiers, geskei
125 ml (½ k) suiker
15 ml (1 e) botter
ekstra botter, gesmelt
kaneelsuiker na smaak

'n Ander gunsteling is sponskluitjies. Die sagte kluitjie, wat eintlik eerder 'n melkpap as 'n kluitjie is, het ek geëet by die bekende Hanekom-spyseniers op Moorreesburg toe ons met Huisgenoot *se heel eerste blommetrein afgesit het Namakwaland toe.*

Hou 125 ml (½ k) van die melk eenkant en verhit die res saam met die kaneelstokkie tot kookpunt. Meng die 125 ml (½ k) melk met die koekmeelblom en sout tot 'n pasta, voeg dan 'n bietjie van die verhitte melk by en meng goed. Voeg by die orige verhitte melk en verhit weer stadig terwyl geroer word tot die mengsel kook en verdik. Laat 'n paar minute lank prut. Klits die eiergele, voeg die suiker bietjie-vir-bietjie by en klits tot lig en dik. Roer 'n bietjie van die melkpap by die eiergele in en voeg dan alles by die res van die melkpap. Meng goed deur, voeg ook die botter by en verwyder van die stoof. Klits die eierwitte styf en vou by die mengsel in. Druk 'n poedinglepel in die ekstra gesmelte botter en skep lepels vol van die beslag in 'n bak.

Strooi die kaneelsuiker oor en giet ook die orige gesmelte botter oor indien verkies.

Lewer 8 porsies.

Sagosouskluitjies

750 ml (3 k) melk
1 ml (¼ t) sout
80 ml (⅓ k) sago
75 g botter of margarien
50 ml suiker
50 ml mielieblom
3 ekstragroot eiers, geskei
kaneelsuiker na smaak

'n Mens sien dikwels resepte vir gewone meelkluitjies, ryskluitjies en sponskluitjies, maar selde vir sagosous-kluitjies, skryf Annette Human in Wenresepte 2.

Verhit 700 ml (2¾ k) van die melk en die sout saam tot kookpunt; oppas vir oorkook. Voeg die sago en 50 g van die botter by. Verlaag die hitte en kook die mengsel tot die sago sag en heeltemal deurskynend en die mengsel dik is. Meng die oorblywende 50 ml melk met die suiker, mielie-blom en eiergele tot 'n gladde pasta. Roer 'n bietjie van die sagomengsel vinnig hierby in en roer die mengsel dan by die res van die sagomengsel in; oppas vir klonte. Kook oor lae hitte tot gaar. Klits die eierwitte tot styf en vou hulle dan liggies met 'n metaallepel in die sagopap in. Smelt die oorblywende 25 g (30 ml) botter. Strooi kaneelsuiker in 'n warm opdienbak. Skep eetlepels vol van die sagopap in die bak – doop elke keer voor jy skep, die eetlepel in die gesmelte botter. Strooi kaneelsuiker oor elke laag kluitjies. Giet enige oorblywende botter bo-oor.

Sit die kluitjies warm voor.

Lewer 4-6 porsies.

Romerige ryspoeding

500 ml (2 k) melk
250 ml (1 k) room
100 ml suiker
4 ekstragroot eiers
2 eiergele
knippie sout
5 ml (1 t) vanieljegeursel
1 lemoen se gerasperde skil
500 ml (2 k) gaar rys

Beatrice Barnard van die Andries Stockenström-*gastehuis op Graaff-Reinet is 'n baaskok. Sy sit hierdie ryspoeding, wat heerlik romerig is, voor saam met kwepers of lemoen wat in stroop gekook is. Jy kan die poeding in aparte vormpies of in 'n groot bak maak.*

Voorverhit die oond tot 160 °C. Smeer 'n oondvaste bak van 30 cm x 20 cm met botter of margarien of spuit met kleefwerende kossproei.

Klits alles behalwe die rys goed saam en roer die rys by die mengsel in. Giet in die voorbereide bak. Plaas die bak in 'n oondbraaipan halfvol warm water en bak 40 minute lank in die voorverhitte oond of tot gaar en gestol.

Sit warm voor saam met lemoene of kwepers in speserystroop (hieronder).

Lewer 6-8 porsies.

Lemoene of kwepers in speserystroop:
375 ml (1½ k) suiker
500 ml (2 k) water
3-4 steranyssade
1 heel naeltjie
1 stuk pypkaneel
2 lemoene of kwepers, geskil en in
  skywe gesny

Lemoene of kwepers in speserystroop
Beatrice gebruik hierdie selfde stroop om heel vrugte soos pere of koejawels in te kook en sit dit dan saam met jogurt voor vir ontbyt.

Meng die suiker en water in 'n kastrol en voeg die anys, naeltjie en kaneel by. Verhit en roer tot die suiker opgelos is en verhit tot kookpunt. Voeg die lemoene of kwepers by en laat prut tot die vrugte net sag en glansend maar nog heel is.

Lewer 4-6 porsies.

Maleise ryspoeding

500 ml (2 k) gaar rys
750 ml (3 k) melk
6 groot eiers
75 ml (5 e) botter, gesmelt
2 stukke pypkaneel
3 kardemomsade
5 ml (1 t) vanieljegeursel
175 ml (¾ k) natuurlike jogurt
250 ml (1 k) suiker

Hierdie ryspoeding is heerlik gespesery.

Voorverhit die oond tot 180 °C. Smeer 'n groot, oondvaste bak met botter of margarien of spuit met kleefwerende kossproei.

Meng die rys en die melk en laat afkoel indien warm rys gebruik is. Klits die eiers. Voeg die res van die bestanddele by. Voeg dan by die rysmengsel en meng goed. Giet in die voorbereide bak en bak ongeveer 40 minute lank in die voorverhitte oond of tot goudbruin bo-op en gestol.

Lewer 6-8 porsies.

Wenke: • Jy kan die natuurlike jogurt deur karringmelk vervang. • Pleks van kardemom en kaneelstokkies kan jy 3 ml fyn kaneel en neutmuskaat elk byvoeg.

Noedelpoeding

Poeding:
4 eiers, geklits
250 g gladde maaskaas
250 ml (1 k) suurroom
125 ml ($^1/_2$ k) suiker
300 ml melk
250 g rou eierlintnoedels, gaargemaak
250 ml (1 k) pitlose rosyne
60 ml ($^1/_4$ k) gesmelte botter
5 ml (1 t) vanieljegeursel

Bolaag:
750 ml (3 k) ontbytgraanvlokkies,
  fyngemaak
30 ml (2 e) gesmelte botter
50 ml witsuiker
5 ml (1 t) fyn kaneel

Dié poeding smaak so ietwat na kaaskoek en is verspot maklik om te maak. Die poeding kan alreeds die vorige aand halfklaar berei word.

Voorverhit die oond tot 180 °C.
    Spuit 'n oondvaste bak met kleefwerende kossproei of smeer met margarien of botter.
    Klits die eiers, maaskaas, suurroom, suiker en melk goed saam. Voeg die noedels, rosyne, botter en vanielje-geursel by. Giet in die voorbereide bak. (Bedek met kleef-plastiek en plaas oornag in die yskas indien dit reeds die vorige aand berei word.)
    Meng al die bolaagbestanddele. Sprinkel oor die noedelmengsel. Bak 40 minute lank of tot gaar.
    Dien op met gesmelte stroop.

Lewer 6 porsies.

Gebakte sagopoeding

125 ml ($^1/_2$ k) rou sago
800 ml (3$^1/_4$ k) melk
sout
30 ml (2 e) botter (opsioneel)
4 eiers
75 ml (5 e) suiker
2 ml ($^1/_2$ t) vanieljegeursel

Oor koue sagopoeding wat met jellie gemeng is, kon ek nog nooit vreeslik opgewonde raak nie. Gebakte sagopoeding is egter 'n ander saak.

Voorverhit die oond tot 150 °C. Smeer 'n 2,8 L-oondbak met botter of margarien of spuit met kleefwerende kossproei.
    Laat die sago minstens 1 uur lank in 200 ml melk week. Verhit die orige melk en sout tot kookpunt en voeg die geweekte sago by. Kook tot die sago deurskynend en gaar is en roer gedurig. Roer botter by en verwyder van die hitte. Klits die eiers en suiker saam tot lig. Voeg die vanieljegeursel by. Giet die eiermengsel stadig by die sagomengsel. Meng goed genoeg en giet uit in die voorbereide bak. Plaas die bak in 'n groot genoeg oondbraaipan en vul die pan met kookwater. Bak ongeveer 45 minute lank in die voorverhitte oond of tot die poeding gaar is en die mengsel gestol het.
    Sit voor saam met gouestroop, appelkoos- of aarbeikonfyt.

Lewer 6 porsies.

Romerige ryspoeding (bl. 183)

Mikrogolfsago

375 ml (1¹/₂ k) sago
750 ml (3 k) water
500 ml (2 k) melk
2 ml (¹/₂ t) sout
1 blik (397 g) kondensmelk
2 eiers, geklits
15 ml (1 e) botter
5 ml (1 t) vanieljegeursel

Sago word maklik in die mikrogolfoond gaargemaak. Die resep is in 'n 600 W-oond getoets.

Meng die sago, water, melk en sout saam in 'n groot glasbak wat geskik is vir die mikrogolfoond. Mikrogolf 3 minute lank op 100 persent krag. Roer goed na elke minuut. Mikrogolf nog ongeveer 6-7 minute lank of tot die sago deurskynend en gaar is. Roer goed na elke minuut. Voeg die res van die bestanddele by en meng goed.
    Sit voor saam met stroop of vla.

Lewer 10-12 porsies.

Basiese broodpoeding

Broodmengsel:
6-8 snye brood, gebotter en kleiner
  gesny
50-100 ml fyn appelkooskonfyt

Melkmengsel:
750 ml (3 k) melk of die helfte daarvan
  room
125 ml (¹/₂ k) suiker
5 ml (1 t) fyn kaneel
knippie sout
3 ekstragroot eiers

Broodpoeding kom van eeue gelede, skryf Peter Veldsman in sy boek Kos van die eeu, *maar dis blykbaar mev. Beeton se resep wat hier by ons posgevat het. Deur die jare het* Huisgenoot *'n magdom resepte vir broodpoeding gepubliseer, maar eintlik is almal maar 'n variasie van die bekende basiese resep.*

Voorverhit die oond tot 180°C. Smeer 'n oondvaste bak goed met botter of margarien of spuit met kleefwerende kossproei.
    Rangskik die brood in die bak en stip met appelkooskonfyt.
    Verhit die melk, suiker, kaneel en sout saam en roer tot die suiker opgelos is. Laat effens afkoel en klits 'n bietjie van die melkmengsel by die eiers. Voeg dan by die orige melkmengsel, klits goed en giet oor die brood. Laat 5 minute lank staan om in te trek.
    Bak 40-50 minute lank in die voorverhitte oond tot gaar en gestol en laat afkoel tot louwarm.
    Sit voor saam met vla of suurlemoensous (bl. 205).

Lewer 6 porsies.

Variasies
• **Bruinbrood-broodpoeding:** *Gebruik bruin- of volkoringbrood. Sprinkel 125 ml (¹/₂ k) klapper en 250 ml (1 k) rosyne oor die brood. Gaan verder te werk soos by die basiese resep.* • **Wortelbroodpoeding:** *Gebruik rosyntjiebrood. Sprinkel 250 ml (1 k) fyngerasperde geelwortels oor die brood. Gaan verder te werk soos by die basiese resep.* • **Appelbroodpoeding:** *Voeg 1 blik (385 g) tertappels, 60 ml (¹/₄ k) rosyne en die sap en skil van 'n suurlemoen by die broodmengsel. Gaan verder te werk soos by die basiese resep.*

Dikmelkpoeding

500 ml (2 k) vars broodkrummels
250 ml (1 k) karringmelk
250 ml (1 k) sagte bruinsuiker
115 g botter
2 eiers, goed geklits
5 ml (1 t) koeksoda, met 10 ml (2 t)
  karringmelk aangemaak
5 ml (1 t) vanieljegeursel
250 ml (1 k) koekmeelblom
5 ml (1 t) fyn kaneel
1 ml (¹/₄ t) neutmuskaat
1 ml (¹/₄ t) sout
250 ml (1 k) pitlose rosyne
250 ml (1 k) gekapte neute

Hierdie heerlike resep het in Wenresepte 1 *van Annette Human verskyn. Pleks van melk word karringmelk in hierdie broodpoeding gebruik.*

Voorverhit die oond tot 190°C. Smeer 'n oondvaste bak van 20 x 30 x 5 cm met botter of margarien of spuit met kleefwerende kossproei.

Week die krummels 10 minute lank in die karringmelk. Room die bruinsuiker en botter en klits die eiers by. Voeg die koeksoda, krummelmengsel en vanieljegeursel by die eiermengsel. Sif die koekmeelblom, speserye, sout saam en meng by. Skep in die voorbereide bak en sprinkel die rosyne en neute oor. Bak ongeveer 25 minute lank in die voorverhitte oond of tot gaar.

Sit voor saam met vla.

Lewer 6-8 porsies.

Van der Hum-brood-en-botterpoeding

125 ml (¹/₂ k) droëvrugte-koekmengsel
125 ml (¹/₂ k) Van der Hum-likeur
1 dagoud rosynebrood
100 g sagte botter
appelkooskonfyt (opsioneel)
300 ml room
300 ml melk
5 ml (1 t) vanieljegeursel
8 ekstragroot eiergele
200 ml witsuiker
60 ml (¹/₄ k) karamelbruinsuiker

Hierdie heerlike poeding het ons op Oudtshoorn by Jemima's geëet. By Huisgenoot *se redaksie het dit met die toetsslag in die toetskombuis weer volpunte gekry.*

Voorverhit die oond tot 180°C. Smeer 'n ronde, oondvaste 27 cm-bak met botter of margarien of spuit met kleefwerende kossproei.

Bedek die koekmengsel met die likeur. Laat op 'n warm plek staan of verhit effens in die mikrogolfoond. Sny die korsies van die rosynebrood af en smeer die brood albei kante met botter. (Jy kan ook bietjie appelkooskonfyt aan een kant smeer.) Sny die brood in driehoekies en rangskik eers net een laag in die voorbereide bak. Sprinkel die geweekte vrugtekoekmengsel en likeur oor. Pak die orige brood bo-op. Verhit die room en melk tot amper kookpunt.

Voeg die vanieljegeursel by. Klits die eiergele en suiker saam tot lig. Klits die room en melk stadig by. Giet die mengsel oor die brood. Bak ongeveer 40 minute lank in die voorverhitte oond. (Die poeding sal soos 'n soufflé uitrys en weer terugsak.) Verwyder uit die oond, besprinkel met karamelbruinsuiker en plaas vinnig onder 'n warm oondrooster.

Sit voor saam met roomys of room.

Lewer 8-10 porsies.

Spogbroodpoeding

625 ml (2¹/₂ k) sagte witbroodkrummels
500 ml (2 k) melk
60 ml (4 e) botter
4 ekstragroot eiers, geskei
125 ml (¹/₂ k) strooisuiker
10 ml (2 t) gerasperde suurlemoenskil
80 ml (¹/₃ k) aarbeikonfyt of
  suurlemoensmeer

Die broodpoeding word afgerond met 'n spoggerige meringue-bolaag.

Voorverhit die oond tot 180°C. Smeer 'n oondvaste bak met botter of margarien of spuit met kleefwerende kossproei. Skep die broodkrummels in die voorbereide bak.
    Verhit die melk en botter. Klits die eiergele en die helfte van die strooisuiker saam tot lig. Roer die verhitte melk-mengsel stadig in. Voeg die suurlemoenskil by en giet oor die broodkrummels. Bak ongeveer 25 minute lank in die voorverhitte oond tot die eiermengsel gestol is.
    Klits die eierwitte tot skuimerig, voeg die orige strooisuiker lepelsgewys by en klits tot styf.
    Smeer die konfyt oor die gebakte broodpoeding en skep die meringuemengsel tot teen die kante. Bak ongeveer 10 minute lank tot die meringue effens bruin is.
    Sit dadelik voor.

Lewer 6 porsies.

Graanvlokkiepoeding

750 ml (1 k) ontbytgraanvlokkies
250 ml (1 k) klapper
125 ml (¹/₂ k) suiker
50-100 ml appelkooskonfyt
botter
500 ml (2 k) melk
3 eiers
5 ml (1 t) vanieljegeursel

In Wenresepte 2 *van Annette Human vertel A.S. Stander hoe sy hierdie poeding – weliswaar ook 'n variasie van die geliefde broodpoeding – voor kerk gereed kry en dan net so 20 minute voor hulle eet in die oond steek. En ek onthou dat ons dit ook baiemaal in my ouerhuis vir Sondagpoeding gekry het.*

Voorverhit die oond tot 180°C. Smeer 'n oondvaste bak met botter of margarien of spuit met kleefwerende kossproei.
    Meng die graanvlokkies en klapper en versprei op die boom van die voorbereide bak. Sprinkel die suiker oor. Stip met appelkooskonfyt en klontjies botter. Klits die melk, eiers en vanieljegeursel saam en giet oor die mengsel. Laat ongeveer 20 minute staan. Bak 40-50 minute lank in die voorverhitte oond of tot gaar.
    Sit voor saam met vla.

Lewer 4-6 porsies

Van der Hum-brood-en-botterpoeding (bl. 187)

Boelie

500 ml (2 k) melk
2 eiers
2 ml (^{1}/$_2$ t) suurlemoengeursel
60 ml (^{1}/$_4$ k) suiker
60 ml (^{1}/$_4$ k) koekmeelblom
10 ml (2 t) bakpoeier
1 ml (^{1}/$_4$ t) sout
50 g botter of margarien

Dié gewilde resep verskyn ook in Wenresepte 2 *van* Annette Human. *Ina Steyn van Keetmanshoop vertel dat toe sy jare gelede getroud is, sy eintlik net kon skoolhou en tee maak. Op 'n Sondag het Herman en Boelie, haar man se neef en dié se vrou, kom kuier om met haar kennis te maak. Boelie was toe al wyd en syd bekend as 'n uitstekende kok en daardie dag het sy Ina hierdie poeding leer maak. Dis 'n resep wat almal moet hê vir die tye wanneer jy 'n poeding moet voorsit, maar nie baie tyd het nie. Eet dit net so, saam met gestoofde vrugte of saam met 'n bottersous of brandewyn-skuimsous.*

Voorverhit die oond tot 180 °C. Smeer 'n oondvaste 1 L-bak of spuit met kleefwe-rende kossproei.
    Klits die melk, eiers en suurlemoengeursel saam tot goed gemeng. Gooi die mengsel in 'n oondvaste bak met 'n volume van 1 L. Meng die suiker, meel, bakpoeier, sout en botter goed saam tot 'n beslag; voeg 'n bietjie van die melkmengsel by as dit te styf lyk. Skep al die beslag in die middel van die melkmengsel op 'n hopie. (Sodra die poeding begin bak, versprei die deeg soos 'n kors bo-op.) Bak die poeding ongeveer 45 minute lank in die voorverhitte oond tot mooi bruin.

Lewer 4-6 porsies.

Suurlemoenpoeding

100 g botter
125 ml (^{1}/$_2$ k) strooisuiker
2 ekstragroot eiers, geskei
250 ml (1 k) bruismeel
knippie sout
1 groot suurlemoen se gerasperde
  skil en sap
500 ml (2 k) melk

'n Heerlike ligte poeding.

Voorverhit die oond tot 180 °C. Smeer 'n mediumgroot, oondvaste bak liggies met botter of margarien of spuit met kleefwerende kossproei.
    Klits die botter en suiker saam tot lig en donsig en klits die eiergele een vir een by. Klits deeglik na elke byvoeging. Sif die bruismeel en sout saam en vou om die beurt met die suurlemoenskil en -sap en 250 ml (1 k) melk by die eiermengsel in. Klits die eierwitte tot sagte punte vorm en vou in. Voeg die res van die melk by, meng liggies deur en giet in die gesmeerde bak. Bak 30-40 minute lank in die voorverhitte oond tot net gestol en laat effens afkoel.
    Sit louwarm voor saam met dun vla.

Lewer 6-8 porsies.

Mini-suurlemoenpoedings

2 ekstragroot eiers, geskei
50 ml strooisuiker
1 suurlemoen se skil en sap
125 ml (¹/₂ k) koekmeelblom
knippie sout

Sous:
25 ml (5 t) ekstra strooisuiker
200 ml water
30 ml (2 e) lemoenlikeur

Die poedinkies word in 'n muffinpan gebak en is geskik vir mense wat 'n verslankingsdieet volg – dit bevat geen smeer nie en min suiker.

Voorverhit die oond tot 180 °C. Smeer 6 holtes van 'n diep muffinpan met botter of margarien of spuit met kleefwerende kossproei.
   Klits die eierwitte styf en klits 50 ml strooisuiker lepelsgewys by. Klits die eiergele en die gerasperde suurlemoenskil by. Vou die koekmeelblom en sout liggies hierby in. Skep in die muffinpan en bak 10 minute lank by 180 °C in die voorverhitte oond tot gaar.

Sous:
Verhit intussen die 25 ml (5 t) suiker, water en die suurlemoensap saam tot kookpunt. Verwyder van die hitte en roer die likeur in. Giet die sous oor die poedings en laat effens afkoel.
   Sit louwarm voor saam met natuurlike jogurt.

Lewer 6 mini-poedings.

Créme caramel

125 ml (¹/₂ k) suiker
125 ml (¹/₂ k) water
1 blik (397 g) kondensmelk
250 ml (1 k) melk
15 ml (1 e) gerasperde lemoenskil
2 ekstragroot eiers
2 eiergele
5 ml (1 t) vanieljegeursel

Die lemoen gee 'n heerlike geur aan die crème caramel.

Voorverhit die oond tot 160 °C. Verhit 8 klein oondvaste glasbakkies (ramekins) in die oond.
   Verhit die suiker en water en roer tot die suiker opgelos is. Laat die mengsel kook tot dit 'n goue karamelkleur is. (Moenie roer nie.) Verwyder van die stoof en roer 15 ml (1 e) kookwater in. Skep 'n dun lagie in elke bakkie en laat eenkant staan.
   Meng die kondensmelk, melk en lemoenskil en verhit tot net onder kookpunt. Laat 30 minute lank staan vir die lemoengeur om te ontwikkel. Klits die eiers, eiergele en vanieljegeursel saam en klits die melkmengsel hierby. Giet die mengsel deur 'n fyn sif en verdeel tussen die bakkies. Plaas die bakkies in 'n oondbraaipan en maak die pan halfvol kookwater. Bedek versigtig met 'n laag aluminiumfoelie. Bak ongeveer 30 minute lank in die voorverhitte oond tot gestol. Verwyder uit die water en laat afkoel. Bedek die poedings met kleefplastiek en verkoel in die yskas tot net voor opdiening.
   Maak die rand van die vla versigtig met 'n mes los en plaas die opdienbordjie onderstebo bo-op. Keer die twee saam om en gee 'n ligte skud om die poeding uit te keer.
   Versier na smaak en sit dadelik voor.

Lewer 6-8 porsies.

Gebakte vla

375 ml (1¹/₂ k) melk
80 ml (¹/₃ k) suiker
5 ml (1 t) fyngerasperde lemoenskil
3 ml (ruim ¹/₂ t) fyngerasperde
  suurlemoenskil
5 ml (1 t) vanieljegeursel
1 ml (¹/₄ t) sout
4 eiergele

Gebakte vla was vroeër jare en is nou nog 'n gewilde nagereg. Hier is 'n minder ryk variasie van die bekende crème brûlée wat ons in 'n gesondheidsboek van Jane Fonda opgespoor het.

Voorverhit die oond tot 160 ºC. Smeer 4 oondvaste glas-bakkies (ramekins) liggies met botter of margarien of spuit met kleefwerende kossproei.
Klits al die bestanddele goed saam en giet in die bakkies. Plaas die bakkies in 'n oondbraaipan en maak die pan halfvol met kookwater. Bak ongeveer 30 minute lank in die voor-verhitte oond tot gaar en gestol. Laat effens afkoel.
Sit louwarm voor saam met gouestroop.

Variasie: Vir 'n romeriger variasie vervang driekwart van die melk met room.

Crème brûlée

1 x gebakte vla
bruinsuiker

Sprinkel 'n lagie bruinsuiker oor elke poeding, bedek en plaas in die yskas. Plaas onder die verhitte oondrooster tot die suiker gesmelt is en sit dadelik voor.

Lewer 4 porsies.

Fluweelpoeding

125 ml (¹/₂ k) suiker
200 ml koekmeelblom
2 ml (¹/₂ t) sout
4 eiers, geskei
1 L (4 k) warm melk
10 ml (2 t) vanieljegeursel
50 ml botter (opsioneel)
25 ml (5 t) appelkooskonfyt
50 ml strooisuiker

Fluweelpoeding kom uit toeka se jare. Lekker is dit beslis en by my bly dit 'n gunsteling.

Voorverhit die oond tot 180 ºC. Smeer 'n groterige, vlak oondvaste bak liggies met botter of margarien of spuit met kleefwerende kossproei.
Meng die suiker, meel en sout. Klits die eiergele tot lig, voeg die melk, geursel en botter by en roer geleidelik by die meelmengsel in. Giet in 'n swaarboomkastrol en verhit oor lae hitte terwyl geroer word tot die mengsel begin prut en gaar is. Giet in die bak uit en maak bo-op gelyk. Bak 15-20 minute lank in die voorverhitte oond.
Smelt die konfyt in die mikrogolfoond en smeer oor die vlamengsel. Klits die eierwitte tot skuimerig en voeg die strooisuiker lepelsgewys by. Klits tot styf en skep oor die konfytlaag. Bak ongeveer 10 minute lank in die voorverhitte oond tot die meringue goudbruin en gaar is.

Lewer 6 porsies.

Variasie: Meng 4 x 250 ml ontbytgraanvlokkies en 45 ml (3 e) gesmelte botter en gebruik as onderkors.

Doekpoeding

6 x 250 ml (6 k) koekmeelblom
250 ml (1 k) witsuiker
25 ml (5 t) gemengde speserye
15 ml (1 e) gemaalde gemmer
12,5 ml (2¹/₂ t) bakpoeier
2 ml (¹/₄ t) sout
350 g botter of margarien
1 pak (500 g) droëvrugte-koekmengsel
2 pakkies (250 g elk) dadels, fyngesny
125-250 g glanskersies, gehalveer
250 ml (1 k) brandewyn
3 groot eiers, geklits
400 ml gouestroop
15 ml (1 e) koeksoda
50 ml melk

Outydse doekpoeding word nie verniet in die volksmond 'n Jan-in-die-sak of 'n waterbul genoem nie. Maak ene en jy sien dadelik hoe nommerpas die name is, skryf Annette Human in Wenresepte 3. *Dis 'n poeding wat 'n mens nie elke Sondag gaan stoom nie, maar vir spesiale geleenthede en Kersfees gaan bêre. Die poeding vries baie goed as dit in aluminiumfoelie toegedraai word. Skywe hiervan kan ook as vrugtekoek voorgesit word.*

Smeer 'n groot, skoon linnedoek met botter of margarien en strooi meel liggies oor.

Sif die meel, suiker, gemengde speserye, gemmer, bakpoeier en sout saam. Frummel die smeer daarin. Meng die koekmengsel, dadels, kersies en brandewyn en laat dit 'n rukkie staan. Klits die eiers en stroop saam en giet oor die meelmengsel. Voeg die vrugtemengsel by en roer alles goed deur. Los die koeksoda in die melk op en roer dit ook in om 'n maklik skepbare beslag te verkry – voeg ekstra melk by indien nodig.

Skep die poedingbeslag in die middel van die voorbereide doek. Bind dit styf met tou vas nadat rysruimte soos volg bepaal is: Bring die doek se 4 punte na die middel en vat met die hand net bokant die beslag vas. Vat die doek nou met die ander hand net bokant die eerste hand vas. Die tou word direk bokant die tweede hand se bokant gebind – jy laat met ander woorde 2 hande toe vir rys.

Plaas die poeding op 'n omgekeerde blikbord of piering in 'n groot konfytkastrol waarin water reeds kook. Die poeding moet ongeveer driekwart onder die water wees. Sit die deksel op en stoom die poeding 4 uur lank. Vul die water gedurig met kookwater aan. Vir die laaste uur moet die poeding net 'n kwart onder die water wees anders is die kors te pap. Lig die poeding kort-kort op en kyk of die watervlak reg is. Die water is geneig om onder droog te kook terwyl bo nog water is omdat die poeding teen van die kant van die kastrol vasrys.

Verwyder die doek, maak die poeding buite-om 'n vurk skurf en plaas dit op 'n mooi opdienbord.

Sit dit louwarm voor. Saam met hierdie poeding smaak 'n lekker wynsous waarby 'n bietjie kaneel gevoeg is, die beste.

Lewer 20 porsies.

Gebakte Kerspoeding

Sous:
250 ml (1 k) witsuiker
500 ml (2 k) water
25 ml (5 t) brandewyn
375 ml (1¹/₂ k) vrugtekoekmengsel
125 m ('/₂ k) glanskersies, gehalveer

Beslag:
110 g margarien
25 ml (5 t) fyn appelkooskonfyt
250 ml (1 k) ontpitte fyngekapte dadels
7 ml (1¹/₂ t) koeksoda
75 ml (5 e) melk
250 ml (1 k) koekmeelblom
2 ml ('/₂ t) sout
12,5 ml (2¹/₂ t) gemengde speserye
2 ml ('/₂ t) gemmer
1 eier

Voorverhit die oond tot 190 °C. Smeer 'n 2,5 L (10 k)-oondskottel goed met botter of margarien of spuit met kleefwerende kossproei.

Sous:
Verhit die suiker en water en roer tot die suiker opgelos is. Verwyder van die stoof en voeg die brandewyn en al die vrugte by. Dreineer 250 ml (1 k) van die sous met 'n sif en hou eenkant. Giet die res van die sous met die vrugte in die voorbereide skottel. Beslag: Smelt die margarien en die appelkooskonfyt en voeg die dadels by. Meng die koeksoda en die melk en voeg by die dadelmengsel. Sif die droë bestanddele saam en meng met die dadelmengsel. Klits die eier en voeg by die mengsel. Meng goed. Skep die beslag versigtig in die bak, bedek en bak 40-60 minute lank in die voorverhitte oond of tot die poeding donker van kleur en ferm is. Giet die orige sous oor die warm poeding, laat dit intrek en keer die poeding op 'n opdienbord uit.
    Sit voor saam met vla of brandewynroomsous (bl. 204).

Lewer 6-8 porsies.

Gemmerpoeding

Sous:
750 ml (3 k) suiker
1,25 L (5 k) kookwater
12,5 ml (2¹/₂ t) suurlemoensap of asyn

Beslag:
250 sagte margarien
100 ml fyn appelkooskonfyt
125 ml ('/₂ k) suiker
25 ml (5 t) koeksoda, in 12,5 ml (2¹/₂ t) asyn of suurlemoensap opgelos
750 ml (3 k) koekmeelblom
10 ml (2 t) fyn gemmer
7 ml (1¹/₂ t) fyn kaneel
5 ml (1 t) sout
375 ml (1¹/₂ k) melk

Digter, skrywer en kok van formaat, dit was C. Louis Leipoldt. Hy was baie lief vir speserye, veral gemmer, en hierdie bruinpoeding kry 'n goeie skoot daarvan in.

Voorverhit die oond tot 180 °C. Smeer 'n groot oondvaste bak met botter of margarien of spuit met kleefwerende kossproei.

Sous:
Meng al die bestanddele vir die sous en verhit tot die suiker opgelos is. Giet in die voorbereide bak.

Beslag:
Klits die margarien, appelkooskonfyt en suiker saam in 'n mengbak tot goed gemeng. Voeg die koeksoda by en meng deur. Sif die droë bestanddele saam en voeg beurtelings met die melk by die margarienmengsel. Meng deur en skep in die sous in die bak. Bak 1 uur lank in die voorverhitte oond of tot gaar en 'n toetspen skoon uit die middel van die poeding kom.
    Sit voor saam met vla.

Lewer 10-12 porsies.

Gebakte Kerspoeding

Klapperpoeding

Beslag:
5 ml (1 t) koeksoda
250 ml (1 k) melk
1 groot eier
125 ml ($^1/_2$ k) witsuiker
12,5 ml (2$^1/_2$ t) appelkooskonfyt
15 ml (1 e) bruinasyn
375 ml (1$^1/_2$ k) koekmeelblom
5 ml (1 t) bakpoeier
knippie sout
250 ml (1 k) klapper
3 ml (ruim $^1/_2$ t) rumgeursel

Sous:
250 ml (1 k) witsuiker
375 ml (1$^1/_2$ k) melk
125 g botter
5 ml (1 t) vanieljegeursel

'n Basiese bruinpoeding wat opgehelder is met klapper en rum.

Voorverhit die oond tot 180 °C. Smeer 'n oondvaste bak met botter of margarien of spuit met kleefwerende kossproei.

Beslag:
Los die koeksoda in die melk op. Hou eenkant. Klits die eier en suiker saam tot goed gemeng en voeg die appelkoos-konfyt en die asyn by. Sif droë bestanddele saam en voeg beurtelings met die melkmengsel by die eiermengsel. Voeg die klapper en die rumgeursel by en meng. Skep in die voorbereide bak. Bak ongeveer 30-45 minute lank in die voorverhitte oond of tot 'n toetspen skoon uit die middel van die poeding kom.

Sous:
Meng al die bestanddele vir die sous oor lae hitte tot die botter gesmelt is. Kook dan 5 minute lank. Steek die poeding vol gaatjies en giet die sous oor die warm poeding wanneer dit uit die oond kom.
    Sit voor warm voor.

Lewer 6 porsies.

Outydse asynpoeding

Sous:
125 ml ($^1/_2$ k) asyn
250 ml (1 k) water
250 ml (1 k) suiker
300 ml korente
1 suurlemoen of lemoen se
    gerasperde skil

Beslag:
230 g botter of margarien
250 ml (1 k) strooisuiker
1 eier
30 ml (2 e) fyn appelkooskonfyt
1 suurlemoen of lemoen se
    gerasperde skil
10 ml (2 t) koeksoda
250 ml (1 k) melk
500 ml (2 k) koekmeelblom
10 ml (2 t) fyn gemmer
5 ml (1 t) fyn neutmuskaat
2 ml ($^1/_4$ t) sout

Dié baie geurige poeding is effens anders as die gewone, want dit word in 'n korente-asynsous gebak, skryf Annette Human in Wenresepte 1.

Voorverhit die oond tot 180 °C.

Sous:
Verhit die asyn, water, suiker, korente en skil saam tot kook-punt en giet in 'n oondvaste skottel van 20 x 30 x 5 cm. Laat afkoel.

Beslag:
Meng die botter en strooisuiker tot romerig. Roer eers die eier en dan die konfyt en skil in. Meng die koeksoda en melk. Sif die droë bestanddele saam en roer dit beurtelings met die sodamelk by die bottermengsel in.
    Skep die deeg in die sous en bak 30-40 minute lank sonder 'n deksel in die voorverhitte oond.
    Sit voor saam met vlasous.

Lewer 8-10 porsies.

Gekonfyte lemoenpoeding

Beslag:
375 ml (1¹/₂ k) growwe marmelade of koemkwatkonfyt
5 ekstragroot eiers
250 ml (1 k) suiker
250 ml (1 k) melk
125 g botter
1 lemoen se fyngerasperde skil
500 ml (2 k) koekmeelblom
10 ml (2 t) bakpoeier
5 ml (1 t) sout

Sous:
500 ml (2 k) suiker
250 ml (1 k) water
30 ml (2 e) botter
250 ml (1 k) lemoensap
5 ml (1 t) fyngerasperde lemoenskil

C. Louis Leipoldt was gek na die geur van sitrusvrugte. Hierdie resep is een waarvan ons kon proe op die Leipoldt-fees wat jaarliks op Clanwilliam gehou is.

Voorverhit die oond tot 180 °C. Smeer 'n oondvaste bak goed met botter of margarien of spuit met kleefwerende kossproei.

Beslag:
Skep klontjies marmelade onder in die voorbereide bak. Klits die eiers en suiker baie goed saam. Verhit die melk, botter en skil saam tot die botter gesmelt is. Sif die res van die bestanddele saam en vou beurtelings met die melk by die eiermengsel in.
Skep die beslag in die bak en bak 40 minute lank in die voorverhitte oond of tot 'n toetspen skoon uit die middel van die poeding kom.

Sous:
Verhit intussen die suiker, water en botter vir die sous. Roer tot die suiker opgelos is. Kook dan 5 minute lank en voeg die sap en skil by. Druk 'n paar gaatjies in die gaar, warm poeding en giet die sous oor.
Sit voor saam met roomys en ekstra konfyt indien verkies.

Lewer 1 groot poeding.

Appelkooskonfytpoeding

Beslag:
250 ml (1 k) suiker
50 g botter of margarien
2 eiers
500 ml (2 k) koekmeelblom
15 ml (1 e) bakpoeier
1 ml (¹/₄ t) sout
100 ml melk
100 ml fyn appelkooskonfyt, verhit

Stroop:
500 ml (2 k) water
125 ml (¹/₂ k) witsuiker
50 ml fyn appelkooskonfyt
25 g botter of margarien

Die maklike maar heerlike geregte wat ons van doodgewone bestanddele berei, is verstommend. Die resep het in Wenresepte 1 *van Annette Human verskyn.*

Voorverhit die oond tot 180 °C.

Beslag:
Room die suiker en botter saam tot goed gemeng. Roer die eiers een vir een by. Sif die droë bestanddele saam en roer beurtelings met die melk by die eiermengsel in. Smeer 'n ¹/₃ van die deeg op die boom van die voorbereide skottel en smeer ¹/₂ van die appelkooskonfyt bo-oor. Bedek met ¹/₂ van die oorblywende deeg. Smeer die res van die konfyt bo-op en dan die res van die deeg.

Sous:
Kook die water, suiker, konfyt en botter saam en giet warm oor die poeding. Bak 30 minute lank in die voorverhitte oond tot gaar.
Sit voor saam met vla.

Lewer 8-10 porsies.

Taai toffiepoeding

Beslag:
250 ml (1 k) sagte bruinsuiker
170 g botter
5 ml (1 t) vanieljegeursel
1 ekstragroot eier
400 ml (1²/₃ k) koekmeelblom
5 ml (1 t) bakpoeier
150 ml fyngekapte sagte, ontpitte dadels
300 ml (1¹/₄ k) water
15 ml (1 e) koeksoda
125 ml (¹/₂ k) droëvrugte-koekmengsel
30 ml (2 e) brandewyn
1 ryp piesang, fyngedruk
2 ml (¹/₂ t) sout
1 pakkie (100 g) pekanneute, fyngekap

Sous:
250 ml (1 k) witsuiker
100 ml water
300 ml (1¹/₄ k) room
100 ml vars lemoensap
1 lemoen se fyngerasperde skil
15-30 ml (1-2 e) brandewyn en
   Van der Hum-likeur

Hierdie poeding, 'n aangepaste resep van Peter Gordon van die Sugar Club in Londen, is gereeld by Jemima's op Oudtshoorn voorgesit.

Voorverhit die oond tot 180 °C. Smeer 'n oondvaste bak van 32 x 25 cm met botter of margarien of spuit met kleefwerende kossproei.

Beslag:
Room die suiker en botter tot lig en romerig. Voeg die vanieljegeursel en eier by en klits goed. Sif die meel en bakpoeier bo-oor. Verhit die dadels en water in 'n klein kastrolletjie. Verhit tot kookpunt en laat 1-2 minute prut. Verwyder van die hitte en voeg die koeksoda by. Roer deur en voeg nou die koekmengsel, brandewyn, fyngedrukte piesang, sout en gekapte neute by. Voeg by die meel-mengsel en roer deur. Skep die beslag in die voorbereide oondbak en bak 35-40 minute lank in die voorverhitte oond tot gaar en 'n toetspen skoon uit die middel van die poeding kom.

Sous:
Verhit intussen die suiker en water saam oor lae hitte tot die suiker gesmelt is. Verhit tot kookpunt en kook tot dit 'n karamelkleur het. Voeg die room by. Wees versigtig, want dit sal spat. Voeg die lemoensap en -skil, brandewyn en Van der Hum-likeur by.
   Giet die kokende sous oor die poeding.

Lewer 10-12 porsies.

Souserige sjokoladepoeding

250 ml (1 k) koekmeelblom
10 ml (2 t) bakpoeier
2 ml (¹/₄ t) sout
200 ml strooisuiker
75 ml (5 e) kakaopoeier
knippie fyn kruienaeltjies
25 g botter of margarien, gesmelt
125 ml (¹/₂ k) melk
5 ml (1 t) vanieljegeursel
125 ml (¹/₂ k) gekapte neute (opsioneel)
250 ml (1 k) sagte bruinsuiker
300 ml (1¹/₄ k) warm water

Dié poeding vorm sy eie dik sjokoladesous. Dis heerlik saam met roomys, skryf Annette Human in Wenresepte 1.

Voorverhit die oond tot 180 °C. Smeer 'n oondvaste skottel van 25 x 15 x 5 cm met botter of margarien of spuit met kleefwerende kossproei.
   Sif die meel, bakpoeier, sout, strooisuiker, 25 ml (5 t) van die kakaopoeier en naeltjies saam. Voeg die botter, melk, geursel en neute by en meng goed. Giet die beslag in die voorbereide skottel. Meng die bruinsuiker en oorbly-wende kakaopoeier en sprinkel oor deeg. Giet die water bo-oor. Plaas in 'n oondbraaipan met kookwater en bak 30-40 minute lank in die voorverhitte oond of tot gaar.

Lewer 6 porsies.

Oranjerivier modderpoeding (bl. 200)

Oranjerivier-modderpoeding

250 g botter
15 ml (1 e) whisky of brandewyn
180 ml (³/₄ k) suiker
250 g donkersjokolade, fyngekap
375 ml (1¹/₂ k) warm water
375 ml (1¹/₂ k) bruismeel
60 ml (¹/₄ k) kakaopoeier
2 ekstragroot eiers
5 ml (1 t) vanieljegeursel

Dis lekker om te weet as selfs befaamde restaurateurs ook soms inspirasie uit Huisgenoot *kry – hierdie poeding het vroeër in die tydskrif verskyn en ons het dit toe beskryf as kluiterig-klam en onbeskryflik lekker. By Le Must op Upington is dit nou 'n gewilde keuse op die spyskaart.*

Voorverhit die oond tot 180 °C. Smeer 'n mediumgroot oondvaste bak of spuit met kleefwerende kossproei.
   Smelt die botter oor lae hitte in 'n kastrol. Voeg die whisky, suiker, sjokolade en water by. Roer tot die sjokolade net gesmelt en die mengsel glad is. Sif die bruismeel en kakaopoeier saam en klits stadig by die sjokolademengsel in. Voeg die eiers en vanieljegeursel by en klits tot gemeng. Skep in die voorbereide bak en bak 40-45 minute lank in die voorverhitte oond of tot 'n toetspen skoon uit die middel van die poeding kom.
   Sit louwarm of koud voor saam met 'n verskeidenheid bessies en room indien verkies.

Lewer 1 mediumgroot poeding.

Oondgebakte vrugte

1 kg wintervrugte (bv. koejawels, pere, appels en lemoene)
150 ml ligte bruinsuiker
150 ml droë witwyn
1 kaneelstok
1 heel steranyssaad

Wintertyd kan hierdie gebakte vrugte instaan vir vrugteslaai saam met roomys. In my huis is dit gereeld op die spyskaart.

Voorverhit die oond tot 180 °C. Smeer 'n oondvaste bak met botter of margarien of spuit met kleefwerende kossproei.
   Behalwe die lemoene is dit nie nodig om die ander vrugte te skil nie – ontkern waar nodig en sny in wiggies. Versprei die vrugte eweredig in die voorbereide bak en sprinkel die bruinsuiker oor. Voeg die witwyn en speserye by. Bak ongeveer 20-25 minute lank in die voorverhitte oond tot die vrugte net sag is. Bedruip gereeld met die stroop. Verwyder die heel speserye.
   Sit voor saam met vanieljeroomys.

Lewer 4-6 porsies.

Blitsvariasie: Verhit 180 ml (³/₄ k) elk witwyn, water en witsuiker saam met 'n stuk gemmer of steranys oor lae hitte tot kookpunt. Kook af tot 180 ml (³/₄ k) oorbly. Sny vars perskes of enige steenvrugte in kwarte en besprinkel met suurlemoensap. Giet die warm stroop oor die vrugtestukke. Laat 20 minute lank staan en sit voor saam met sponskoek en mascarponekaas.

Oondgebakte vrugte

Romerige vrugtebak

6 ryp perskes, nektariens, pruime of selfs
ingemaakte perskes, gehalveer,
  ontpit en in skywe gesny
125 g aarbeie of youngbessies
125 g bevrore bessies
1 lemoen se sap en gerasperde skil
250 ml (1 k) room
2 ml ($\frac{1}{2}$ t) fyn neutmuskaat of kaneel
125 ml ($\frac{1}{2}$ k) suiker
5 ml (1 t) kakaopoeier
1 pak (100 g) amandelvlokkies

Terwyl dit bak, vorm dié nagereg 'n smullekker sous. Binne minute gereed.

Skakel die oondrooster aan. Smeer 'n groterige, oondvaste bak met botter of margarien of spuit met kleefwerende kossproei.
    Rangskik die perskes in die voorbereide bak. Rangskik die aarbeie en bessies tussenin. Giet die lemoensap en -skil bo-oor. Giet die room oor en geur met neutmuskaat. Meng die suiker en kakaopoeier en sprinkel bo-oor. Plaas 5-6 minute lank onder die oondrooster of tot die suikerlaag net begin karamelliseer. Sprinkel die amandelvlokkies oor en rooster nog ongeveer 30 sekondes lank of tot die amandelvlokkies net begin verkleur. Sit dadelik voor.

Lewer 6 porsies.

Karamelnektariens

5 nektariens, ontpit en gehalveer
30 g botter
45 ml (3 e) bruinsuiker
30 ml (2 e) suurlemoensap

Deesdae vind 'n mens gereeld in nuwer-wetse kookboeke vrugte wat in 'n bietjie suiker in 'n pan gekaramelliseer en saam met 'n skeppie mascarpone-kaas voorgesit word.

Braai die nektariens ongeveer 2-3 minute in die verhitte botter in 'n pan. Sprinkel die bruinsuiker oor en braai tot gekaramelliseer. Voeg die suurlemoensap by en laat prut tot die sous stroperig is. Sit voor saam met roomys of mascarponekaas.

Lewer 4 porsies.

Koejawelkrummel

10 mooi stewige koejawels, geskil en
  gehalveer
15 ml (1 e) gerasperde suurlemoenskil
125 ml ($\frac{1}{2}$ k) suiker of die helfte
  bruinsuiker
30 ml (2 e) water
15 ml (1 e) suurlemoensap

Krummelmengsel:
125 ml ($\frac{1}{2}$ k) hawermout
80 ml ($\frac{1}{3}$ k) pekan- of okkerneute,
  fyngekap
3 ml (ruim $\frac{1}{2}$ t) fyn kaneel
30 ml (2 e) botter, gesmelt

'n Geurige nagereg wat met vars koejawels berei word.

Voorverhit die oond tot 180 °C. Smeer 'n oondvaste bak met botter of margarien of spuit met kleefwerende kossproei.
    Haal die pitte van die koejawels uit indien verkies en rangskik dit in die voorbereide bak. Sprinkel die suurlemoenskil en suiker oor. Meng die water en suurlemoensap en giet oor die koejawels.

Krummelmengsel:
Meng al die bestanddele vir die mengsel en sprinkel die krummels oor die koejawels.
    Bak ongeveer 40 minute lank in die voorverhitte oond of tot die koejawels sag en die krummelmengsel goudbruin is.
    Sit voor saam met dun room of natuurlike jogurt.

Lewer 6 porsies.

Perskepoeding

500 ml (2 k) koekmeelblom
2 ml (¹/₄ k) bakpoeier
knippie sout
250 ml (1 k) suiker
110 g botter
12 perskehalwes, vars of ingemaak
5 ml (1 t) fyn kaneel
250 ml (1 k) suurroom
2 eiergele

Madeleine van Biljon skryf: "My man het nooit sy mond aan poeding gesit nie, met die uitsondering van hierdie perskepoeding, 'n gesinsgunsteling."

Voorverhit die oond tot 180 °C. Smeer 'n vlak, oondvaste bak met botter of margarien of spuit met kleefwerende kossproei.
Sif die meel, bakpoeier, sout en 25 ml (5 t) suiker saam. Vryf die botter in die mengsel in tot dit soos broodkrummels lyk. Pak die krummels in 'n laag op die boom en langs die kante van die bak. Rangskik die perskes mooi daarop en gooi die res van die suiker, gemeng met kaneel, oor. Bak 15 minute lank in die voorverhitte oond en giet dan die suurroom gemeng met die 2 eiergele oor. Bak nog 30 minute lank.
Sit warm of lou voor saam met dun vla indien verkies.

Lewer 6 porsies.

Gebakte appels in vlasous

Stroop:
50 ml vlapoeier
500 ml (2 k) water
200 ml witsuiker
knippie sout
3 heel kruienaeltjies
3 pypkaneelstokke

Appels:
6 kookappels
¹/₂ pakkie (125 g) dadels
50 ml sultanas of korente
fyn kaneel en gemmer
6 klontjies botter

Dié lekker resep kom uit die hartjie van die Langkloof – daar waar appels sommer baie volop is. Die sous waarin die appels gebak word, verander dit in 'n heerlike nagereg, blink en goudbruin. Die resep kom uit Wenresepte 1 *van Annette Human.*

Voorverhit die oond tot 180 °C. Smeer 'n oondvaste skottel van 15 x 25 x 5 cm met botter of margarien of spuit met kleefwerende kossproei.

Stroop:
Los die vlapoeier in 50 ml van die water op. Voeg die mengsel by die res van die water saam met die suiker, sout, naeltjies en pypkaneel. Verhit oor matige hitte tot kookpunt, roer gereeld en kook enkele minute.

Appels:
Verwyder intussen die appelstronke en skil die appels. Plaas hulle in die voorbereide skottel en stop die gaatjies met die dadels en sultanas. Giet die warm vlasous bo-oor. Strooi kaneel en gemmer oor die appels en sous. Plaas 'n klontjie botter op elke appel. Bak 1 uur lank in die voorverhitte oond.
Sit voor saam met geklitste room of roomys.

Lewer 6 porsies.

Langkloof-appelwiele

Stroop:
625 ml (2¹/₂ k) water
500 ml (2 k) witsuiker
1 suurlemoen se fyngerasperde skil
  en sap

Skondeegkors:
500 ml (2 k) koekmeelblom
25 ml (5 t) witsuiker
15 ml (1 e) bakpoeier
1 ml (¹/₄ t) sout
90 g botter of margarien
1 groot eier
100 ml water

Vulsel:
4 Granny Smith-appels
klontjies botter of margarien
kaneelsuiker na smaak

Byna nes outydse roly-poly, maar pleks van die appelkooskonfyt wat oor die deeg gesmeer word, kry dit 'n heerlike appelvulsel. Die resep kom uit Wenresepte 3 *van Annette Human.*

Voorverhit die oond tot 180 °C.

Sous:
Kook die water, suiker en suurlemoenskil 5 minute lank. Voeg die sap by. Hou die sous warm.

Kors:
Sif die droë bestanddele saam en vryf die botter met die vingerpunte in die meelmengsel in tot dit soos krummels lyk. Klits die eier en water saam en sny met 'n slaplemmes by die krummels in om 'n sagte, hanteerbare deeg te vorm – sny nog meel in as die deeg te slap is, of nog water as dit te styf is. Rol dit ongeveer 1 cm dik in 'n reghoek op 'n meelbestrooide werkoppervlak uit.

Vulsel:
Skil en rasper die appels grof oor die deeg. Rol die deeg soos 'n rolkoek op met die appels tussenin. Sny die rol met 'n skerp mes in skywe. Giet die stroop in 'n groot, oond-vaste bak. Plaas die snye op hul snykant styf teen mekaar in die stroop. Stip met klontjies smeer en strooi kaneelsuiker oor. Bak die poeding 40-50 minute lank in die voorverhitte oond tot mooi goudbruin.
    Sit voor saam met vlasous of room.

Lewer 10-12 porsies.

SOUSE
Brandewynroomsous

250 ml (1 k) room
5 ml (1 t) brandewyn
12,5 ml (2¹/₂ t) versiersuiker

Hierdie lekker ryk sous kan saam met enige Kerspoeding voorgesit word.

Plaas al die bestanddele in 'n mengbak en klits tot die room verdik. Sit saam met die Kerspoeding voor.

Lewer 280 ml.

Maklike karamelsous

500 ml (2 k) room
60 ml ($^1/_4$ k) gouestroop
125 ml ($^1/_2$ k) strooisuiker
10 ml (2 t) mielieblom

Hierdie karamelsous is die maklikste en lekkerste wat daar is, veral as jy nie baie tyd het om te staan en roer tot al die karamel onder in die kastrol gesmelt het nie. Die sous kan vooraf berei, in die yskas gebêre en dan net herverhit word voor gebruik. Dit vries ook goed.

Verhit die room, stroop en suiker oor lae hitte en roer tot die strooisuiker opgelos is. Laat 15 minute lank stadig prut of tot die sous karamelkleurig is. Roer af en toe, want die sous is geneig om maklik oor te kook. Maak die mielieblom met 'n bietjie koue water aan tot 'n gladde pasta en verdik die sous hiermee. Laat prut tot sous gaar is en effens verdik.

Lewer 500 ml (2 k) sous.

Mikrogolf-karamelsous

2 pakkies (69 g elk) roomkaramellekkers
125 ml ($^1/_2$ k) melk
5 ml (1 t) vanieljegeursel

Hierdie maklike karamelsous wat sommer met lekkers gemaak word, smaak heerlik saam met enige karringmelkpoeding.

Plaas al die bestanddele vir die sous in 'n mikrogolfvaste bak. Mikrogolf 2 minute lank op 100 persent krag. Roer goed.

Lewer 250 ml sous.

Boksie-vla

150 ml vlapoeier
koue water
1 L (4 k) kookwater
1 blik (397 g) kondensmelk
5 m (1 t) vanieljegeursel

Maak dié vla sommer op die kombuistafel aan. En dit smaak kompleet nes klaargaar vla wat jy in 'n boksie koop.

Maak die vlapoeier met 'n bietjie koue water aan tot 'n gladde pasta. Giet die kookwater oor en meng goed. Voeg die kondensmelk by en meng tot die vla verdik. Voeg die vanieljegeursel by en meng.

Lewer ± 1,25 L (5 k) vla.

Suurlemoensous

30 ml (2 e) mielieblom
125 ml ($^1/_2$ k) suiker
15 ml (1 e) gerasperde suurlemoenskil
125 ml ($^1/_2$ k) koue water
625 ml (2$^1/_2$ k) kookwater
30 ml (2 e) suurlemoensap
30 ml (2 e) botter
knippie sout

Sit voor die sous op saam met gebakte vla, selfs karringmelkpoeding of broodpoeding.

Meng die mielieblom, suiker en suurlemoenskil met die koue water. Roer die kookwater stadig in en verhit tot kookpunt terwyl geroer word. Verwyder van die hitte en voeg die suurlemoensap, botter en sout by.

Lewer 750 ml (3 k).

Koue poedings

*Roomys, "trifle", mousse of sommer net vrugteslaai of kitspoeding, selfs in warm
weer soek ons na ietsie soets na ete.*

Kitsroomys

1 blik (410 g) ingedampte melk, oornag
verkoel
1 blik (375 g) kondensmelk
2 ml (¹/₂ t) gerasperde suurlemoenskil
(opsioneel)
5 ml (1 t) suurlemoensap (opsioneel)

*Die vinnigste manier denkbaar om self roomys te maak.
Hou net altyd 'n blikkie ingedampte melk in die yskas.*

Giet die ingedampte melk in 'n mengbak en klits deeglik.
Voeg die kondensmelk, suurlemoenskil en -sap by en klits
goed. Giet in 'n plastiekbak. Plaas in die vrieskas en vries
tot hard. Klits 'n paar keer met 'n vurk tydens die vriesproses
om die yskristalle op te breek.

Lewer 1,5 L (6 k) roomys.

Malvalekkerroomys met pepermentsjokolade

100 g malvalekkers, fyngekap
150 ml melk
150 ml room, verkoel
50 g pepermentsjokolade, fyngekap

Lekker!

Voeg die malvalekkers by die melk in 'n kastrol en verhit tot
die lekkers gesmelt het. Laat heeltemal afkoel. Klits die
room styf en roer by die afgekoelde mengsel in. Voeg die
pepermentsjokolade by en meng goed. Giet in 'n vrieshouer
en vries. Roer 1 maal tydens die vriesproses om die
yskristalle op te breek.

Lewer ± 500 ml (2 k) roomys.

Bevrore jogurt

400 g bevrore bessies
250 ml (1 k) natuurlike jogurt
5 ml (1 t) vanieljegeursel
15 ml (1 e) heuning

'n Heerlike gesonde alternatief vir roomys.

Plaas die bessies, jogurt, vanieljegeursel en heuning in 'n
voedselverwerker en verwerk tot glad. Vries weer indien
verkies, andersins dien in glasies of bakkies op.

Lewer 625 ml bevrore jogurt.

*Wenk: Skil en sny die vrugte in wiggies en rangskik op 'n bakplaat. Vries tot hard. Verwerk saam met net
genoeg ongegeurde jogurt en 'n skeppie heuning tot 'n lekker dik mengsel.*

Bevrore jogurt

Papaja-en-grenadellasorbet

$^1/_2$ mediumgroot papaja
125 ml ($^1/_2$ k) droë witwyn
1 blikkie (100 g) grenadellamoes
375 ml ($1^1/_2$ k) water
125 ml ($^1/_2$ k) witsuiker
30 ml (2 e) suurlemoensap
1 eierwit

'n Koel, tintelende nagereg wat 'n groot ete volmaak afrond, skryf Annette Human in Wenresepte 1.

Skil die papaja, skep die pitte uit, sny die papajavleis in stukke, plaas in 'n voedselverwerker, voeg die wyn by en verwerk tot glad. (Die papajastukke kan ook deur 'n sif fyngedruk en wyn bygeklits word.) Voeg die grenadellamoes by en meng. Gooi die water en suiker in 'n kastrol, verhit en roer tot die suiker gesmelt het. Kook 10-15 minute lank sonder deksel tot stroop tot 200 ml verminder het.
    Meng die papajamengsel, suikerstroop en suurlemoensap. Gooi in 'n vrieshouer en vries tot byna hard. Haal uit die vrieskas en breek die mengsel grof met 'n vurk op in groot kristalle. Klits die eierwit tot sagte punte vorm, voeg by die ysmengsel en meng goed. Plaas terug in die vrieskas en laat vries tot dit styf is.

Lewer 4 porsies.

Miljoenêreroomys

2 L vanieljeroomys, effens saggemaak
1 botteltjie (150 g) maraschinokersies, gehalveer (opsioneel)
1 pakkie (100 g) neute (bv. pekanneute, amandels of selfs grondbone), gekap
1 pak (100 g) pepermentsjokolade of sjokoladestafie (bv. Flake of Tex), gekap
1 pak (125 g) vinger- of Tennis-beskuitjies (200 g), fyner gebreek en in sjerrie of brandewyn gedoop indien verkies

Winkelroomys ontpop in 'n gourmetroomys deur net kersies, neute en sjokolade by te voeg.

Meng al die bestanddele en skep in 'n ringvorm of ronde glasbak. Vries tot hard en ontvorm net voor opdiening op 'n mooi dienbord.

Lewer 8 porsies.

Gebakte Alaska

1 ronde 23 cm-sponskoek
25 ml (5 t) sjerrie
1 blok (1 L) roomys, enige geur van jou keuse
180 g vars of ingemaakte vrugte (bv. aarbeie, kiwivrug, pynappelstukke, perskeskywe of appelkooshalwes)

Gebakte Alaska is seker die een poeding waarvoor niemand nee kan sê nie – en al lyk dit of so 'n flambojante poeding net uit 'n voorste sjef se kombuis kan kom, kan jy dit self in `n japtrap maak.

Voorverhit die oond tot 220 °C.
    Sny die sponskoek in 'n reghoek van 23 x 13 cm. Plaas op 'n oondvaste opdienbord. Sprinkel die sjerrie oor. Plaas die blok roomys op die sponskoek en sny die kante gelyk. Sny die vrugte in netjiese stukke en rangskik op die roomys. Plaas terug in vrieskas tot meringue gereed is.

Meringue:
6 eierwitte
3 ml (ruim ¹/₂ t) kremetart
150 ml (³/₅ k) strooisuiker
1 ml (¹/₄ t) vanieljegeursel
knippie sout

Meringue:
Klits die eierwitte en kremetart tot dit sagte punte vorm. Voeg die strooisuiker geleidelik by terwyl gedurig geklits word. Klits die vanieljegeursel en sout by. Skep in 'n spuitsak en spuit die meringue oor die hele roomys en die sponskoek. Sorg dat die roomys deeglik bedek is met geen openinge tussenin nie, anders sal die roomys smelt.
   Plaas in die oond en bak 3-4 minute lank tot die meringuepuntjies goudbruin is.
   Verwyder uit die oond en sit dadelik voor.

Lewer 6 porsies.

Cassata

2 L vanieljeroomys
2 L sjokoladeroomys

Vulsel:
375 ml (1¹/₂ k) witsuiker
125 ml (¹/₂ k) water
3 eierwitte
125 ml (¹/₂ k) glanskersies, in kwarte
  gesny
50 ml gemengde sitrusskil
250 ml (1 k) gemengde vrugte in stroop
  (bv. groenvye, gemmerstukke, glans-
  pynappel), gekap
125 ml (¹/₂ k) fyn amandels
1 pak (100 g) okkerneute, gekap
¹/₂ pakkie (50 g) pekanneute, grofgekap
60 ml (¹/₄ k) kersie- of enige vrugtelikeur
125 ml (¹/₂ k) room, styfgeklits

Smeer 2 losboomkoekpanne van 22 cm met botter of margarien of spuit met kleefwerende kossproei.
   Laat die helfte van die vanieljeroomys effens sag word en skep 'n laag onder in elke koekpan. Maak bo-op gelyk en vries tot hard. Herhaal met die helfte van die sjokolade-roomys. Vries weer tot hard.

Cassata-vulsel:
Verhit intussen die suiker en water stadig in 'n swaar-boomkastrol en roer tot al die suiker opgelos is. Verf die suikerkristalle van die kante af met 'n nat kwasie en laat ongeveer 10 minute lank stadig prut tot sagtebalstadium. (Drup van die suikerstroop in 'n bakkie met koue water. Indien die suikerstroop 'n sagte balletjie vorm wat plat loop as dit uitgehaal word, is dit reg.)
   Klits die eierwitte tot dit sagte punte vorm en giet dan die kokende stroop in 'n dun straaltjie by terwyl aanhou-dend geklits word tot die mengsel effens koeler is en verdik.
   Meng al die vrugte, amandels en neute en vou saam met die likeur by die eiermengsel in. Vou ook die room in en verdeel die mengsel gelykop tussen die 2 voorbereide panne. Vries tot hard, verkieslik oornag.
   Laat die res van die vanieljeroomys sag word en verdeel dit tussen die panne. Smeer gelyk. Vries tot hard en verdeel die res van die sjokoladeroomys tussen die panne. Smeer gelyk. Vries tot hard. Doop net voor opdiening 'n paar sekondes in louwarm water en maak die panne oop. Laat op 'n dienbord uitgly en sit saam met die lemoenrumsous voor.

Lewer 8-10 porsies.

Lemoenrumsous:
50 g botter
75 ml (5 e) heuning
10 ml (2 t) suurlemoensap
1 lemoen se gerasperde skil
375 ml (1¹/₂ k) lemoensap
12 ml (2¹/₂ k) rumgeursel
knippie sout
± 10 ml (2 t) mielieblom

Lemoenrumsous
Plaas al die bestanddele behalwe die mielieblom in 'n medium groot kastrol en verhit tot die botter gesmelt is. Laat opkook en laat 5 minute lank stadig prut. Los die mielie-blom in 'n klein bietjie koue water op en roer by die sous in. Laat die sous prut tot dit dik en gaar is. Laat afkoel.

Kersfees-cassata

80 ml ($^1/_3$ k)) rosyne
80 ml ($^1/_3$ k) sultanas
60 ml ($^1/_4$ k) korente
60 ml (4 e) sjerrie
150 ml melk
150 g malvalekkers
5 ml (1 t) kitskoffiepoeier
5 ml (1 t) kakaopoeier
50 g maraschinokersies, fyngekap
50 g ($^1/_2$ pak) okkerneute, fyngekap
250 ml (1 k) room, verkoel

Tradisionele Kersfeespoeding aard nie juis in ons klimaat nie. Hierdie roomys propvol Kersfeesvrugte is 'n heerlike alternatief.

Spuit 'n broodpan van 21 x 11 x 7 cm met kleefwerende middel en voer met waspapier uit.
    Meng die rosyne, sultanas en korente met die sjerrie en verhit tot die vrugte sag en uitgepof is. Laat heeltemal afkoel. Verhit die melk, malvalekkers, koffiepoeier en kakao-poeier saam oor lae hitte tot die malvalekkers gesmelt is. Roer goed en verwyder van die hitte. Laat afkoel. Meng met die vrugtemengsel en voeg ook die kersies en okkerneute by. Verkoel tot dit net wil begin stol. Klits die room styf en vou by die malvalekkermengsel in. Giet in die voorbereide broodpan en vries tot benodig. Ontvorm op 'n dienbord en sny in skywe.

Lewer ± 15 skywe.

SOUSE VIR ROOMYS

'n Paar vinnige souse wat gewone roomys omtower in 'n ware eetsensasie!

Margaret se sjokoladesous

100 ml gouestroop
150 ml kakaopoeier
1 blik (397 g) kondensmelk
5 ml (1 t) vanieljegeursel

Die resep vir hierdie vinnige sjokoladesous het in Wenresepte 4 verskyn.

Verhit die gouestroop effens en voeg die kakaopoeier by. Meng goed en voeg die kondensmelk en vanieljegeursel by. Meng deur.

Lewer ± 400 ml sous.

Wenk: Gekapte neute en kersies kan bygevoeg word.

Bar-One-sous

3 stafies (58 g elk) Bar-Ones, in stukkies gesny
1 blik (397 g) kondensmelk
250 ml (1 k) room
2 ml ($^1/_2$ t) vanieljegeursel

Verhit die Bar-Ones saam met die kondensmelk in 'n kastrol en roer gedurig tot sjokolade gesmelt het. Verwyder van die stoof en roer die room en ook die geursel in. Sit warm voor.

Lewer ± 500 ml (2 k) sous.

Malvalekkersous

250 ml (1 k) suiker
125 ml ('/₂ k) kookwater
knippie sout
15 groot malvalekkers, fyngekap
2 ml ('/₄ t) vanieljegeursel
2 eierwitte
60 ml (4 e) okkerneute, fyngekap

My ma dien hierdie sous graag op saam met haar eie
tuisgemaakte roomys.

Plaas die suiker, kookwater en sout in 'n kastrol en verhit.
Roer tot die suiker opgelos is. Bring tot kookpunt en laat
5 minute lank oor matige hitte kook. Voeg die malvalekkers
by en roer tot die lekkers gesmelt is. Voeg die vanieljegeursel
by en roer goed deur. Klits die eierwitte styf en roer die
warm stroop stadig in. Klits tot goed gemeng. Vou die
gekapte okkerneute in.
Sit voor saam met tuisgemaakte of gekoopte roomys.

Lewer sowat 500 ml.

Wenk: Om te voorkom dat die sous verdik soos dit afkoel, kan jy dit oor 'n houer met kookwater plaas.

"Trifle"

1 groot wit sponskoek, in skyfies gesny
45 ml (3 e) soet sjerrie
1 pakkie (80 g) geel jellie, aangemaak
  en effens afgekoel, maar nie gestol nie
'/₂ pakkie (50 g) gekapte okkerneute
3 heel groenvye, in stukkies gesny
'/₂ houer (50 g) maraschinokersies,
  gehalveer
500 ml (2 k) dikkerige vla
1 pakkie (80 g) rooi jellie, aangemaak en
  effens afgekoel, maar nie gestol nie
125 ml ('/₂ k) room, geklits
strooisuiker om te versoet

"Trifle", oftewel koekstruif, het ons by die Britte geleer en
naas roomys met sjokoladesous is dit sekerlik die gewildste
nagereg in baie huise, veral in die feestyd. Die lekkerte
daarvan is dat 'n mens dit eenvoudig met net koek en vla
kan maak, of dit 'n bietjie opkikker met glansvrugte, spesi-
fiek groenvye en, vir my, maraschinokersies. Hoekom ons
dit koekstruif moet noem, weet ek nie, maar hierdie resep
is soos ons in die toetskombuis van "trifle" hou: Die
koeklae word in jellie gestol en dit kry lekker baie groen-
vye en glanskersies. Sommer vinnig om te maak ook.

Pak 'n laag sponskoek onder in 'n poedingbak (verkieslik
van glas) en besprinkel met sjerrie. Giet van die geel jellie
oor die koek sodat dit intrek. Bestrooi mildelik met
okkerneute, vye en kersies en bedek met 'n laag vla. Pak
nog 'n laag koek en herhaal met sjerrie, hierdie keer rooi
jellie, neute, vye, kersies en vla. Herhaal die lae tot die
bestanddele opgebruik is.
Versoet die room effens met strooisuiker en skep op die
poeding. Verkoel tot die jellielae gestol is.

Lewer 6-8 porsies.

Swartwoud-trifle

1 blik (397 g) kondensmelk
125 ml ($^1/_2$ k) suurlemoensap
2 houers (250 g elk) gladde maaskaas
1 (350 g) sjokoladerolkoek of enige
　oorskiet-sjokoladekoek
100 ml kersie- of Van der Hum-likeur
1 houer (150 g) maraschinokersies
$^1/_2$ pakkie (50 g) amandelvlokkies
1 sjokoldevlokstafie (Flake)

Dis lekker om te sien Wenresepte *word regtig gebruik. Die resep vir hierdie poeding het in* Wenresepte 4 *verskyn. Toe ek nou onlangs op besoek aan die Kalahari was, was dit daar op die poedingspyskaart.*

Klits die kondensmelk en die suurlemoensap saam tot dik. Voeg die maaskaas by en meng tot glad.

Plaas 'n laag sjokoladekoek onder in 'n glasbak en giet 'n derde van die likeur oor. Plaas van die kersies bo-op en sprinkel van die amandelvlokkies oor. Skep 'n derde van die maaskaasmengsel oor en sprinkel 'n bietjie van die sjokoladevlokkies oor. Herhaal die lae tot al die bestanddele opgebruik is. Eindig met die maaskaaslaag.

Versier dit met sjokoladevlokkies en kersies. Plaas in die yskas tot benodig.

Lewer 8 porsies.

Variasie: Pleks van die kondensmelk en suurlemoensap kan 'n plak (100 g) sjokolade saam met 150 ml melk gesmelt en by die maaskaas ingeroer word.

Tiramisu

1 pakkie (125 g) vingerbeskuitjies
180 ml ($^3/_4$ k) sterk swart koffie, afgekoel
3 eiergele
100 ml strooisuiker
50 ml brandewyn of rum
2 houers (250 g elk) gladde maaskaas,
　geroomde maaskaas of roomkaas
1 plak (100 g) donkersjokolade of
　kakaopoeier

Tiramisu is heerlik om na ete te geniet en eintlik is dit so maklik en vinnig om te maak. Tradisioneel word hierdie Italiaanse kaaskoek eintlik van mascarponekaas berei wat dit baie ryk maak. Maaskaas sorg vir 'n ligter variasie. Jy kan ook geroomde maaskaas of roomkaas gebruik.

Pak die vingerbeskuitjies op die boom van 'n bak van 24 x 24 cm. Giet die koffie oor.

Klits die eiergele en strooisuiker saam tot lig en dik. Voeg die brandewyn by en meng. Meng die maaskaas met die eiermengsel en skep oor die beskuitjies.

Rasper die donkersjokolade oor of sif 'n dik lagie kakaopoeier oor. Verkoel verkieslik oornag.

Lewer 1 mediumgroot tert.

Wenk: Die beskuitjies en kaasmengsel kan ook in lae gepak word.

Swartwoud-trifle

Romerige sjokolademousse

1¹/₂ plak (150 g) donkersjokolade, in blokkies gebreek
50 ml (¹/₅ k) sterk swart koffie
50 ml botter
3 eiers, geskei
250 ml (1 k) room, verkoel
geklitste room vir versiering

Sjokolademousse het deur die jare gewild gebly. Gemaak van sjokolade en room, is dit een salige, romerige lekkerte.

Smelt die sjokolade en koffie in 'n glasbak oor kookwater of in die mikrogolfoond. Roer gereeld. Voeg die botter by en meng tot die botter gesmelt is en die mengsel effens afgekoel het. Klits die eiergele en meng met 'n kwart van die sjokolademengsel. Voeg die res van die sjokolade-mengsel by en meng deur. Klits die room styf en vou in. Klits die eierwitte tot dit sagte punte vorm en vou by die sjokolademengsel in. Giet die mengsel in klein koppies of glasbakkies en verkoel oornag. Versier met 'n roomroset en vars blommetjies indien verkies.

Lewer 6-8 porsies.

Laevet-sjokolademousse

60 ml (¹/₄ k) vlapoeier
60 ml (¹/₄ k) kakaopoeier
180 ml (³/₄ k) strooisuiker
500 ml (2 k) afgeroomde melk
20 ml (4 t) gelatien
30 ml (2 e) koue water
1 blik (410 g) laevet- ingedampte melk, verkoel

Sif die vlapoeier, kakaopoeier en strooisuiker saam in 'n swaarboomkastrol. Voeg die melk by en verhit tot kookpunt. Roer aanhoudend tot die mengsel verdik. Laat prut tot gaar.
    Verwyder van die hitte. Sprinkel die gelatien oor die koue water en laat staan om te spons. Roer dan by die warm kakaomengsel in en laat afkoel tot kamertempera-tuur. Klits die yskoue ingedampte melk styf en vou die kakaomengsel in. Verkoel tot stewig. Skep in klein bakkies.

Lewer 6 porsies.

Sitrusmousse

Mousse:
3 ekstragroot eiers, geskei
250 ml (1 k) strooisuiker
375 ml (1¹/₂ k) vars lemoensap
100 ml vars suurlemoensap
5 ml (1 t) gerasperde lemoenskil
15 ml (1 e) gelatien
250 ml (1 k) room, styfgeklits

Sous:
1 blik (115 g) grenadellamoes
250 ml (1 k) vars lemoensap
12,5 ml (2¹/₂ t) vars suurlemoensap
25 ml (5 t) vlapoeier

Mousse:
Klits die eiergele en strooisuiker saam tot lig en romerig. Voeg die lemoen- en suurlemoensap by en meng goed. Voeg die skil by. Strooi die gelatien oor 50 ml koue water. Laat staan om te spons. Verhit stadig tot die gelatien opge-los is. Voeg by die eiergeelmengsel en meng goed. Plaas in die yskas tot dit net begin stol. (Dit moet soos eierwit lyk.)
    Klits die eierwitte styf en vou by die mengsel in. Vou die styfgeklitste room ook in. Giet in klein bakkies.

Sous:
Meng al die sousbestanddele behalwe die vlapoeier in 'n kas-trol. Verhit oor lae hitte. Maak die vlapoeier aan met 'n bietjie koue water en voeg by. Roer tot die sous kook en verdik.
    Dien louwarm op saam met die mousse.

Lewer 6 porsies.

Romerige sjokolademousse

Rooiwynpere

6 klein, stewige pere, geskil, maar stele
  behou
500 ml (2 k) rooiwyn
250 ml (1 k) witsuiker
10 cm lang reep suurlemoenskil
1 heel stuk pypkaneel
3 heel naeltjies
5 ml (1 t) mielieblom

Jogurtroom:
250 ml (1 k) room, verkoel
15 ml (1 e) versiersuiker
5 ml (1 t) vanieljegeursel
250 ml (1 k) natuurlike jogurt
vars kruisementblare vir versiering

Pere in rooi wyn gestowe is 'n ou-ou nagereg wat gewild bly. Saam met 'n jogurtroom is dit heerlik.

Verwyder die kerne van die pere met 'n skerp messie of groenteskiller. Verhit die wyn, suiker, skil, kaneel en naeltjies saam en roer tot die suiker opgelos is. Laat opkook en plaas die pere in die kokende stroop. Verlaag die hitte effens en laat 30-45 minute lank prut tot sag en gaar.

    Skep die pere en heel geurmiddels met 'n gaatjieslepel uit die stroop en hou die pere eenkant. Meng die mielieblom met 'n bietjie water en roer by die stroop in. Kook tot gaar en glansend en giet oor die pere. Laat afkoel.

Jogurtroom:
Klits net voor opdiening die room styf en vou die versiersuiker en vanieljegeursel in.

    Roer die jogurt in en skep 'n lepel van die mengsel in elke opdienbakkie of glas. Plaas die peer bo-op en skep van die stroop oor. (Maak dit 'n klein bietjie warm as dit te dik is.) Versier met vars kruisementblare en sit voor.

Lewer 6 porsies.

Witwynpere

60 ml (¼ k) heuning
30 ml (2 e) bruinsuiker
2 kaneelstokkies
350 ml halfsoet witwyn
15 ml (1 e) gerasperde vars lemoenskil
4 pere, geskil maar met stele aan

By die Elephant House *naby die Addo Olifant Nasionale Park in die Oos-Kaap word pere weer in witwyn gestowe om dit spesiaal te maak.*

Plaas al die bestanddele behalwe die pere in 'n kastrol en sit die deksel op. Verhit stadig oor lae hitte tot al die suiker opgelos is. Verhit tot kookpunt en voeg die pere by. Laat 30-35 minute liggies prut tot die pere sag genoeg is om met 'n lepel "gesny" te word. Laat die pere in die vloeistof afkoel.

    Sit voor saam met room indien verkies.

Lewer 3-4 porsies.

Rooiwynpere

Pavlova

Meringue:

3 ekstragroot eierwitte by kamer-
  temperatuur

knippie sout

225 ml strooisuiker

5 ml (1 t) wit asyn

12,5 ml (2½ t) mielieblom

250 ml (1 k) gekapte haselneute
  (opsioneel)

Vulsel:

250 ml (1 k) dik room

1 houer (175 ml) dik Bulgaarse jogurt

45 ml (3 e) strooisuiker (opsioneel)

5 ml (1 t) vanieljegeursel

Bolaag:

hand vol groen druiwe, gewas

hand vol rooi druiwe, gewas

2 perskes, in skyfies gesny en in
  suurlemoensap gedoop

1 ryp peer, in skyfies gesny en in
  suurlemoensap gedoop

1 piesang, in skyfies gesny en in
  suurlemoensap gedoop

hand vol appelliefies, gewas

Pavlova met sy gebakte meringuedop en vrugtevulsel was veral in die sewentigerjare baie gewild en menige spoggerige ete is met gevulde meringuedoppies afgesluit. Eintlik is dit 'n baie lekker ligte nagereg, veral as 'n mens die room ligter maak deur dit met natuurlike jogurt te meng. Vandag is daar so 'n groot verskeidenheid vrugte verkrygbaar dat jy na hartelus kan rondspeel om dit mooi te laat kyk.

Voorverhit die oond tot 140 °C. Voer 'n groterige bakplaat uit met bakpapier en sif mielieblom oor.

Meringue:
Klits die eierwitte en sout tot skuimerig. Voeg die strooi-suiker geleidelik by terwyl aanhoudend geklits word tot die mengsel styf en glansend is en sy vorm behou. Vou die asyn, mielieblom en haselneute met 'n metaallepel in en skep op die voorbereide bakplaat. Vorm dit in 'n rowwe sirkel met 'n slaplemmes en maak 'n effense holte in die middel. Bak 1 uur lank in die voorverhitte oond, skakel die oond af en laat die meringue heeltemal in die oond afkoel. Moenie die oond gedurende die bak- of afkoeltyd oop-maak nie. Verwyder die afgekoelde meringue uit die oond en bêre in 'n digte houer tot benodig. Verwyder dan die meringue versigtig van die bakplaat en plaas op 'n opdien-bord.

Vulsel:
Klits die room styf, vou die jogurt, strooisuiker en vanielje-geursel in en skep in die meringuedop.

Bolaag:
Rangskik die vrugte bo-op die roommengsel en sit voor.

Lewer 8 porsies.

Kits-Kerspoeding

3 pakkies (90 g elk) kitspoeding:
  sjokolade-, botterkaramel- en
  karamelgeur
1,2 L (5 k) koue melk
1 pakkie (100 g) pekanneute, gekap
1 pak (200 g) Tennis- of Nuttycrust-
  beskuitjies, fyngemaak
1 pakkie (250 g) rooi glanskersies,
  gehalveer

Met pakkies kitspoeding is daar oor die jare ook al
verskeie lekker poedings saamgeflans, soos ook hierdie
vinnige Kerspoeding.

Gebruik 'n diep, ronde glasbak vir die poeding.
  Berei elke kitspoeding afsonderlik volgens die aan-
wysings op die pakkies met elk 400 ml melk. Meng die
neute, beskuitjiekrummels en kersies. Giet die sjokolade-
poeding onder in die glasbak. Laat 'n paar minute staan
om te verstewig. Strooi 'n derde van die neutemengsel oor.
Vervolg met die botterkaramelpoeding en nog 'n strooisel
van die neutemengsel. Skep laastens die karamelpoeding
oor en strooi die orige neutemengsel oor. Verkoel tot net
voor opdiening.

Lewer 6-8 porsies.

Vanielje-sjokoladepoeding

1 blik (397 g) kondensmelk
250 ml (1 k) room, geklits
1 pakkie (90 g) vanieljekitspoeding
1 pakkie (90) g sjokoladekitspoeding
1 pakkie (125 g) vingerbeskuitjies
1 blik (410 g) youngbessies
10-15 ml (2-3 t) mielieblom

Wanneer jy ver van 'n dorp is, moet koskasbestanddele
help om poeding te maak. Op Noachabeb, 'n wildplaas in
die suide van Namibië, is hierdie poeding gereeld na ete
op tafel.

Verdeel die kondensmelk en geklitste room tussen 2 meng-
bakke. Voeg by elkeen 'n kondensmelkblik vol water. Voeg
'n pakkie kitspoeding by elkeen en klits tot goed gemeng.
  Pak 'n laag beskuitjies in 'n klein, langwerpige bak.
Skep die sjokolademengsel bo-op. Pak nog 'n laag
beskuitjies en skep die vanieljemengsel oor. Plaas in die
yskas tot stewig. Dreineer die youngbessies, maar behou
die stroop. Verdik die stroop met die mielieblom. Voeg die
youngbessies by en meng deur.
  Sny die poeding in blokke en sit voor saam met die sous.

Lewer 4-6 porsies.

Soet terte

Melktert, appeltert, vrugtetert of brandewyntert – aan hierdie hemelse soetigheid sal ons nooit genoeg kry nie.

Basiese brosdeeg

375 ml (1½ k) koekmeelblom
2 ml (½ t) sout
125 g koue botter, in blokkies gesny
90-100 ml yswater

Die deeg word maklik-maklik in die voedselverwerker gemaak.

Plaas die meel en sout in 'n voedselverwerker en voeg die botterblokkies by. Gebruik die polsaksie en verwerk net lank genoeg tot die mengsel soos fyn broodkrummels lyk. Voeg net genoeg yswater by en verwerk tot die deeg begin bind. Keer op 'n meelbestrooide werkoppervlak en vorm liggies in 'n bal of lang rol. Bedek met kleefplastiek en verkoel minstens 1 uur lank. Verwyder uit die yskas, laat 'n tydjie by kamertemperatuur rus en rol dan versigtig uit. (Moenie die deeg rek of oor die kant van die deeg rol nie.)
   Voer 'n losboom-quichepan of tertbord uit met die deeg. Verkoel weer tot baie koud voor die kors gebak word (anders is die deeg geneig om in die bakproses te krimp). Sny die kant van die verkoelde deeg netjies met 'n mes en prik die boom met 'n vurk.

Kitswenk vir uitvoer van 'n pan: Sny die lang deegrol in skyfies, pak in die pan sodat hulle effens oormekaar lê en druk dan liggies teen die pan vas met jou vingerpunte.

Ryk brosdeeg: voeg 'n eiergeel by en verminder die water.
Soet brosdeeg: voeg 25-50 ml (5-10 t) versiersuiker by.

Lewer genoeg deeg om 'n 30 cm-quichepan uit te voer.

Frummeldeeg

250 ml (1 k) koekmeelblom
knippie sout
5 ml (1 t) bakpoeier
60-125 ml (¼-½ k) witsuiker
125 g koue botter
yskoue water of ekstra meel

Driekwart van hierdie deeg word gebruik om die tertbord mee uit die voer en die res word oor die vulsel gerasper. Gebruik dit oor vrugteterte.

Sif die droë bestanddele saam, voeg die suiker by en meng goed. Rasper die botter by en vryf met jou vingerpunte in tot die mengsel soos sagte broodkrummels lyk. Voeg 'n klein bietjie yskoue water (of ekstra meel) by indien nodig om 'n sagte deeg te vorm wat nie klewerig is nie. Meng liggies, vorm in 'n bal en verkoel ongeveer 15 minute lank. Gebruik twee derdes van die deeg, rol uit en voer 'n mediumgroot tertbord (23 cm) daarmee uit. Prik die kors. Verkoel weer saam met die orige deeg. Die orige deeg word gebruik om oor die vulsel te rasper.

Appelskyfietert (bl. 222)

Hoe om blind (leeg) te bak

Blind bak beteken dat 'n tertkors sonder 'n vulsel gebak word.

- **Met 'n tertpan:** *Gebruik 'n tertpan, ietwat kleiner as die een waarin die tertkors gedruk is, en bespuit goed met kleefwerende kossproei. Plaas dit binne-in die voorbereide tertkors en bak die tertkors dan ongeveer 10-15 minute tot gaar, maar nie bruin gebak nie. Verwyder uit die oond, laat effens afkoel en verwyder die boonste tertpan dan versigtig.*
- **Met bakpapier en bone:** *Bedek die deeg heeltemal met 'n vel bakpapier en laat dit ook oor die kant van die tertbord of quichepan uitsteek. Vul met droëbone of rou rys Bak ongeveer 10-15 minute lank by 200 °C, verwyder die bakpapier en bone en bak nog 5-10 minute lank tot die deeg net gaar is, maar nie bruin nie.*

Lekkerste appeltert

Kors:
1 x basiese brosdeeg, ryk en soet variasie (bl. 221)
3 ml (ruim ½ t) fyn kaneel
5 ml (1 t) gerasperde lemoenskil

Vulsel:
1 blik (810 g) tertappels
5 ml (1 t) gerasperde lemoenskil
2 eiers
125 ml (½ k) witsuiker
1 houer (250 g) roomkaas
30 ml (2 e) koekmeelblom
45 ml (3 e) rosyne
knippie sout

Die is 'n mengsel van appeltert en kaaskoek. Lekker!

Voorverhit die oond tot 180 °C. Spuit 'n losboomtertpan van 28 x 20 cm met kleefwerende middel.

Kors:
Berei die basiese brosdeeg, maar voeg ook kaneel en lemoenskil by. Voer die tertpan met die deeg uit. Bak blind (sien hierbo).

Vulsel:
Rangskik die tertappels op die kors en strooi die lemoenskil oor. Klits eiers en suiker saam tot lig en romerig. Voeg die roomkaas by en klits goed. Sif die meel oor en vou liggies in. Voeg die rosyne en sout by en meng deur. Giet oor die appels in die tertpan en bak 30 minute lank in die voorverhitte oond of tot vulsel effens verbruin bo-op. Verwyder uit die oond, laat effens afkoel en verwyder uit die losboompan. Laat heeltemal afkoel.

Lewer 10-12 porsies.

Appelskyfietert

Kors:
1 x basiese brosdeeg (bl. 221)

Die tert is eenvoudig heerlik. Die vars appels, lemoen en marsepein verskaf 'n ongewone kombinasie van soet en suur.

Voorverhit die oond tot 190 °C. Smeer 'n langwerpige tertbord met botter of margarien of spuit met kleefwerende kossproei.

Kors:
Rol die deeg 3 mm dik uit op 'n meelbestrooide oppervlak en voer die tertbord daarmee uit. Prik die boom met 'n vurk. Plaas in die yskas tot benodig.

Vulsel:
5 groot rooi appels (bv. Starking) of
    groen appels (bv. Golden Delicious)
suurlemoensap
50 ml strooisuiker
15 ml (1 e) mielieblom
1 lemoen se gerasperde skil
200 g marsepein
strooisuiker

Vulsel:
Verwyder die stronk van die appels en sny in dun skywe.
Giet 'n bietjie suurlemoensap oor sodat die appels nie
verkleur nie. Meng die strooisuiker, mielieblom en
lemoenskil goed saam en strooi oor die appels. Laat
10 minute lank staan. Rol die marsepein effe dunner uit
en plaas op die tertkors. Prik die bodem. Rangskik die
appelskyfies bo-op. Besprinkel met strooisuiker en bak
30 minute lank in die voorverhitte oond.
    Dien warm of koud op saam met room indien verkies.

Lewer 1 mediumgroot tert.

Perske-brostert

Kors:
1 x basiese brosdeeg (bl. 221)

Vulsel:
90 ml (6 e) witsuiker
15 ml (1 e) mielieblom
750 ml (3 k) vars perskeskyfies
3 ml (ruim ½ t) fyngerasperde lemoenskil
1 ml (¼ t) fyn kaneel
1 eiergeel
15 ml (1 e) water

*Die tert word nie in 'n tertbord gebak nie, maar die deeg
word om die vars perskesyfies toegevou en dan gebak om
'n lekker growwe vrugtetert te maak. Dis veral lekker saam
met jogurt.*

Voorverhit die oond tot 200 °C. Voer 'n bakplaat met
aluminiumfoelie uit en smeer goed met botter of margarien
of spuit met kleefwerende kossproei.

Kors:
Berei die deeg, rol in 'n sirkel uit en plaas op die bakplaat.
Verkoel tot benodig.

Vulsel:
Meng die witsuiker en mielieblom. Druk die perskeskyfies lig-
gies droog met handdoekpapier. Sprinkel die suiker-en-
mielieblom-mengsel oor die perskes en meng sodat al die
skyfies daarmee bedek is. Sprinkel lemoenskil en kaneel oor.
Skep die perskes op die deeg, maar behou 'n rand van
ongeveer 7 cm rondom. Sprinkel enige oorskietsuiker ook oor
die vrugte. Klits die eiergeel en water saam. Vou die
deegkante effens op oor die vrugte en verf met die eier-
mengsel. Bak 25-30 minute lank in die voorverhitte oond of
tot die deeg goudbruin en vrugte kokend warm is. Laat effens
op 'n bakplaat afkoel en plaas dan versigtig op 'n opdienbord.
    Sit louwarm of by kamertemperatuur voor saam met
'n skeppie styfgeklitste room of natuurlike jogurt.

Lewer 1 mediumgroot tert.

Variasie: Brosdeeg kan ook deur 6 lae filodeeg wat tussenin met kossproei bespuit is, vervang word.

Kaapse vrugtetert

Kors:
2 x basiese frummeldeeg (bl. 220)

Vulsel:
4 piesangs, in skyfies gesny
1 blik (740 g) tertappels
$\frac{1}{2}$ pynappel, gesny
1 blik (410 g) perskehalwes
80 ml ($\frac{1}{3}$ k) gekapte pekanneute
60 ml ($\frac{1}{4}$ k) droëvrugte-koekmengsel
$\frac{1}{2}$ suurlemoen se sap
fyn kaneel, neutmuskaat en suiker
      na smaak

Met 'n besoek aan die Robertson-omgewing het Brenda Baumgarten hierdie heerlike vrugtetert met sy frummelkors saam met tee voorgesit.

Voorverhit die oond tot 200 °C.

Kors:
Berei die frummeldeeg soos beskryf en voer 'n groot tert-bord van minstens 30 cm met twee derdes van die deeg uit. Prik en verkoel saam met die orige deeg.

Vulsel:
Verdeel elk van die vulselbestanddele in 2 en pak lae piesang, tertappel, pynappel en perskehalwes in die kors. Sprinkel neute en droëvrugte-koekmengsel oor. Drup suurlemoensap oor en geur liggies met kaneel, neutmuskaat en suiker. Herhaal die lae en rasper die orige deeg oor. Bak ongeveer 1 uur lank in die voorverhitte oond tot die tertkors gaar en goudkleurig is.
    Sit die tert warm of koud voor saam met geklitste room indien verkies.

Lewer 1 groot tert.

Appelfrummeltert

Kors:
1 x frummeldeeg (bl. 220)

Vulsel:
80 ml ($\frac{1}{3}$ k) gebleikte sultanas
80 ml ($\frac{1}{3}$ k) korente
1 ml ($\frac{1}{4}$ t) fyn kaneel
knippie fyn kruienaeltjies
50 ml soetwyn
50 ml brandewyn
1 blik (765 g) onversoete tertappels
suiker na smaak
$\frac{1}{2}$ lemoen se gerasperde skil

Appeltert soos van ouds. Na 'n dag is dit nog geuriger, skryf Annette Human in Wenresepte 1. *Warm dit net op voordat jy dit voorsit.*

Voorverhit die oond tot 180 °C. Smeer 'n ronde 23-cm tertbord met botter of margarien of spuit met kleefwerende kossproei.

Kors:
Berei die frummeldeeg soos beskryf en voer die bord met twee derdes van die deeg uit. Verkoel.

Vulsel:
Meng sultanas, korente, kaneel en naeltjies. Giet die wyn en brandewyn daaroor en laat 'n uur op 'n warm plek staan.
    Druk die appelstukke effens stukkend, versoet met suiker en roer die skil in. Meng met die sultanamengsel. Skep op die rou tertkors en rasper die orige deeg grof bo-oor. Bak ongeveer 45 minute lank tot die kors gaar is.
    Sit louwarm voor saam met room of vlasous.

Lewer 6 porsies.

Kaapse vrugtetert

Appeltert met karamelsous

Koekbeslag:
125 ml (½ k) witsuiker
45 ml (3 e) botter
3 ekstragroot eiers
250 ml (1 k) bruismeel
2 ml (½ t) bakpoeier
knippie sout
60 ml (¼ k) melk
1 blik (385 g) tertappels, fyner gesny

Karamelsous:
1 blik (410 g) ingedampte melk
250 ml (1 k) witsuiker
6 ml (ruim 1 t) karamelgeursel

Almal ken hierdie gewilde appeltert met die koekkors en karamelsous. Deur die jare het verskeie variasies op hierdie lekker tert gevolg. Hier's sommer een resep wat jy na goeddunke kan verander.

Voorverhit die oond tot 180 °C. Smeer 'n 1,25 L (5 k)-oondbak liggies met botter of margarien of spuit met kleefwerende kossproei.

Beslag:
Klits die suiker en botter. Voeg die eiers een-een by en klits goed. Sif die droë bestanddele saam en roer om die beurt met die melk by die bottermengsel in. Voeg die appels by en meng goed.
Skep die beslag in die voorbereide bak en bak ongeveer 30-40 minute lank in die voorverhitte oond tot gaar en 'n toetspen skoon uit die middel van die tert kom.

Sous:
Meng intussen al die bestanddele vir die karamelsous in 'n mediumgroot kastrol en verhit tot kookpunt terwyl geroer word. Laat 5 minute lank stadig prut en verwyder van die stoof. Giet die warm sous oor die warm tert sodra dit uit die oond kom.
   Dien louwarm op saam met room indien verkies.

Lewer 1 groot tert.

Variasies: Vervang die blik tertappels deur:
- **Vrugtekelkie:** *2 blikke (410 g elk) vrugtekelkie, gedreineer en effens fyner gesny.*
- **Peer:** *2 blikke (410 g elk) peerhalwes, gedreineer en fyner gesny.*
- **Piesang:** *Skep die helfte van die deeg in die bak. Sny 3 piesangs in skywe en rangskik bo-op die deeg. Skep die res van die deeg oor en berei verder soos die appeltert.*
- **Aarbeitert:** *'n Blik heel aarbeie (410 g), gedreineer.*
- **Appel-pynappel:** *Voeg 'n blik pynappels (410 g), gedreineer, by 'n blik tertappels.*

Maklike appeltert

1 x basiese koekbeslag (sien Appeltert
   met karamelsous)
2 ml (½ t) fyn kaneel
1 ml (¼ t) neutmuskaat
30 ml (2 e) suiker
125 ml (½ k) fyn appelkooskonfyt

Berei die basiese koekbeslag soos vir appeltert met karamelsous, maar moenie die appels fyner sny en by die beslag inmeng nie. Skep die deeg in die tertbord en pak die appels bo-op. Sprinkel die kaneel, neutmuskaat en suiker oor. Bak ongeveer 30-40 minute lank tot gaar. Verhit die appelkooskonfyt effens en smeer oor die tert sodra dit uit die oond kom.

Brandewyntert (bl. 228)

Brandewyntert

Basiese tert:
1 pak (250 g) dadels, fyngekap
5 ml (1 t) koeksoda
250 ml (1 k) kookwater
125 g botter of margarien
180 ml ($^3/_4$ k) witsuiker
2 ekstragroot eiers
375 ml (1$^1/_2$ k) koekmeelblom
10 ml (2 t) bakpoeier
2 ml ($^1/_2$ t) fyn gemmer (opsioneel)
knippie sout
$^1/_2$ pakkie (50 g) pekanneute, fyngekap
heel pekanneute vir versiering
   (opsioneel)

Stroop:
250 ml (1 k) witsuiker
250 ml (1 k) kookwater
15 ml (1 e) botter
2 ml ($^1/_2$ t) fyn kaneel (opsioneel)
125 ml ($^1/_2$ k) brandewyn
5 ml (1 t) vanieljegeursel

Brandewyntert, oftewel "tipsy-tert", is 'n ou-ou gunsteling waarvoor daar resepte vir vele variasies al by Huisgenoot *se toetskombuis opgedaag het. Ons het dit al met piesang en selfs geelwortel in beproef en ook in muffinpanne klein tertjies gebak.*

Voorverhit die oond tot 180 °C. Smeer 'n 26 cm-tertbord of 15 holtes van muffinpanne liggies met botter of margarien of spuit met kleefwerende kossproei.

Tert:
Meng die dadels, koeksoda en kookwater en laat minstens 5 minute staan. Room die botter en suiker goed saam tot lig en romerig en klits die eiers een-een by. Sif die droë bestanddele, sif oor die bottermengsel en vou liggies in. Voeg die neute en dadelmengsel by en vou in. Skep die beslag in die voorbereide tertbord of verdeel gelykop tussen holtes van muffinpanne. Pak heel pekanneute as versiering bo-op indien verkies en bak ongeveer 1 uur (vir die groot tert) of 20 minute (vir die klein tertjies) lank in die voorverhitte oond of tot gaar en 'n toetspen skoon uit die middel van die terte kom. Laat die klein tertjies effens afkoel en verwyder dan versigtig uit die muffinpanne. Pak op 'n draadrak en prik liggies met 'n dun toetspen.

Stroop:
Meng intussen die suiker, kookwater, botter en kaneel vir die stroop en roer oor matige hitte tot opgelos. Laat 5 minute lank oor lae hitte stadig prut. Voeg die brandewyn en vanieljegeursel by en laat opkook. Verwyder van die stoof en giet die warm stroop oor die warm groot tert of skep oor die klein tertjies. Vang die sous wat afloop van die klein tertjies, op in 'n bakplaat en giet weer bo-oor.
   Sit louwarm of koud voor saam met room.

Lewer 1 groot tert of 15 klein tertjies.

Piesang-brandewyntert

1 x brandewyntert
15 ml (1 e) koffiepoeier
25 ml (5 t) kakao
4 fyngedrukte piesangs

Berei die basiese brandewyntert, maar verminder die dadels tot $^1/_2$ pak (125 g). Voeg ook koffiepoeier by die dadel-mengsel. Sif kakao saam met die droë bestanddele en vou die fyngedrukte piesangs saam met die dadelmengsel by die bottermengsel in. Berei verder soos die basiese resep.

Kahlua-tert

Koekkors:
2 ekstragroot eiers
125 ml (½ k) suiker
125 ml (½ k) melk
45 ml (3 e) olie
10 ml (2 t) kitskoffiepoeier
250 ml (1 k) koekmeelblom
10 ml (2 t) bakpoeier
2 ml (½ t) sout
125 ml (½ k) fyngekapte pekanneute

Sous:
250 ml (1 k) water
125 ml (1/2 k) suiker
80 ml (⅓ k) Kahlua of Amarula-likeur

Bolaag:
250 ml (1 k) room, verkoel
½ van 'n 375 g-blik (125 ml of ½ k)
karamelkondensmelk
5 ml (1 t) gelatien

'n Skootjie Kahlua, of selfs Amarula-likeur, gee heerlike skop aan hierdie lekker tert met sy koekkors en romerige bolaag.

Voorverhit die oond tot 180 °C. Smeer 'n 24 cm-tertbord met botter of margarien of spuit met kleefwerende kossproei.

Koekkors:
Klits die eiers en voeg die suiker bietjie-vir-bietjie by terwyl aanhoudend geklits word. Verhit die melk en olie saam, maar moenie dit laat kook nie. Los die koffie daarin op. Sif die meel, bakpoeier en sout saam en vou dit beurtelings met die melkmengsel by die eiermengsel in. Voeg die neute by en meng deur. Giet die beslag in die voorbereide tertbord en bak 20 minute lank of tot gaar en 'n toetspen skoon uit die middel van die tert kom.

Sous:
Verhit die water en suiker saam en roer tot die suiker opgelos is. Verhit dit tot kookpunt en kook 6 minute lank of tot stroperig. Voeg die likeur by en meng deur. Prik gaatjies oral met 'n vurk in die tert en giet die stroop oor terwyl nog warm. Laat heeltemal afkoel.

Bolaag:
Klits die room styf. Voeg die kondensmelk by en meng. Strooi die gelatien oor 'n bietjie koue water en week tot sponsig. Verhit tot die gelatien gesmelt is, maar dit moenie kook nie. Voeg by die roommengsel en skep oor die tert. Verkoel tot die bolaag stewig is.

Lewer 1 mediumgroot tert.

Koffietert

1 x koekkors (Kahlua-tert)

Sous:
250 ml (1 k) water
125 ml (½ k) suiker
25 ml (5 t) kitskoffiepoeier
5 ml vanieljegeursel
50 ml brandewyn

Bolaag:
1 blik (375 g) karamelkondensmelk
15 ml (1 e) suurlemoensap
250 ml (1 k) melk
1 pakkie (90 g) karamelkitspoeding
250 ml (1 k) room, styfgeklits

Berei die koekkors soos by die Kahlua-tert. Kook alle sousbestanddele 6 minute lank tot stroperig. Giet oor tert terwyl dit nog warm is.

Bolaag:
Klits die karamelkondensmelk saam met die suurlemoensap tot glad. Smeer oor die koekkors. Giet die melk in 'n bak, strooi die karamelkitspoeding oor die melk en klits 1 minuut lank. Plaas in die yskas tot die mengsel verdik. Meng die kitspoeding met die room en smeer oor die kondensmelk.

Lewer 1 groot tert.

Outydse melktert

Kors:
1 rol (400 g) bevrore skilferdeeg, ontdooi
geklitste eierwit

Vulsel:
500 ml (2 k) melk
1 nartjie se skil (opsioneel)
1 stuk pypkaneel
15 ml (1 e) mielieblom
45 ml (3 e) koekmeelblom
75 ml (5 e) suiker
1 ml (¼ t) sout
4 ekstragroot eiers, geskei
15 ml (1 e) botter
'n paar druppels amandelgeursel
kaneelsuiker om oor te strooi

By Peter Veldsman het ek vele kookgeheime geleer en hy is maar altyd die een by wie ek gaan kers opsteek as ek iets meer omtrent ons koskultuur wil weet. Die resep vir hierdie heerlike outydse melktert kom uit sy boek Teetydtreffers *waarin hy breedvoerig beskryf hoe om hierdie treffertert van alle tye te maak.*

Voorverhit die oond tot 220 °C. Smeer 'n 24 cm-tertbord met botter of margarien of spuit met kleefwerende kossproei.

Kors:
Voer die tertbord uit met die skilferdeeg. Sny ook 2 lang repe deeg van elk 4 cm breed. Plaas een al op die rand van die tertbord en verf met yswater. Plaas die ander strook bo-op. Kartel die rand van die deeg. Verf die boom van die kors met geklitste eierwit en verkoel in die yskas.

Vulsel:
Verhit die melk, skil en pypkaneel saam. Skakel die plaat af en laat die melkmengsel 45 minute lank so staan. Verhit tot kookpunt en giet deur 'n sif. Skep 'n bietjie van die melk uit en meng met die mielieblom, koekmeelblom, suiker, sout en eiergele tot 'n gladde pasta. Roer by die verhitte melk in en plaas terug op die stoof. Verhit terwyl gedurig geroer word tot die mengsel kook en verdik. Verwyder van die stoof en plaas die botter bo-op. Laat smelt en kantel die kastrol sodat die botter die hele mengsel bedek. Klits die eierwitte en die amandelgeursel saam tot dit sagte punte vorm en vou by die melkmengsel in.

Skep in die voorbereide tertkors en bak 10 minute lank in die voorverhitte oond. Verlaag die hitte tot 180 °C en bak 'n verdere 15 minute tot gaar.

Strooi kaneelsuiker oor en dien louwarm op.

Lewer 1 mediumgroot tert.

Variasies: Vervang die skilferkors met 'n ryk brosdeeg (bl. 220) of selfs vinnige smeerkors (melktertkaaskoek).
- **Appelmelktert:** *Meng 1 blik tertappels by die melkpap in.*
- **Klappermelktert (1):** *Maak die volgende beskuitjiekors en vervang die skilferkors daarmee. Voorverhit die oond tot 90 °C. Smeer 'n 26 cm-tertbord liggies met botter of margarien of spuit met kleefwerende kossproei. Kors: Smelt die 140 g botter en voeg 125 ml (½ k) koekmeelblom, 125 ml (½ k) witsuiker, 300 ml klapper, 1 pakkie (200 g) Tennisbeskuitjies, fyngedruk, vir die kors by. Meng goed en druk vas in die voorbereide tertbord. (Behou 'n bietjie om bo-oor te strooi.) Berei die melktertvulsel soos beskryf by die outydse melktert. Berei verder soos beskryf.*
- **Klappermelktert (2):** *Berei 'n ryk brosdeeg (bl. 220) en bak blind. Meng 125 ml (½ k) suiker, 250 ml (1 k) klapper, 60 g botter, 50 ml melk en 10 ml vanieljegeursel saam. Verhit tot suiker en botter gesmelt is, skep op die gaar kors en skep melkpap oor.*

Outydse melktert

Melktertkaaskoek

Smeerkors:
125 g botter of margarien, by
   kamertemperatuur
60 ml (4 e) witsuiker
1 eier
300 ml koekmeelblom
2 ml ($\frac{1}{2}$ t) bakpoeier
knippie sout

Vulsel:
1 houer (250 g) roomkaas
150 ml witsuiker
25 ml (5 t) koekmeelblom
4 ekstragroot eiers
500 ml (2 k) melk
$\frac{1}{2}$ suurlemoen se sap
5 ml (1 t) vanieljegeursel
fyn kaneel

Hierdie melktertkaaskoek het 'n romerige vulsel en 'n vin-nige smeerkors, skryf Annette Human in Wenresepte 3.

Voorverhit die oond tot 180 °C.

Kors:
Room die smeer en suiker. Voeg die eier by en klits goed. Sif die meel, bakpoeier en sout saam en klits dit bietjie-vir-bietjie by die eiermengsel. Smeer die beslag op die boom en teen die wand van 'n veerklamppan van 23 cm in deur-snee en 7,5 cm diep. Verkoel die kors 'n uur in die koelkas.

Vulsel:
Klits die roomkaas tot lig. Klits die suiker bietjie-vir-bietjie by en dan die meel. Klits die eiers een vir een by en klits goed ná elke byvoeging. Klits die melk geleidelik by en dan die sap en geursel.

   Giet die vulsel in die rou kors, strooi kaneel oor en bak dit 55-60 minute lank in die voorverhitte oond. Toets of dit gaar is deur 'n mes in die middel in te steek as die mes skoon uitkom, kan die tertkoek uit die oond gehaal word. Laat die tertkoek in die pan afkoel. Plaas dit – steeds in die pan – in die koelkas en verkoel dit oornag.

   Om op te dien: Verwyder die wand en boom van die pan versigtig en plaas die tert op 'n opdienbord.

Lewer 1 mediumgroot tertkoek.

Korlose melktert met kondensmelkbolaag

Tert:
30 ml (2 e) margarien
125 ml ($\frac{1}{2}$ k) witsuiker
2 ekstragroot eiers, geskei
125 ml ($\frac{1}{2}$ k) koekmeelblom
5 ml (1 t) bakpoeier
knippie sout
500 ml (2 k) melk

Bolaag:
1 blik (397 g) kondensmelk
125 ml ($\frac{1}{2}$ k) suurlemoensap
2-3 Tennisbeskuitjies, fyngekrummel

Die droë bestanddele sak af om 'n effense kors aan die onderkant te vorm.

Voorverhit die oond tot 180 °C. Smeer 'n vlak 28 cm-tertbord met botter of margarien of spuit met kleefwerende kossproei.

Tert:
Klits die margarien en suiker saam, voeg die eiergele by en klits goed. Meng die droë bestanddele en voeg dit om die beurt met die melk by die eiergeelmengsel. Klits die eierwitte saam en vou by die mengsel in. Skep in die voorbereide pan en bak ongeveer 30 minute lank of tot die tert gaar en effens bruin is.

Bolaag:
Meng die kondensmelk en suurlemoensap en smeer oor die tert sodra dit uit die oond kom en effens teruggesak het. Sprinkel die beskuitjiekrummels oor.

Lewer 1 mediumgroot tert.

Variasie: Pleks van bolaag kan slegs kaneelsuiker oorgesprinkel word.

Sultansgenot ("Impossible Pie")

500 ml (2 k) melk
250 ml (1 k) witsuiker
250 ml (1 k) klapper
125 ml (½ k) koekmeelblom
50 g botter of margarien
4 eiers
5 ml (1 t) vanieljegeursel
2 ml (½ t) bakpoeier
knippie sout

In Wenresepte 3 *deur Annette Human verskyn die resep vir hierdie Turkse tert wat oral ter wêreld gewild is – nie net omdat dit so maklik is om te maak nie, maar ook so lekker. Dis amper soos korslose melktert, net met 'n klapper bo-kors.*

Voorverhit die oond tot 180 °C. Smeer 'n mediumgroot oondvaste tertbak met botter of margarien of spuit met kleefwerende kossproei.

Klits al die bestanddele saam tot gemeng. Giet dit in die bak en bak 30-60 minute lank in die voorverhitte oond – die grootte van die bak bepaal die baktyd – tot dit uitgepof en bo-op mooi goudbruin is.

Sit louwarm voor.

Lewer 1 mediumgroot tert.

Jodetert

Korse:
800 ml koekmeelblom
10 ml (2 t) bakpoeier
knippie sout
250 ml (1 k) witsuiker
250 g botter of margarien
2 eiers, geklits

Vulsel:
1 375 ml (5½ k) melk
250 ml (1 k) witsuiker
4 ekstragroot eiers
180 ml (¾ k) koekmeelblom
10 ml (2 t) vanieljegeursel

Vir Jodetert is daar net so baie variasies as vir melktert, skryf Annette Human in Wenresepte 3. *Hier's haar keuse.*

Kors:
Sif die meel, bakpoeier en sout saam. Voeg die suiker by en meng. Frummel die smeer in die meelmengsel. Voeg die eiers by en meng tot 'n sagte deeg. Verdeel die deeg in 6 stukke van 150 g elk. Plaas dit in 'n houer met 'n deksel, bedek en laat dit 'n rukkie staan.

Bak die korse soos volg: Draai koekpanne met 'n deursnee van 20 cm om sodat die bome bo is. Smeer die bome met botter of margarien of spuit met kleefwerende kossproei. Rol 'n stuk deeg dun op 'n omgekeerde pan uit en sny die rand netjies – hou die oorskietdeeg.

Bak die korse by 180 °C in die voorverhitte oond tot 'n baie ligte bruin. Maak elke kors versigtig met 'n eierspaan van die boom van die pan los en laat dit op 'n draadrak afkoel.

Bak altesame 7 korse van al die stukke deeg en die oorskietdeeg wat elke keer afgesny word en smeer of spuit die panne elke keer.

Vulsel:
Verhit die melk amper tot kookpunt. Klits die suiker en eiers goed saam en klits dan die meel by. Klits die warm melk geleidelik by die eiermengsel en giet dit dan terug in die warm kastrol. Roer aanhoudend en kook dit tot dik oor lae hitte. Laat die vulsel afkoel en roer dan die geursel in.

Skep ewe veel vulsel op elke kors en smeer gelyk. Stapel die korse met vulsel dadelik versigtig met behulp van spane op mekaar. Laat die tert 'n dag of wat in 'n toe houer in die koelkas staan voor dit gesny word.

Lewer 1 groot tert.

Suurlemoentert met broskors

1 x basiese brosdeeg (bl. 220)

Vulsel:
250 ml (1 k) strooisuiker
4 ekstragroot eiers
250 ml (1 k) room
250 ml (1 k) suurlemoensap

Hierdie suurlemoentert word met room en eiers gemaak en nie met kondensmelk nie.

Voorverhit die oond tot 200 °C. Berei die brosdeeg, voer 'n 22 cm-tertbord daarmee uit en bak blind (bl. 222). Verwyder uit die oond. Verlaag die hitte na 180 °C. Klits die strooisuiker, eiers, room en suurlemoensap goed saam. Giet in gaar tertdop en bak 20-25 minute lank tot die vulsel gestol is. Laat afkoel en verkoel dan tot ferm.

Lewer 1 mediumgroot tert.

Variasie vir 'n minder ryk tert: Meng 30 ml koekmeel, 250 ml (1 k) strooisuiker, 4 geklitsde eiers en die sap en skil van 2 suurlemoene.

Suurlemoenmeringuetert

Kors:
1 pak (200 g) Tennisbeskuitjies, fyngemaak
100 g botter

Vulsel:
1 blik (397 g) kondensmelk
125 ml (¹/₂ k) suurlemoensap
2 eiers, geskei
50 ml strooisuiker

Suurlemoenmeringuetert is 'n immergroen gunsteling. Die vulsel word van kondensmelk en suurlemoensap berei.

Voorverhit die oond tot 180 °C. Smeer 'n 23 cm-tertbord met botter of margarien of spuit met kleefwerende kossproei.

Kors:
Meng die beskuitjiekrummels met die botter en druk in die tertbord vas.

Vulsel:
Giet die kondensmelk in 'n mengbak en voeg die suurlemoensap bietjie vir bietjie by terwyl aanhoudend geklits word. Klits die eiergele tot lig en voeg by die kondensmelkmengsel. Skep die vulsel in die voorbereide tertkors en bak ongeveer 10 minute lank in die voorverhitte oond.
    Klits die eierwitte in 'n skoon, vetvrye bak tot sagte punte vorm en klits die strooisuiker geleidelik by. Skep oor die tert en bak ongeveer 15 minute lank of tot die meringue se puntjies net begin verkleur. Dien louwarm of koud op.

Lewer 1 mediumgroot tert.

Variasie: Voeg 'n 1 blik (385 g) tertappels of pere (410 g), gedreineer en effens fyner gesny, by die vulsel en berei verder soos die basiese suurlemoenmeringuetert.

Suurlemoenmeringuetert

Suurlemoenfrummeltert

Kors:
125 g botter
125 ml ($^1/_2$ k) suiker
1 ekstragroot eier
250 ml (1 k) koekmeelblom
500 ml (2 k) klapper

Vulsel:
1 blik (397 g) kondensmelk
125 ml ($^1/_2$ k) suurlemoensap
2 ekstragroot eiers

Pleks van 'n beskuitjiekrummelkors en meringue-bolaag kry hierdie tert 'n klapperfrummelkors vir bo en onder. Dis absoluut heerlik.

Room botter en suiker goed tot lig en romerig. Klits die eier by. Voeg die meel en klapper by en meng goed (moenie deeg te veel hanteer nie). Verdeel die deeg in 2 dele, bedek met kleefplastiek en verkoel tot ferm.
    Voorverhit die oond tot 180 °C. Smeer 'n 26 cm-tertbord met botter of margarien of spuit met kleefwerende kossproei. Druk die 1 deel deeg onder op die boom en teen die kante van die tertbord vas. Verkoel.

Vulsel:
Klits intussen kondensmelk, suurlemoensap en eiers saam en giet in die voorbereide kors. Krummel of rasper die orige verkoelde deeg bo-oor en bak 30 minute lank in die voorverhitte oond tot goudbruin. Laat tot kamertemperatuur afkoel.

Lewer 1 groterige tert.

Pekanneuttert

Kors:
1 x basiese soet brosdeeg (bl. 220)

Vulsel:
250 ml (1 k) kakaopoeier
25 ml (5 t) vanieljegeursel
1 blik (410 g) ingedampte melk
750 ml (3 k) sagte bruinsuiker
4 ekstragroot eiers
50 ml gesmelte botter
100 g (1 pak) pekanneute

Met ons voete in die sand het ons op die stoep van die Voorstrandt-restaurant by Paternoster tog te lekker weggelê aan hierdie pekanneuttert.

Voorverhit die oond tot 180°C. Smeer 'n losboomtertpan van 24-26 cm (of gebruik 2 x 20 cm-panne) goed met botter of margarien of spuit met kleefwerende kossproei.

Kors:
Berei die deeg, druk in die voorbereide panne vas en bak blind (bl. 222).

Vulsel:
Klits al die bestanddele vir die vulsel behalwe die neute. Giet in die voorbereide kors. Pak die neute in die kors al om die kant en krummel die res oor. Plaas die tert op 'n lae oondrak en bak 45 minute lank in die voorverhitte oond tot die vulsel gaar en gestol is.
    Laat afkoel en sit louwarm voor met room of roomys.

Lewer 1 groot of 2 klein terte.

ONGEBAKTE TERTE

Ryk, romerig en smullekker. Boonop maklik en vinnig om te maak.

Gemmertert

Kors:
1¹/₂ pakkie (200 g elk) gemmerkoekies,
fyngemaak in 'n voedselverwerker
125 g gesmelte botter (opsioneel)

Vulsel:
180 ml (³/₄ k) gouestroop
375 ml (1¹/₂ k) kookwater
knippie sout
45 ml (3 e) vlapoeier
10 ml (2 t) koue water
125 ml (¹/₂ k) verglansde gemmerstukke,
   fyngekap
styfgeklitste room vir versiering

*Gemmertert is 'n ou gunsteling wat oor die jare heen
gewild bly.*

Smeer 'n 22 cm-tertbord met botter of margarien of spuit
met kleefwerende kossproei.

Kors:
Meng die koekiekrummels met botter indien verkies en
druk in die voorbereide tertbord vas.

Vulsel:
Verhit die gouestroop, water en sout in 'n kastrol tot kook-
punt. Maak 'n pasta van die vlapoeier en 10 ml (2 t) water,
voeg by die stroopmengsel en verhit terwyl geroer word tot
die sous verdik en kook. Roer die gemmerstukke in.
   Giet die mengsel oor die krummels in die tertbord en
meng liggies deur. Verkoel en versier met room.

Lewer 1 klein tert.

Aarbeikaastert

Kors:
1 pak (100 g) fyn amandels
180 ml (³/₄ k) klapper
60 ml (¹/₄ k) strooisuiker
80 ml (¹/₃ k) graanvlokkiekrummels
50 ml room

Vulsel:
250 g vars ryp aarbeie, gewas en
   ontstingel
25 ml (5 t) sagte bruinsuiker
200 ml room, verkoel
1 houer (250 g) gladde maaskaas
50 ml versiersuiker, gesif
2 ml (¹/₄ t) fyngerasperde suurlemoenskil
50 ml aarbeikonfyt

*Vars aarbeie met room is lekker, maar gepak in 'n klapper-
kors op 'n romerige maaskaasvulsel is dit hemels, skryf
Annette Human in* Wenresepte 1.

Voorverhit die oond tot 180 °C.

Kors:
Meng amandels, klapper, suiker, krummels en 50 ml room
saam en druk in 'n tertbak van 24 cm in deursnee vas.
Bak 10-12 minute in die voorverhitte oond. Laat afkoel.

Vulsel:
Besprinkel die aarbeie met bruinsuiker en laat ongeveer
10 minute staan om 'n stroop te vorm. Klits die room styf.
Vou die maaskaas, versiersuiker en skil in.
   Skep ongeveer ²/₃ van die roommengsel in die koue
kors en rangskik die aarbeie bo-op. Smelt die aarbeikonfyt,
meng met die aarbeistroop en giet oor die aarbeie.
Verkoel goed.
   Sit saam met die orige roommengsel voor.

Lewer 1 mediumgroot tert.

Vrugte-maaskaastert

Kors:
²/₃ van 'n 200 g-pakkie semelbeskuitjies
  ("digestive biscuits"), fyngemaak
15-30 ml (1-2 e) margarien, gesmelt

Vulsel:
1 pakkie (80 g) suurlemoenjellie
250 ml (1 k) kookwater
2 houers (250 g elk) gladde maaskaas
125 ml (¹/₂ k) strooisuiker
2 suurlemoene se sap
250 ml (1 k) room

Bolaag:
rooi druiwe, ontpit en gehalveer
3 ml (ruim ¹/₂ t) gelatien
125 ml (¹/₂ k) rooi druiwesap

Na 'n kuiertjie op die vrugteplaas Riverside *by Simondium kry ons hierdie staatmakerresep van tannie Helene van der Westhuizen. Sy het die tert gereeld gemaak vir die Simondium-herberg daar naby. Jy kan maar die bolaag na goeddunke verander, byvoorbeeld met appelkooshalwes of bessies.*

Kors:
Meng die beskuitjiekrummels en die gesmelte margarien. Druk dit op die boom van 'n 23 cm-veerklamppan vas.

Vulsel:
Los die suurlemoenjellie in die kookwater op en laat afkoel, maar dit moenie stol nie. Klits die maaskaas, strooisuiker en suurlemoensap saam tot goed gemeng. Voeg die room by en klits goed. Voeg die jellie stadig by terwyl geklits word. Giet die mengsel in die voorbereide pan en verkoel tot stewig.

Bolaag:
Rangskik die druiwe bo-op die vulsel. Los die gelatien op in 'n bietjie van die druiwesap. Verhit tot gesmelt, meng met die res van die druiwesap en giet oor. Verkoel tot stewig.
    Ontvorm versigtig op 'n opdienbord.

Lewer 1 groot tert.

Mokkakaastert

Kors:
2 pakkies (200 g elk) Romany Creams,
  fyngemaak in 'n voedselverwerker
80 g gesmelte botter

Vulsel:
10 ml (2 t) gelatien
250 ml (1 k) room, verkoel
2 houers (250 g elk) geroomde
  maaskaas
15 ml (1 e) kitskoffiepoeier
2 plakke (100 g elk) bruin- of
  donkersjokolade, in blokkies gebreek

Die tert het 'n heerlike koffiegeur en gesmelte sjokolade word daardeur gemarmer. Behalwe die sjokolade kry dit geen ekstra suiker nie.

Kors:
Meng die koekiekrummels en die gesmelte botter en druk in 'n tertbak van 19 x 26 cm vas.

Vulsel:
Strooi die gelatien oor 30 ml (2 e) water, spons en verhit tot die gelatien gesmelt is. Moenie kook nie. Klits die room styf en vou by die maaskaas in. Los die koffiepoeier in 15 ml (1 e) kookwater op en voeg saam met die gesmelte gelatien by die roommengsel. Meng goed deur.
    Smelt die sjokolade in 'n glasbak oor 'n bietjie kookwater of in die mikrogolfoond by 70% krag en voeg by die roommengsel. Vou liggies in met 'n metaallepel sodat die mengsel 'n marmervoorkoms het. Giet die vulsel in die voorbereide kors en verkoel tot stewig.

Lewer 1 groot tert.

Vrugte-maaskaastert

Appelliefie-maaskaastert

Kors:
1 pak (200 g) Tennisbeskuitjies, fyngedruk
90 g botter, gesmelt
2 ekstragroot eiers, geskei
1 pak (100 g) haselneute, fyngekap
25 ml (5 t) strooisuiker

Vulsel:
1 blik (397 g) kondensmelk
125 ml ($^1/_2$ k) suurlemoensap
1 houer (250 g) gladde maaskaas
125 ml ($^1/_2$ k) room, styf geklits
7 ml ($1^1/_2$ t) gelatien
1 blik (410 g) appelliefies, gedreineer
 – behou die sap
mielieblom

Die tert het 'n gebakte beskuitjiekors. Die vulsel is 'n kombinasie van 'n suurlemoen en maaskaastert. Jy kan die vrugte-bolaag na goeddunke verander.

Voorverhit die oond tot 180 °C. Smeer 'n 26 cm-veerklamppan goed met botter of margarien of spuit met kleefwerende kossproei.

Kors:
Meng die krummels en botter. Klits die eiergele effens en voeg dit met die neute by die krummelmengsel. Meng goed. Klits die eierwitte tot dit sagte punte vorm en voeg die strooisuiker by. Klits tot styf en vou met 'n metaallepel by die krummelmengsel in. Druk vas op die boom van die pan en bak ongeveer 25-35 minute lank in die voorverhitte oond of tot gaar. Laat afkoel en keer op 'n dienbord uit. Klamp die veerklampring weer vas om die kors.

Vulsel:
Klits die kondensmelk en suurlemoensap saam tot die mengsel verdik. Voeg die maaskaas by en meng goed. Vou die room ook in. Strooi die gelatien oor 50 ml appelliefie-stroop en laat week tot sponsig. Verhit stadig tot die gelatien opgelos is. Voeg by die maaskaasmengsel en plaas in die yskas tot dit begin styf word, maar nog nie gestol is nie. Skep oor die kors en laat heeltemal stol in die yskas. Verwyder die veerklampring. Rangskik die gedreineerde vrugte bo-op.
    Meng die res van die appelliefiestroop met ± 7 ml ($1^1/_2$ t) mielieblom en verhit terwyl gedurig geroer word tot die mengsel effens verdik. Laat effens afkoel en giet oor die appelliefies. Plaas in die yskas tot voor opdiening.

Lewer 1 groot tert.

Variasie: Maak 'n gewone beskuitjiekors en druk dit in 'n tertpan vas. Moenie uitkeer nie.

Driehoek-maaskaastert (bl. 242)

Driehoek-maaskaastert

125 ml (¹/₂ k) botter
125 ml (¹/₂ k) suiker
1 eier, geklits
5 ml (1 t) koffie, met 10 ml (2 t)
  kookwater aangemaak
1 houer (250 g) gladde maaskaas
125 ml (¹/₂ k) melk
5 ml (1 t) vanieljegeursel
2¹/₄ pakkie (125 g elk)
  sponsvingerbeskuitjies
1 plak (100 g) donkersjokolade,
  in stukkies gebreek

Enige maaskaastert wat ons publiseer, is altyd gewild. Hierdie een wat 'n koffiesmakie het en van vinger- in plaas van Tennisbeskuitjies gemaak is, bly vir my die lekkerste.

Klits die botter tot lig en romerig. Klits die suiker bietjie-vir-bietjie by. Voeg die eier by en klits goed. Meng die aangemaakte koffie en maaskaas, voeg by die bottermengsel en vou liggies in. Verkoel die vulsel tot dit stewiger is.

Meng die melk en vanieljegeursel en doop elke vingerbeskuitjie daarin. Pak op 'n groot stuk aluminiumfoelie 3 horisontale rye met 5 vingerbeskuitjies in elke ry sodat die punte aanmekaar raak. Smeer van die vulsel oor die vingerbeskuitjies. Pak weer 3 rye vingerbeskuitjies, nou met 4 vingerbeskuitjies bo-op elke ry (jy bou 'n piramide). Smeer weer van die vulsel bo-op en pak weer 3 rye, dié keer met 3 beskuitjies in elke ry. Herhaal die lae tot jy eindig met 3 rye van slegs 1 vingerbeskuitjies.

Vou die aluminiumfoelie goed toe en plaas in die vrieskas tot stewig. Verwyder die foelie. Smelt die sjokolade in 'n glasbak oor kookwater of in die mikrogolfoond en druppel oor die tert. Laat staan tot stewig. Sny in skywe soos benodig. Vries die res.

Lewer 1 groot tert.

Pepermentmaaskaastert

Kors:
1 pak (200 g) Tennisbeskuitjies,
  fyngedruk
30 ml (2 e) botter, gesmelt

Vulsel:
1 pakkie (80 g) lemmetjiejellie
200 ml (⁴/₅ k) kookwater
1 blik (375 g) karamelkondensmelk
1 houer (250 g) gladde maaskaas
250 ml (1 k) room, styfgeklits
1 plak (100 g) pepermentsjokolade,
  gerasper
1 (50 g) Peppermint Crisp

'n Kombinasie van 'n maaskaas- en pepermenttert wat dit minder soet en ryk maak.

Smeer 'n 26 cm-tertbord met botter of margarien of spuit met kleefwerende kossproei .

Kors:
Meng die beskuitjiekrummels en gesmelte botter en druk stewig op die boom en kante van die tertbord vas. Verkoel tot benodig.

Vulsel:
Los die jelliepoeier in die kookwater op en laat effens afkoel. Voeg die karamelkondensmelk by en meng goed deur. Roer die maaskaas in en vou die room in. Voeg die pepermentsjokolade by. Skep die vulsel in die voorbereide kors en verkoel tot gestol. Strooi die Peppermint Crisp oor.

Lewer 1 groot tert.

Pepermentmaaskaastert

Karamel-jogurtkaastert

1 pak (200 g) vingerbeskuitjies
250 ml (1 k) sterk, swart koffie
1 houer (250 g) maaskaas
1 houer (175 ml) karameljogurt
1 houer (175 ml) vrugtejogurt
250 ml (1 k) room, verkoel
1 pakkie (90 g) karamelkitspoeding
  (moenie aanmaak nie - gebruik net die
  poeier)

*Die kaastert is sommer binne 'n japtrap kant en klaar
gemeng.*

Smeer 'n bak van 24 x 24 x 5 cm met botter of margarien
of spuit met kleefwerende kossproei.
    Doop die vingerbeskuitjies in die swart koffie en
rangskik onder in die voorbereide bak.
    Plaas die maaskaas, jogurts, room en kitspoeding in 'n
groot mengbak. Klits goed tot gemeng. Giet oor die bes-
kuitjies en plaas in die yskas tot gestol.

Lewer 1 mediumgroot tert.

Cremora-tert

Kors:
1 pak (200 g) Mariebeskuitjies,
  fyngemaak
100-125 ml gesmelte botter

Vulsel:
1 pak (250 g) Cremora-melkpoeier
125 ml ($^1/_2$ k) kookwater
1 blik (397 g) kondensmelk
125 ml ($^1/_2$ k) suurlemoensap

*Kan 'n mens nou glo dat 'n tert wat met nagemaakte melk
gemaak word, die land so aan die praat kan hê?
En ons ontvang klompe resepte daarvoor.*

Kors:
Meng die beskuitjies en die gesmelte botter goed en
druk in 'n 23 cm-tertbord vas.

Vulsel:
Los die melkpoeier in die kookwater op. Verkoel. Klits die
kondensmelk en suurlemoensap saam. Voeg die opgeloste
melkpoeier by en klits tot dik, romerig en wit. Skep die
vulsel in die voorbereide kors en verkoel tot stewig.
    Dien op saam met sitrusstukke indien verkies.

Lewer 1 mediumgroot tert.

Malvalekkertert

Kors:
1 pak (200 g) Tennisbeskuitjies
  fyngemaak
125 ml (¹/₂ k) botter, gesmelt

Vulsel:
1 blik (410 g) appelliefies, of enige
  vrugte van eie keuse
250 ml (1 k) wit malvalekkers, gekap
250 ml (1 k) room, styfgeklits

Hierdie malvalekkertert, wat verspot maklik is om te maak, was sommer baie gewild onder Huisgenoot *se redaksielede.*

Kors:
Meng die Tennisbeskuitjies en botter en druk in 'n 22 cm-losboomtertbord vas. Verkoel.

Vulsel:
Dreineer die vrugte, maar behou 50 ml van die stroop. Plaas die malvalekkers en die stroop in 'n kastrol en verhit oor lae hitte tot die lekkers heeltemal gesmelt is. Laat afkoel, maar moenie dat die mengsel stol nie. Vou die room en vrugte in en skep in die voorbereide kors. Plaas in die yskas om te stol.

Lewer 1 mediumgroot tert.

Variasie: Vervang die vrugte deur 'n plak neutsjokolade (100 g), wat in stukkies gebreek is en smelt dit saam met die malvalekkers. Voeg terselfdertyd 150 ml melk by.

Rum-en-rosyne-lagiestert

1 pak (250 g) pitlose rosyne
250 ml (1 k) kookwater
250 ml (1 k) room, verkoel
1 blik (375 g) karamelkondensmelk
2 ml (¹/₂ t) vanieljegeursel
7 ml (1¹/₂ t) rumgeursel
1 pak (200 g) Tennisbeskuitjies

Een van my eerste artikels waaraan ek by Huisgenoot *moes werk, het oor yskasterte gehandel. Net soos dit daardie tyd baie gewild was, kry ons tot vandag steeds versoeke om resepte daarvoor.*

Bedek die rosyne met kookwater en laat eenkant staan.
   Klits die room tot styf, roer die karamelkondensmelk in en voeg dan die vanielje- en rumgeursel by. Klits alles goed saam. Dreineer die rosyne, voeg by die mengsel en roer met 'n houtlepel by.
   Pak 'n laag beskuitjies in 'n mediumgroot tertbak met 'n inhoudsmaat van 1,5 L (6 k) en skep 'n laag tertmengsel bo-oor. Herhaal die lae en krummel van die beskuitjies oor die laaste laag tertmengsel. Plaas dit vir 2-3 uur in die yskas of tot die tert stewig is.

Lewer 1 mediumgroot tert.

Variasie: Peperment-lagiestert: Laat die rosyne en geursels uit. Rasper 'n plak (100 g) pepermentsjokolade fyn en meng met die room en karamelkondensmelk. Pak lagies met Tennisbeskuitjies soos beskryf. Rasper 'n Pepermint Crisp oor.

Koeke

Sjokoladekoek, kaaskoek, wortelkoek of vinnige klitskoeke en koekbrode enige koek maak altyd belangstelling by een en almal wakker. Hier's meer dan vyftig resepte van die heel bestes!

Veelsydige klitskoek

Basiese witkoek:
150 g sagte margarien
3 ekstragroot eiers
200 ml melk
5 ml (1 t) vanieljegeursel
500 ml (2 k) koekmeelblom
12 ml (2¹/₂ t) bakpoeier
knippie sout
250 ml (1 k) strooisuiker

Met hierdie veelsydige resep kan jy binne minute gewone witkoek, lemoen-, koffie- of sjokoladekoek maak.

Voorverhit die oond tot 180 °C. Smeer 2 losboom-koekpanne van 20 cm met botter of margarien of spuit met kleefwerende kossproei. Voer die boom met bakpapier uit.
   Plaas die margarien, eiers, melk en vanieljegeursel in 'n groot mengbak en klits goed. Sif die meel, bakpoeier, sout en strooisuiker oor die margarienmengsel in die bak. Klits dan 1 minuut lank met 'n elektriese handklitser tot goed gemeng.
   Verdeel die beslag tussen die 2 koekpanne en maak 'n effense holte in die middel. Bak ongeveer 30 minute lank in die voorverhitte oond of tot 'n toetspen skoon uit die middel van die koeke kom. Keer op 'n draadrak uit en laat heeltemal afkoel. Versier met basiese botterversiersel en gekapte neute indien verkies.

Lewer 2 koeklae of 1 laagkoek.

Variasies: • **Lemoenkoek:** *Laat die vanieljegeursel weg en vervang 50 ml van die melk deur lemoensap. Voeg 1 lemoen se gerasperde skil by die beslag.* • **Koffiekoek:** *Laat die vanieljegeursel weg en los 20 ml (4 t) kitskoffiekorrels in 15 ml (1 e) warm water op en voeg by.* • **Sjokoladekoek:** *Meng 50 ml kakaopoeier met 35 ml (ruim 2 e) warm water en voeg by. Berei verder soos beskryf by die basiese witkoekresep.*

Botterversiersel

Basiese versiersel:
150 g sagte botter of margarien
900 ml versiersuiker
5 ml (1 t) vanieljegeursel

Klits die botter tot romerig. Sif die versiersuiker lepelsgewys by terwyl aanhoudend geklits word. Voeg die vanieljegeursel by en klits tot romerig. Plaas ongeveer 'n kwart van die versiersel op een koeklaag en plaas die ander laag bo-op. Versier die hele koek met die res van die versiersel.

Variasies: • **Lemoenversiersel:** *Laat die vanieljegeursel weg en voeg 2 lemoene se sap en fyngerasperde skil by. Versier die koek met lang lemoenskilrepies wat in strooisuiker gedoop is.* • **Koffieversiersel:** *Los 30 ml (2 e) kitskoffiekorrels in 15 ml (1 e) warm water op en voeg by. Sprinkel gekapte okkerneute oor die koek.* • **Sjokoladeversiersel:** *Meng 25 ml (5 t) kakaopoeier met 20 ml (4 t) warm water en voeg by. Versier die koek met sjokoladekrulle.*

Veelsydige klitskoek (lemoen)

Bier-dadelkoek

125 g botter of margarien
250 g (1 pakkie) ontpitte dadels,
  fyngesny
5 ml (1 t) koeksoda
300 ml bier
250 ml (1 k) ligte bruinsuiker
2 ekstragroot eiers, geklits
12,5 ml (2$^1/_2$ t) fyn kaneel
1 ml ($^1/_4$ t) sout
750 ml (3 k) volkoringmeel
7 ml (1$^1/_2$ t) bakpoeier

Vulsel en versiersel:
1 blik (385 g) karamelkondensmelk
1 sjokoladevlokstafie (Flake), gekrummel

Dis 'n growwe, klam volkoringkoek wat met bier aangemaak word en gevolglik besonder geurig is, beskryf Annette Human hierdie lekker koek in Wenresepte 2.

Voorverhit die oond tot 190 °C. Smeer 2 laagkoekpanne van 20 cm goed met botter of margarien of spuit met kleefwerende kossproei.

Smelt die botter. Voeg die dadels en koeksoda by en meng. Roer 100 ml van die bier in en laat die mengsel 'n rukkie staan tot die dadels sag en die mengsel afgekoel is. Roer die bruinsuiker, eiers, kaneel en sout in.
Roer die volkoringmeel en oorblywende 200 ml bier beurtelings by die dadelmengsel in. Roer die bakpoeier laaste in.

Skep die deeg in die voorbereide panne en maak bo-op gelyk. Bak 35-40 minute lank in die voorverhitte oond tot gaar en 'n toetspen skoon uit die middel van die koek kom. Laat die koeklae effens in die panne afkoel en keer op 'n draadrak uit om heeltemal koud te word.

Vulsel en versiersel:
Sny elke koeklaag in die helfte sodat jy 4 lae het. Smeer die karamelkondensmelk op elke laag en plaas hulle opmekaar. Strooi die sjokoladekrummels bo-oor.

Lewer 1 mediumgroot laagkoek.

Variasie: Voeg 250 ml gekapte neute by die beslag.

Volkoring-karringmelkkoek

375 ml gesifte (1$^1/_2$ k) koekmeelblom
375 ml (1$^1/_2$ k) suiker
7 ml (1$^1/_2$ t) koeksoda
5 ml (1 t) bakpoeier
5 ml (1 t) fyn kaneel
2 ml ($^1/_2$ t) fyn kruienaeltjies
1 ml ($^1/_4$ t) sout
250 ml (1 k) volkoringmeel
125 ml ($^1/_2$ k) botter of margarien,
  gesmelt
375 ml (1$^1/_2$ k) karringmelk
versiersuiker vir bo-oor sif

Annette Human skryf in Wenresepte 1*: "Hierdie gesonde koek vereis geen inspanning wanneer dit by die mengery kom nie. Dis so maklik soos 'n gekoopte koekmengsel – maar die verskil lê by die uitstekende geur en klamheid."*

Voorverhit die oond tot 180 °C. Smeer 'n 23 cm-ringkoekpan goed met botter of margarien of spuit met kleefwerende kossproei.

Sif die meel, suiker, koeksoda, bakpoeier, kaneel, naeltjies en sout saam. Voeg die volkoringmeel by en meng. Voeg die botter by, meng effens en voeg dan die karringmelk by. Roer tot goed gemeng.

Skep in die voorbereide pan en bak 1 uur lank in die voorverhitte oond of tot 'n toetspen skoon uit die middel van die koek kom. Keer die koek versigtig op 'n draadrak uit en laat afkoel. Sif versiersuiker net voor opdiening oor.

Lewer 1 mediumgroot koek.

Maklike marmerkoek

3 ekstragroot eiers
175 g sagte botter of margarien
250 ml (1 k) suiker
310 ml (1¹/₄ k) bruismeel
knippie sout
2 ml (¹/₂ t) bakpoeier
15 ml (1 e) kakaopoeier
15 ml (1 e) melk
versiersuiker vir bo-oor sif

Die koek word sommer in die voedselverwerker of elektriese menger aangemaak.

Voorverhit die oond tot 180 °C. Smeer 'n mediumgroot broodpan goed met botter of margarien of spuit met kleefwerende kossproei.

Plaas alle bestanddele behalwe die kakaopoeier en melk in 'n voedselverwerker of elektriese menger en verwerk tot glad. Skep die helfte van mengsel in die voorbereide broodpan. Voeg die kakaopoeier en melk by orige beslag en meng. Skep lepels vol sjokoladebeslag op die beslag in die pan en trek 'n mes daardeur om 'n marmereffek te verkry.

Bak 40-55 minute lank in die voorverhitte oond tot gaar of tot 'n toetspen skoon uit die middel van die koek kom. Laat afkoel, keer uit en sif versiersuiker net voor opdiening oor.

Lewer 1 mediumgroot koek.

Sjokolade-oondpankoek

Beslag:
750 ml (3 k) koekmeelblom
20 ml (4 t) bakpoeier
500 ml (2 k) witsuiker
5 ml (1 t) koeksoda
80 ml (¹/₃ k) kakaopoeier
knippie sout
500 ml (2 k) kookwater
250 ml (1 k) kookolie
10 ml (2 t) vanieljegeursel
50 ml (¹/₅ k) witasyn

Sjokolade-botterversiersel:
230 g botter
500 ml (2 k) versiersuiker
2 eiergele
180 ml (³/₄ k) kakaopoeier
5 ml (1 t) vanieljegeursel

Die maklike, vinnige resep is ideaal om te gebruik wanneer jy vinnig iets vir 'n skoolkoekverkoping moet maak. (Smeer sommer, soos ek, karamelkondensmelk oor as jy dit skool toe moet stuur.) Wat lekker is, is dat jy sommer al die bestanddele in die pan skep en net daar meng. Boonop kry die koek nie eiers in nie.

Voorverhit die oond tot 180 °C. Smeer 'n 27 x 40 cm-oondpan goed met botter of margarien of spuit met kleefwerende kossproei.

Beslag:
Sif al die droë bestanddele saam in die oondpan. Meng die res van die bestanddele in 'n beker en giet egalig oor die droë bestanddele in die pan. Klits met 'n vurk tot dit gemeng is en stamp effens om die grootste lugborrels te verwyder. Bak ongeveer 40 minute in die voorverhitte oond tot gaar en 'n toetspen skoon uit die middel van die koek kom. Bedek met aluminiumfoelie indien die koek te donker word.

Versiersel:
Room die botter tot lig en romerig. Sif die versiersuiker bietjie-vir-bietjie by en klits goed tot glad en vlokkig. Klits die eiergele by. Voeg ook die kakaopoeier by en klits goed. Voeg die vanieljegeursel by en klits goed. Smeer oor koek in die pan.

Lewer 1 groot oondpankoek.

Sjokolade-oondpantert

Beslag:
1 x basiese sjokolade-oondpankoek
  (bl. 249)

Bolaag:
1 blik (410 g) ingedampte melk
125 ml (¹/₂ k) witsuiker
2 plakke (10 g elk) neutsjokolade,
  in blokkies gebreek

Deur slegs 'n sjokoladesous oor die sjokolade-oond-pankoek te giet, maak jy die lekkerste tert denkbaar.

Beslag:
Berei die sjokolade-oondpankoek en prik met 'n dun toetspen.

Bolaag:
Verhit ³/₄ van die ingedampte melk saam met die suiker tot die suiker opgelos is. Laat 5 minute lank prut. Giet oor die koek sodra dit uit die oond kom. Laat 'n paar minute lank staan. Smelt die sjokolade en die orige ingedampte melk saam en smeer oor die tert.
    Dien warm of koud op saam met roomys.

Lewer 1 groot oondpankoek.

Warm-uit-die-oond-sjokolade-oondpankoek

Beslag:
1 x basiese sjokolade-oondpankoek
  (bl. 249)

Versiersel:
500 g (1 pak) versiersuiker
50 ml kakaopoeier
50 ml margarien of botter
125 ml (¹/₂ k) kookwater

Huisgenoot het die oorspronklike resep ontvang van 'n pastoriemoeder van Potchefstroom wat destyds vertel het sy het te laat onthou van 'n vergadering waarvoor sy koek moes bak. Die versiersel is toe oor die warm koek gesmeer en so louwarm opgedien – was dit nou 'n treffer!

Beslag:
Berei die sjokolade-oondpankoek.

Versiersel:
Sif die versiersuiker en kakaopoeier saam. Voeg die margarien en kookwater by en meng tot die margarien gesmelt is. Smeer oor die warm koek sodra dit uit die oond kom en dien louwarm op.

Lewer 1 groot oondpankoek.

Laevet-sjokoladekoek

Beslag:
750 ml (3 k) koekmeelblom
300-500 ml (1¹/₅-2 k) witsuiker
90 ml (6 e) kakaopoeier
10 ml (2 t) koeksoda, gesif
150 ml kookolie
10 ml (2 t) vanieljeugeursel
30 ml (2 e) bruinasyn
500 ml (2 k) koue water
konfyt van jou keuse

Koek waaraan 'n mens maar kan smul sonder dat jou gewete jou te veel wil pla, want daar's regtig nie veel vet daarin nie. Die oorspronklike resep het ons gevind in 'n resepteboek met gesonde resepte wat die Hartstigting saamgestel het. Boonop is dit lekker klam en hou dit maande lank as dit goed toegedraai in die vrieskas gebêre word. Die koek kry nie eiers in nie.

Voorverhit die oond tot 180 °C. Smeer 2 ronde koekpanne van 20 cm goed met botter of margarien of spuit met kleefwerende kossproei.

Jogurt-ganache:
200 g (2 plakke) donkersjokolade,
  in stukkies gebreek
1 houer (175 ml) natuurlike jogurt

Beslag:
Sif die droë bestanddele saam en maak 'n holte in die middel. Klits die olie, vanieljegeursel, asyn en water saam en giet in die holte. Klits tot gemeng.

Skep die beslag in die voorbereide panne. Stamp dit liggies om van die grootste lugborrels te verwyder en bak ongeveer 40 minute lank in die voorverhitte oond tot gaar en 'n toetspen skoon uit die middel van die koek kom. Bedek met aluminiumfoelie indien die koek te donker word. Laat die koek 5 minute in die panne afkoel en keer op 'n draadrak uit om verder af te koel. Smeer 'n dun lagie konfyt op die onderste koeklaag en plaas die tweede laag bo-op.

Jogurt-ganache:
Smelt die sjokolade en meng met die ongegeurde jogurt. Verkoel tot effens verdik, klits nou en dan en giet oor die koek. Laat staan tot stewig.

Lewer 1 mediumgroot koek.

Variasie: Vir 'n mokkakoek, voeg 40 ml (3-4 e) kitskoffiepoeier by die beslag.

Mayonnaise-sjokoladekoek

Beslag:
750 ml (3 k) koekmeelblom
200 ml kakaopoeier
375 ml (1½ k) strooisuiker
5 ml (1 t) sout
7 ml (1½ t) koeksoda
375 ml (1½ k) koue water
5 ml (1 t) vanieljegeursel
275 ml mayonnaise

Versiersel:
250 ml (1 k) vars room, styfgeklits
15 ml (1 e) strooisuiker
2 ml (½ t) vanieljegeursel
aarbeikonfyt
paar vars aarbeie

Pleks van olie word mayonnaise in die koek gebruik. Ook lekker vinnig om te maak.

Voorverhit die oond tot 180 °C. Smeer twee 20 cm-koekpanne met botter of margarien of spuit met kleef-werende kossproei en bestuif met koekmeelblom.

Beslag:
Sif die droë bestanddele 2 keer saam. Meng die water, vanieljegeursel en mayonnaise goed en voeg stadig by die droë bestanddele. Meng goed, maar nie te veel nie. Skep uit in die voorbereide koekpanne en bak 30-45 minute lank in die voorverhitte oond of tot 'n toetspen skoon uit die middel van die koek kom. Keer op 'n draadrak uit en laat heeltemal afkoel.

Versiersel:
Klits die room styf en klits die strooisuiker en vanielje-geursel by.

Smeer 'n lagie aarbeikonfyt op een koeklaag, gevolg deur 'n lagie room. Plaas die ander koeklaag bo-op. Skep die res van die room bo-op en versier met heel vars aarbeie.

Lewer 1 mediumgroot koek.

Rooibostee-sjokoladekoek

Beslag:
250 ml (1 k) kookwater
5 ml (1 t) rooibosteeblare of 1 teesakkie
125 ml ($^1/_2$ k) kakaopoeier
4 ekstragroot eiers, geskei
375 ml (1$^1/_2$ k) witsuiker
125 ml ($^1/_2$ k) kookolie
5 ml (1 t) vanieljegeursel
500 ml (2 k) koekmeelblom
15 ml (1 e) bakpoeier
2 ml ($^1/_2$ t) sout

Gekookte sjokoladeversiersel:
400 ml kookwater
10 ml (2 t) rooibosteeblare of 2 –sakkies
  (opsioneel)
250 ml (1 k) suiker
50 ml botter
50 ml kakaopoeier
50 ml mielieblom
7 ml (1$^1/_2$ t) vanieljegeursel
paar haselneute

Nog 'n koek wat glad nie ryk is nie en boonop heerlik klam is. Dit word ook sommer in 'n japtrap klaar aangemaak.

Voorverhit die oond tot 180 °C. Smeer twee 20 cm-losboomkoekpanne en met botter of margarien of spuit met kleefwerende kossproei.

Beslag:
Giet die kookwater oor die rooibostee en laat trek tot lekker sterk. Giet deur 'n sif indien los blare gebruik is en voeg by die kakaopoeier. Meng deeglik tot 'n gladde pasta. Klits die eiergele en suiker saam tot lig en romerig. Voeg die olie en vanieljegeursel by. Voeg die kakaomengsel by en meng deeglik.

Sif die meel, bakpoeier en sout saam. Voeg by die kakaomengsel en meng deeglik. Klits die eierwitte tot dit stywe punte vorm en vou liggies by die kakaomengsel in. Giet in die voorbereide koekpanne en bak 40 minute lank in die voorverhitte oond of tot 'n toetspen skoon uit die middel van die koek kom. Bedek die koek met aluminium-foelie indien dit bo-op te donker word en nog nie gaar is nie. Laat effens afkoel en keer op 'n draadrak uit.

Versiersel:
Giet kookwater oor die rooibosteeblare en laat trek tot sterk. Giet deur 'n sif indien los blare gebruik is. Voeg die suiker en botter by en verhit tot al die suiker gesmelt is. Maak die kakaopoeier en mielieblom met 'n bietjie van die rooibostee-mengsel aan en meng tot 'n gladde pasta. Voeg by die orige rooibosteemengsel en verhit tot die mengsel kook en verdik. Roer gedurig. Voeg die vanieljegeursel by. Laat effens afkoel en plaas in die koelkas om goed koud te word.

Smeer ongeveer $^1/_3$ van die versiersel op die een koeklaag en plaas die ander koeklaag bo-op. Meng 'n paar haselneute met die orige versiersel en smeer bo-oor. (Die versiersel is slapperig.)

Lewer 1 groot koek.

Rooibostee-sjokoladekoek

Sjokolade maaskaaskoek

Beslag:
100 g sagte botter
310 ml (1¹/₄ k) suiker
1 houer (250 g) gladde maaskaas
4 ekstragroot eiers
500 ml (2 k) koekmeelblom
10 ml (2 t) bakpoeier
2 ml (¹/₂ t) sout
5 ml (1 t) vanieljegeursel

Sjokolademengsel:
¹/₂ plak (60 g) donkersjokolade, gekap
pakkie (50 g) okkerneute, gekap
5 ml (1 t) fyn kaneel

Versiersel:
1 plak (200 g) heelneutsjokolade, in
   blokkies gebreek
30 ml (2 e) melk

*Buiten dat die koek maaskaas inkry, word stukkies sjoko-
lade en neute ook by die koek ingemeng. Geen wonder
ons is oorval met versoeke om afskrifte daarvoor nie.*

Voorverhit die oond tot 180 °C. Smeer 'n 23 cm-losboom-
koekpan goed met botter of margarien of spuit met
kleefwerende kossproei. Voer die boom met 'n dubbele
laag bakpapier uit.

Beslag:
Klits die botter en suiker tot lig. Meng die maaskaas by.
Voeg die eiers een vir een by en klits goed na elke byvoeg-
ing. Sif die droë bestanddele saam en sif oor die botter-
mengsel. Vou in, voeg die vanieljegeursel by en meng.
Skep die beslag in die voorbereide pan.

Sjokolandemengsel:
Strooi die sjokolade, okkerneute en kaneel oor die beslag in
die pan. Meng liggies deur met 'n mes.
   Bak 40-60 minute lank in die voorverhitte oond tot
gaar en 'n toetspen skoon uit die middel van die koek kom.
Laat die koek 'n paar minute in die koekpan afkoel en keer
dan op 'n draadrak uit om verder af te koel.

Versiersel:
Smelt die heelneutsjokolade en melk saam oor lae hitte.
Keer die koek versigtig op 'n opdienbord uit en giet die
sjokolademengsel bo-oor. Laat dit afkoel.

Lewer 1 mediumgroot koek.

Dekadente sjokoladekoek

Beslag:
200 g botter
180 ml (³/₄ k) gouestroop
100 g (1 plak) donkersjokolade,
   in stukkies gebreek
60 ml (4 e) (¹/₄ k) kakaopoeier
250 ml (1 k) witsuiker
200 ml karringmelk
2 ekstragroot eiers
500 ml (2 k) koekmeelblom
7 ml (1¹/₂ t) koeksoda

*In Windhoek in Namibië kan jy 'n stukkie van hierdie
heerlike sjokoladekoek, wat met egte sjokolade gemaak
word, saam met koffie by die* Craft Café *by die Craft
Centre bestel.*

Voorverhit die oond tot 160 °C. Smeer 2 koekpanne van
20 cm goed met botter of margarien of spuit met kleef-
werende kossproei.

Beslag:
Plaas die botter, stroop, sjokolade, kakaopoeier, suiker en die
¹/₂ van die karringmelk in 'n kastrol. Laat die bestanddele oor
matige hitte smelt, maar moenie die mengsel laat kook nie.
Klits die eiers en orige karringmelk saam. Sif die meel en
koeksoda in 'n mengbak. Roer die eier-karringmelkmengsel
stadig by die droë bestanddele in en voeg dan die warm
kakaopoeiermengsel by terwyl voortdurend geroer word.

Vulsel:

125 ml ('/₂ k) sterk swart koffie

2 ekstragroot eiergele

60 ml (4 e) witsuiker

1 plak (100 g) donkersjokolade, fyngekap

1 houer (250 g) mascarpone- of roomkaas

30 ml (2 e) brandewyn

kakaopoeier vir versiering

Skep die beslag in die voorbereide panne en bak 35-40 minute lank in die voorverhitte oond tot gaar of tot 'n toetspen skoon uit die middel van die koek kom. Laat effens in die panne afkoel, keer op 'n draadrak uit en laat heeltemal afkoel. (Die koek is baie klam en die lae is nie baie hoog nie.) Halveer elke koeklaag versigtig horisontaal.

Vulsel:
Sprinkel die aangemaakte koffie oor elk van die 4 koeklae. Klits die eiergele en suiker in 'n bak oor warm water tot dit lig en dik is. Verwyder van die hitte. Klits die sjokolade, mascarponekaas en brandewyn in by die suikermengsel. Klits tot die mengsel styf is.

Plaas een van die koeklae in 'n 20 cm-losboompan wat uitgevoer is met bakpapier. Smeer ¹/₃ van die vulsel oor en plaas nog 'n koeklaag bo-op. Herhaal met die res van die vulsel en eindig met 'n koeklaag. Plaas in die yskas vir minstens 2-3 uur om effens te verstewig.

Verwyder die pan se ring, plaas die koek op 'n opdien-bord en besprinkel die bolaag met kakaopoeier. Sit voor saam met koffie.

Lewer 1 groot koek.

KOEK SONDER VERSIERSEL
Spesery-appelkoek

1 mediumgroot appel, geskil

1 suurlemoen se skil

250 ml (1 k) suiker

250 ml (1 k) kookolie

250 ml (1 k) gouestroop

5 ml (1 t) fyn gemmer

5 ml (1 t) fyn kaneel

2 ml ('/₂ t) gemengde speserye

750 ml (3 k) koekmeelblom

10 ml (2 t) bakpoeier

250 ml (1 k) sterk warm tee

10 ml (2 t) koeksoda

1 eier, geklits

versiersuiker vir bo-oor sif (opsioneel)

Die geurige appelkoek het in 1983 'n eerste prys in 'n Huisgenoot-reseptekompetisie gewen. Sedertdien het dit oral bekend en gewild geraak. Die ringkoek kan tot 'n maand in 'n digte houer gehou word, skryf Annette Human in Wenresepte 2.

Voorverhit die oond tot 180 °C. Smeer 'n tuitpan van 25 cm in deursnee en 11 cm diep goed met botter of mar-garien of spuit met kleefwerende kossproei. Voer die boom met bakpapier uit.

Rasper die appel grof in 'n mengbak. Rasper die skil van die suurlemoen op die fyn kant in die mengbak. Voeg die suiker, olie en stroop by en meng. Voeg die gemmer, kaneel en gemengde speserye by en meng.

Sif die meel en bakpoeier saam. Meng die tee en koek-soda. Roer die meelmengsel beurtelings met die teemengsel en eier by die appelmengsel in. Gooi die beslag in die voorbereide pan.

Bak die koek 1 uur op die middelste rak van die voorverhitte oond. Laat dit 'n rukkie in die pan afkoel en keer dan baie versigtig uit. Sif 'n klein bietjie versiersuiker bo-oor.

Lewer 1 mediumgroot koek.

Veelsydige wortelkoek

Basiese beslag:
3 ekstragroot eiers
375 ml (1^1/$_2$ k) suiker
250 ml (1 k) kookolie
750 ml (3 k) gerasperde geelwortels
625 ml (2^1/$_2$ k) koekmeelblom
7 ml (1^1/$_2$ t) bakpoeier
5 ml (1 t) koeksoda, gesif
7 ml (1^1/$_2$ t) fyn kaneel
5 ml (1 t) sout
1 pakkie (100 g) pekanneute, gekap
  (opsioneel)

Koek was nog altyd gewild onder Huisgenoot-*lesers, maar dit was veral wortelkoek met sy maaskaasversiersel waarvoor die eerste resep in* Wenresepte 1 *verskyn het, wat die land aan die praat gehad het, vertel Annette Human. Later jare volg resepte vir patatkoek en pampoenkoek – almal maar variasies van hierdie immergewilde wortelkoek.*

Voorverhit die oond tot 180 °C. Smeer 'n 23 cm-ringpan goed met botter of margarien of bespuit met kleefwerende kossproei.

Klits die eiers en voeg die suiker bietjie-vir-biejie by terwyl aanhoudend geklits word. Voeg die olie by en klits goed. Roer die geelwortels in. Sif die meel, bakpoeier, koeksoda, kaneel en sout saam en meng deur.

Giet die beslag in die voorbereide koekpan.
Bak 60-70 minute lank in die voorverhitte oond tot gaar en 'n toetspen skoon uit die middel van die koek kom. Laat die koek in die pan afkoel, keer op 'n draadrak uit en versier soos verkies met enige maaskaasversiersel of lemoen-klapperversiersel (hieronder).

Variasies:
- **Piesang-wortelkoek:** *Vervang 250 ml (1 k) van die geelwortels deur fyngedrukte piesang en volg verder die basiese wortelkoekresep. Versier met maaskaasversiersel of lemoen-klapperversiersel.*
- **Sjokolade-piesangwortelkoek:** *Vervang 80 ml (^{1}/$_3$ k) van die koekmeelblom deur kakaopoeier en 250 ml (1 k) van die geelwortels met fyngedrukte piesang. Volg verder die basiese wortelkoekresep. Versier met jogurt-ganache (bl. 251) of maaskaasversiersel.*
- **Patatkoek:** *Berei soos die wortelkoek, maar vervang die gerasperde geelwortels deur dieselfde hoeveelheid gerasperde patats en roer terselfdertyd 80 ml (^{1}/$_3$ k) kookwater in. Geur ook met 5 ml (1 t) neutmuskaat. Berei verder soos die wortelkoek. Versier met maaskaasversiersel of lemoen-klapperversiersel.*
- **Pampoenkoek (met of sonder dadels):** *Berei soos die wortelkoek, maar vervang die gerasperde geelwortels deur 250 ml (1 k) fyn gaar pampoenmoes. Voeg 250 ml (1 k) fyngekapte dadels by indien verkies en roer die neute ook reeds hier in. Geur ook met 5 ml (1 t) fyn gemmer. Berei verder soos die wortelkoek. Versier met maaskaasversiersel of lemoen-klapperversiersel.*

Maaskaasversiersel:
100 ml gladde maaskaas
50 ml sagte botter of margarien
5 ml (1 t) vanieljegeursel
15 ml (1 e) gerasperde lemoenskil
500 ml (2 k) strooisuiker
60 ml (^{1}/$_4$ k) versiersuiker, gesif
paar heel pekanneute vir versiering (opsioneel)

Lemoen-klapperversiersel:
375 ml (1^1/$_2$ k) versiersuiker, gesif
50 ml lemoensap
125 ml (^{1}/$_2$ k) droë klapper

Maaskaasversiersel

Klits die maaskaas en botter tot goed gemeng en voeg die geursel en skil by. Roer die strooisuiker bietjie-vir-bietjie in terwyl aanhoudend geklits word. Voeg die versiersuiker by en versier die koek hiermee. Rangskik heel pekanneute bo-op.

Lemoen-klapperversiersel

Meng die versiersuiker en lemoensap tot glad. Voeg die helfte van die klapper by en meng goed. Smeer oor die koek en strooi die res van die klapper oor. Rooster 'n paar minute onder die verhitte oondrooster indien verkies.

Veelsydige wortelkoek

Suurlemoen-papawersaadkoek

Beslag:
250 g botter
350 ml strooisuiker
3 ekstragroot eiers
2 suurlemoene se gerasperde skil
450 ml koekmeelblom
10 ml (2 t) bakpoeier
2 ml ($^1/_2$ t) sout
60 ml (4 e) water
45 ml (3 e) suurlemoensap
80 ml ($^1/_3$ k) papawersaad

Suurlemoenstroop:
250 ml (1 k) suiker
125 ml ($^1/_2$ k) water
125 ml ($^1/_2$ k) suurlemoensap

Roomkaasversiersel:
110 g botter
700 ml (2$^3/_4$ k) versiersuiker
100 g gladde roomkaas
ekstra papawersaad
versuikerde suurlemoenskilrepies
  (opsioneel)

Die papawersaadkoek kry 'n suurlemoen-stroop oor en word afgerond met 'n roomkaasversiersel, soortgelyk aan dié wat wortelkoek meestal mee versier word.

Voorverhit die oond tot 190 °C. Smeer 'n 24 cm-ringpan goed met botter of margarien of spuit met kleefwerende kossproei. Voer die kante met bakpapier uit.

Beslag:
Klits die botter en suiker saam tot lig en romerig. Voeg die eiers een vir een by, asook suurlemoenskil. Sif die meel, bakpoeier en sout 2 keer saam. Meng die water en suurlemoensap. Voeg die meel- en watermengsel om die beurt by die bottermengsel en vou in. Voeg die papawersaad by en meng. Giet in die voorbereide pan en bak ongeveer 35-45 minute lank in die voorverhitte oond of tot 'n toetspen skoon uit die middel van die koek kom.

Stroop:
Verhit intussen die suiker, water en suurlemoensap saam tot die suiker opgelos is. Verhit tot kookpunt. Giet oor die warm koek en laat in die pan afkoel.

Versiersel:
Klits die botter tot romerig, voeg die versiersuiker bietjie-vir-bietjie by en klits goed. Klits die roomkaas by. Keer die koek op 'n dienbord uit, skep die versiersel oor, sprinkel 'n bietjie papawersaad oor en versier met versuikerde suurlemoenskilrepies indien verkies.

Lewer 1 mediumgroot koek.

Klapper-papawersaadkoek

Beslag:
3 ekstragroot eiers
375 ml (1$^1/_2$ k) strooisuiker
125 ml ($^1/_2$ k) kookolie
250 ml (1 k) natuurlike jogurt
125 ml ($^1/_2$ k) papawersaad
250 ml (1 k) klapper
250 ml (1 k) bruismeel

Voorverhit die oond tot 180 °C. Smeer 2 koekpanne van 20 cm goed of spuit met kleefwerende kossproei.

Beslag:
Room die eiers en strooisuiker saam tot lig en romerig. Voeg die olie en jogurt by en klits goed. Voeg die papawersaad, klapper en bruismeel by en meng deur. Giet die helfte in elke koekpan en maak bo-op gelyk Bak 30-35 minute lank in die voorverhitte oond of tot 'n toetspen skoon uit die middel van elke koek kom. (Die koeklae rys nie baie hoog nie.) Keer op 'n draadrak uit en laat afkoel.
    Versier die koek met 'n botterversiersel (bl. 246).

Lewer 1 mediumgroot koek.

Suurlemoen-papawersaadkoek

Duitse karamelamandelkoek

Beslag:
3 ekstragroot eiers, liggies geklits
250 ml (1 k) suiker
25 ml (5 t) versiersuiker
500 ml (2 k) koekmeelblom
10 ml (2 t) bakpoeier
knippie sout
250 ml (1 k) room

Bolaag:
125 ml ($^1/_2$ k) botter
45 ml (3 e) amandelvlokkies
250 ml (1 k) suiker
45 ml (3 e) melk

Die Duitse koek het 'n smullekker bolaag van gekaramel-liseerde amandels wat halfpad deur die bakproses oor die koek gesprinkel word. Die lekker ryk koek kry nie botter in nie, maar wel room. By Huisgenoot *was dit ook 'n gunsteling.*

Voorverhit die oond tot 180 °C. Smeer 'n vierkantige koekpan van 23 cm en 5 cm hoog goed met botter of margarien of spuit met kleefwerende kossproei.

Klits die eiers en suiker ongeveer 5 minute lank tot lig en dik. Sif die versiersuiker, meel, bakpoeier en sout saam en vou beurtelings met die room by die eiermengsel in tot net gemeng.

Giet die beslag in die voorbereide pan en bak 20-25 minute lank in die voorverhitte oond.

Bolaag:
Verhit intussen die botter, amandelvlokkies, suiker en melk saam en laat 8 minute lank stadig prut. Laat effens afkoel.

Giet die bolaag oor die koek, plaas terug in die oond en bak nog 25-30 minute lank tot die bolaag begin verbruin en soos fudge word. Wees versigtig dat die koek nie te donker bak nie – dit moet 'n strooikleurige voorkoms hê.

Lewer 1 mediumgroot koek.

Kitsvariasie: Berei die beslag en skep in die pan. Sprinkel 60 ml bruinsuiker, 5 ml fyn kaneel en 100 g amandelvlokkies oor. Plaas in 'n koue oond, verhit to 150 °C en bak 'n verdere 30 minute tot gaar.

Treffer-klapperkoek

Beslag:
125 g sagte botter of margarien
180 ml (³/₄ k) suiker
2 eiergele
2 ml (¹/₂ t) koeksoda, gesif
125 ml (¹/₂ k) natuurlike jogurt
250 ml (1 k) koekmeelblom
2 ml (¹/₂ t) bakpoeier
knippie sout
3 eierwitte
5 ml (1 t) vanieljegeursel
1 plak (100 g) melksjokolade, in stukkies
  gebreek
30 ml (2 e) melk

Bolaag:
60 ml (4 e) botter
125 ml (¹/₂ k) suiker
45 ml (3 e) room
125 ml (¹/₂ k) klapper
2 ml (¹/₂ t) vanieljegeursel

Ons was reeds in Desembermaand van 1995 en dit gaan maar dol in die toetskombuis om al die promosieblaaie en kosartikels vir die feestyd gereed te kry. In daardie tyd toets ons hierdie resep – die koek is ryk en klam met 'n lekker karamelklapperlaag bo-op. So lekker dat 'n mens net nie kan oophou eet nie. Nodeloos om te sê, ons is oorval met navrae van lesers wat tog net 'n afskrif van hierdie smullekker koek in die hande wil kry.

Voorverhit die oond tot 180 °C. Smeer 'n 20 cm-losboom-koekpan goed met botter of margarien of spuit met kleefwerende kossproei.

Beslag:
Klits die botter tot romerig en voeg die suiker bietjie-vir-bietjie by terwyl aanhoudend geklits word. Voeg die eiergele een vir een by en klits goed na elke byvoeging. Los die koeksoda in die jogurt op en voeg by die bottermengsel. Sif die meel, bakpoeier en sout oor die mengsel en vou in. Klits die eierwitte tot sagte punte vorm en vou by die mengsel in. Voeg ook die vanieljegeursel by.
  Skep die beslag in die voorbereide pan en maak bo-op gelyk. Smelt die sjokolade en melk saam en skep oor die beslag in die pan. Bak 40-60 minute lank in die voorverhitte oond tot gaar en 'n toetspen skoon uit die middel van die koek kom.

Bolaag:
Plaas die botter, suiker en room vir die bolaag in 'n kastrolletjie en verhit tot die suiker gesmelt is. Voeg die klapper en vanieljegeursel by en meng goed. Skep oor die warm koek in die pan en rooster onder die roosterelement van die oond tot dit begin verkleur.
  Laat die koek effens in die pan afkoel en keer op 'n draadrak uit om verder af te koel. Bêre in 'n digte houer.

Lewer 1 klein koek.

Neute-stroopkoek

Stroop:
50 ml sagte botter
60 ml (4 e) ligte bruinsuiker
80 ml ($^1/_3$ k) heuning of gouestroop
60 ml (4 e) room
1 pakkie (100 g) pekanneute, grofgekap

Beslag:
500 ml (2 k) koekmeelblom
10 ml (2 t) bakpoeier
1 ml ($^1/_4$ t) sout
75 ml (5 e) botter
375 ml (1$^1/_2$ k) witsuiker
2 ekstragroot eiers, geskei
1 plak (100 g) donkersjokolade, gesmelt
5 ml (1 t) vanieljegeursel
250 ml (1 k) melk

Die neutestroop word onder in die pan geskep en met die uitkeerslag word dit die bolaag.

Voorverhit die oond tot 180 °C. Smeer 'n 23 cm-ringkoekpan goed of spuit met kleefwerende kossproei.

Stroop:
Smelt die botter en suiker saam oor lae hitte – roer aanhoudend tot gesmelt. Verhit tot die mengsel borrel. Roer die heuning en die room in. Verhit weer tot kookpunt. Voeg dan die neute by en giet in die voorbereide ringkoekpan.

Beslag:
Sif die meel, bakpoeier en sout saam. Klits die botter tot romerig en voeg dan die suiker lepelsgewys by terwyl aanhoudend geklits word. Klits tot romerig. Meng die eiergele, gesmelte sjokolade en vanieljegeursel. Voeg by die bottermengsel en meng goed. Vou die droë bestanddele om die beurt met die melk by die bottermengsel in. Klits die eierwitte tot dit sagte punte vorm en vou by die mengsel in.
   Giet die beslag in die voorbereide pan en bak 45-60 minute lank in die voorverhitte oond of tot 'n toets-pen skoon uit die middel van die koek kom. Laat die koek 5 minute in die pan afkoel en keer dan uit op 'n draadrak om heeltemal af te koel.

Lewer 1 groot koek.

Piesangkoek met neutbolaag

Bolaag:
375 ml (1$^1/_2$ k) graanvlokkies
125 ml ($^1/_2$ k) gekapte neute
suiker
2 ml ($^1/_2$ t) fyn kaneel
30 ml (2 e) sagte botter of margarien

Beslag:
375 ml (1$^1/_2$k) koekmeelblom
2 ml ($^1/_2$ t) sout
2 ml ($^1/_2$ t) fyn neutmuskaat
115 g sagte botter of margarien
375 ml (1$^1/_2$ k) witsuiker
2 eiers, effens geklits
5 ml (1 t) koeksoda
75 ml (5 e) suurmelk
250 ml (1 k) fyngemaakte ryp piesang
   (4 mediumgroot piesangs)
5 ml (1 t) vanieljegeursel

Dié koek bly lank vars, vertel Annette Human in Wenresepte 1.

Voorverhit die oond tot 180 °C. Smeer 'n koekpan van 24 x 24 x 7 cm of spuit met kleefwerende kossproei.

Bolaag:
Rol die graanvlokkies tot krummels. Voeg die neute, suiker en kaneel by en meng. Vryf die botter in. Hou eenkant.

Beslag:
Sif die meel, sout en neutmuskaat saam. Room die botter en suiker tot romerig. Voeg die eiers by en klits tot gemeng. Voeg die gesifte bestanddele by en roer tot gemeng. Los die koeksoda in die suurmelk op en voeg saam met piesangmoes en geursel by meelmengsel. Roer tot gemeng, gooi in die voorbereide pan en maak bo-op gelyk. Strooi die neutmengsel bo-oor en bak ongeveer 45 minute tot gaar. Keer versigtig op 'n draadrak uit en laat afkoel.

Lewer 1 mediumgroot koek.

Neutestroopkoek

Kaas-en-Marmite-koek

Beslag:
90 g botter of margarien
200 ml suiker
5 ml (1 t) vanieljegeursel
2 ekstragroot eiers, geklits
500 ml (2 k) koekmeelblom
10 ml (2 t) bakpoeier
1 ml ($^1/_4$ t) sout
125 ml ($^1/_2$ k) melk

Bolaag:
10 ml (2 t) Marmite
50 ml botter
125 ml ($^1/_2$ k) gerasperde cheddarkaas

Almal het dié koek gemaak – die ryk botterkoek met die Marmitebotter en gesmelte kaasbolaag.

Voorverhit die oond tot 180 °C. Smeer 'n oondvaste bak van 31 x 20 cm goed of spuit met kleefwerende kossproei.

Beslag:
Room die botter en suiker saam tot lig en romerig. Voeg die vanieljegeursel by. Klits die eiers by die bottermengsel. Sif die droë bestanddele saam en meng dit afwisselend met die melk by die bottermengsel in. Skep die beslag in die voorbereide bak en bak 25-30 minute.

Bolaag:
Meng die Marmite en die botter. Steek gaatjies in die koek en smeer die Marmite-en-bottermengsel bo-oor. Strooi die kaas oor en bak verder tot gesmelt. Dien warm op.

Lewer 1 mediumgroot koek.

Meringuekoek

Beslag:
125 g sagte botter of margarien
100 ml suiker
3 eiergele
250 ml (1 k) koekmeelblom, gesif
10 ml (2 t) bakpoeier
125 ml ($^1/_2$ k) melk
1 pak (100 g) okkerneute, gekap
  (hou 'n paar heel vir versiering)
4 eierwitte
250 ml (1 k) strooisuiker

Vulsel:
250 ml (1 k) room, verkoel
5 ml (1 t) vanieljegeursel
10 ml (2 t) suiker

Variasie:
Karamelmeringue-koek: *Meng 'n blik (385 g) karamelkondensmelk met 125 ml ($^1/_2$ k) styfgeklitste room en gebruik pleks van die roomvulsel.*
Meringue-vlakoek: *Meng 250 ml (1 k) dik vla by 125 ml ($^1/_2$ k) styfgeklitste room in.*

'n Feestelike koek vir spesiale geleenthede, beskryf Annette Human hierdie koek in Wenresepte 1.

Voorverhit die oond tot 180 °C. Smeer 2 losboom-koekpanne van 23 cm of spuit met kleefwerende kossproei. Bestrooi met fyn droë broodkrummels of meel.

Beslag:
Room die botter en suiker tot lig en romerig. Voeg die eiergele een-een by en meng goed. Sif die meel en bakpoeier saam en meng dit beurtelings met die melk by die bottermengsel.
    Verdeel die beslag gelykop tussen die 2 voorbereide panne en strooi die gekapte neute oor. Klits die eierwitte effens en voeg die strooisuiker geleidelik by. Klits tot 'n stywe meringue vorm. Bedek die beslag met die meringue en bak 20-25 minute lank in die voorverhitte oond. Laat die koeke in die panne afkoel.

Vulsel:
Klits die room en die vanieljegeursel vir die vulsel effens. Voeg die suiker geleidelik by en klits tot styf. Keer die koeke uit sodat die meringue bo is. Smeer die roommengsel op een koeklaag se meringue en plaas die ander koek bo-op.

Lewer 1 mediumgroot koek.

Kaas-en-Marmite-koek

Neutemeringue

Meringuekoek:
3 ekstragroot eiers se eierwitte
250 ml (1 k) strooisuiker
knippie kremetart
1 pak (200 g) Cream Cracker of
Tennisbeskuitjies, grofgebreek
1 pak (100 g) neute (bv. pekanneute),
 gekap

Bolaag:
500 ml (2 k) room, verkoel
125 ml (½ k) versiersuiker
heel groenvyekonfyt vir afronding

Cream Cracker-beskuitjies of selfs Tennisbeskuitjies en neute wat by meringue ingemeng word, maak 'n heerlike koek wat veral lekker is om saam met koffie na ete voor te sit.

Voorverhit die oond tot 180 °C. Plaas 'n vel bakpapier op 'n bakplaat en bestuif met mielieblom.

Meringuekoek:
Klits die eierwitte tot skuimerig. Voeg die suiker bietjie-vir-bietjie by en klits saam met die kremetart tot styf en glasig. Vou die beskuitjies en neute in. Vorm 'n sirkel op die bakpapier met die mengsel en bak 25 minute lank in die voorverhitte oond. Laat afkoel en bêre in 'n lugdigte houer tot benodig.

Bolaag:
Klits die room styf saam met die versiersuiker en stapel op die meringuekors. Rond af met heel groenvye wat in skyfies gesny is.

Lewer 1 mediumgroot tert.

Meringue-rolkoek

4 ekstragroot eierwitte
180 ml (¾ k) strooisuiker
5 ml (1 t) fyn kaneel
15 ml (1 e) witsuiker
50 g (½ pakkie) amandelvlokkies

Bolaag:
250 ml (1 k) room
45 ml (3 e) versiersuiker, gesif
2-3 druppels amandelgeursel

Die meringue word baie kort gebak sodat dit maklik kan rol. Dit is heerlik met sy romerige amandelvulsel.

Voorverhit die oond tot 180 °C. Smeer 'n rolkoekpan met botter of margarien of spuit met kleefwerende kossproei. Voer met waspapier uit en smeer of spuit weer. Bestuif met mielieblom.
 Klits die eierwitte tot dit sagte punte vorm. Voeg die strooisuiker lepelsgewys by terwyl aanhoudend geklits word. Klits goed na elke byvoeging en klits tot styf. Smeer die meringuemengsel egalig oor die waspapier. Sprinkel die kaneel, suiker en laastens amandelvlokkies oor. Bak 10 minute lank in die voorverhitte oond tot die meringue liggies begin verbruin. Verwyder uit die oond en maak die kante van die waspapier los. Bedek met 'n groot stuk was-papier en 'n omgekeerde draadrak. Keer versigtig om. Verwyder die rolkoekpan en die waspapier waarmee dit gevoer is. Laat afkoel.

Bolaag:
Klits die room, versiersuiker en amandelgeursel styf en smeer oor die meringue. Rol in die lengte op. Sit voor saam met vars bessies indien verkies. Die rolkoek vries ook goed. Ontdooi in die yskas.

Lewer 1 mediumgroot rolkoek.

Meringue-rolkoek

Gemmerkoek

Beslag:
250 g botter, saggemaak
250 ml (1 k) sagte bruinsuiker
3 ekstragroot eiers
60 ml ($^1/_4$ k) gemmerstroop
125 ml ($^1/_2$ k) gouestroop
250 ml (1 k) gesnipperde ingemaakte
  gemmerstukke
750 ml (3 k) koekmeelblom
2 ml ($^1/_2$ t) sout
250 (1 k) melk
10 ml (2 t) suurlemoensap
10 ml (2 t) koeksoda, gesif

Gemmerversiersel:
660 ml (2$^2/_3$ k) versiersuiker
30 ml (2 e) sagte botter
80 ml ($^1/_3$ k) gesnipperde gemmerstukke
30 ml (2 e) lemoensap

Teen die einde van die vorige eeu het mense begin hunker na die dinge van gister, veral wat kos betref. Hierdie gemmerkoek is na al die jare steeds 'n gunsteling.

Voorverhit die oond tot 180 °C. Smeer 2 ronde panne van 20 cm goed met botter of margarien of spuit met kleefwerende kossproei en voer die kante met bakpapier uit.

Beslag:
Room die botter en bruinsuiker saam tot lig en donsig. Voeg die eiers een vir een by en klits goed na elke byvoeging. Meng die gemmerstroop, gouestroop en gemmerstukke.
  Sif die meel en sout saam. Suur die melk aan met die suurlemoensap en los die koeksoda daarin op. Voeg die gesifte droë bestanddele beurtelings met die melk en die stroopmengsel by die bottermengsel en meng liggies deur.
  Verdeel die beslag gelykop tussen 2 voorbereide panne en maak bo-op gelyk. Bak 45-55 minute lank in die voorverhitte oond tot gaar en tot 'n toetspen skoon uit die middel van die koek kom. Keer die koek op 'n draadrak uit en laat afkoel.

Versiersel:
Klits al die bestanddele vir die versiersel goed saam en smeer tussen die afgekoelde koeklae sowel as bo-op.

Lewer 1 dubbellaagkoek.

Rooiwynkoek

Beslag:
200 g margarien
250 ml (1 k) suiker
4 ekstragroot eiers, geklits
2 ml ($^1/_2$ t) vanieljegeursel
500 ml (2 k) koekmeelblom
12,5 ml (2$^1/_2$ t) bakpoeier
5 ml (1 t) kakaopoeier
5 ml (1 t) fyn kaneel
125 ml ($^1/_2$ k) rooiwyn

Versiersel:
450 ml versiersuiker
100 ml rooiwyn

Die botterkoek kry 'n goeie skoot rooiwyn in wat dit interessant anders maak.

Voorverhit die oond tot 180 °C. Smeer 'n 23 cm-ringpan goed of spuit met kleefwerende kossproei.

Beslag:
Room die margarien en suiker goed saam tot lig en romerig en voeg die geklitste eiers en vanieljegeursel by. Meng goed. Sif die droë bestanddele saam en vou beurtelings met die rooiwyn by die bottermengsel in. Skep die beslag in die voorbereide pan en bak ongeveer 35 minute in die voorverhitte oond tot gaar of tot 'n toetspen skoon uit die middel van die koek kom. Keer die koek op 'n draadrak uit en laat afkoel.

Versiersel:
Sif die versiersuiker in 'n mengbak en voeg die rooiwyn by. Meng goed. Skep lepels vol van die versiersel op die koek en laat dit teen die kante afloop.

Lewer 1 mediumgroot koek.

Rooifluweelkoek

Beslag:
115 g botter of margarien
375 ml (1¹/₂ k) strooisuiker
2 ekstragroot eiers
1 botteltjie (30 ml) rooi voedselkleursel
30 ml (2 e) kakaopoeier
250 ml (1 k) karringmelk
5 ml (1 t) vanieljegeursel
625 ml (2¹/₂ k) koekmeelblom
2 ml (¹/₂ t) sout
7 ml (1¹/₂ t) koeksoda
12 ml (2¹/₂ t) bruinasyn

Gekookte botterversiersel:
250 ml (1 k) melk
75 ml (5 e) koekmeelblom
230 g botter of margarien
250 ml (1 k) strooisuiker
5 ml (1 t) vanieljegeursel

Veelsydige melkpoeierversiersel:
250 ml (1 k) versiersuiker
60 ml (4 e) volroommelkpoeier
125 g botter, saggemaak
10 ml (2 t) vanieljegeursel

"Hierdie koek is nie net vanself interessant vanweë sy kleur soos wynrooi fluweel nie, maar dit het ook 'n interessante geskiedenis," skryf Annette Human in Wenresepte 3. *Die resep het 'n Amerikaanse oorsprong en die persoon wat die resep gevra het by die hotel waar hulle hierdie koek geproe het, moes op die ou end $200 daarvoor opdok.*

Voorverhit die oond tot 180 °C. Smeer 2 laagkoekpanne van 23 cm met botter of margarien of spuit met kleefwerende kossproei.

Beslag:
Room die smeer en suiker tot lig en romerig. Voeg die eiers by en klits goed na elke byvoeging.
   Meng die kleursel en kakaopoeier deeglik, voeg die karringmelk en geursel by en meng goed. Sif die meel en sout saam en roer dit beurtelings met die kakaomengsel by die eiermengsel in. Meng die koeksoda en asyn en vou by die beslag in.
   Giet die beslag in die panne en maak bo-op gelyk. Bak 30 minute in die voorverhitte oond of tot 'n toetspen skoon uit die middel van die koeke kom. Keer uit op 'n draadrak om af te koel.

Lewer 2 koeklae of 1 laagkoek.

Gekookte botterversiersel:
Meng die melk en meel tot 'n klontvrye mengsel. Verhit dit tot kookpunt en roer aanhoudend met 'n houtlepel. Roerkook dit 'n minuut lank en laat dit dan afkoel tot koud. Room die smeer en suiker saam. Voeg die melkpap en geursel by en klits tot goed gemeng. Gebruik as vulsel tussen die 2 koeklae en versier met die orige versiersel.

Veelsydige melkpoeierversiersel
Hierdie versiersel is geskik vir enige botterkoek of selfs wortelkoek.

Sif die versiersuiker en melkpoeier goed saam. Voeg bietjie-vir-bietjie by die botter en klits goed tot lig en romerig. Voeg die geursel by en meng deur. Gebruik as vulsel en versiersel.

WARMMELKKOEK
Klapperkoek

Beslag:
75 g botter of margarien
150 ml melk
2 ekstragroot eiers
250 ml (1 k) strooisuiker
275 ml bruismeel
knippie sout

Klapperbolaag:
100 g botter of margarien
250 ml (1 k) klapper
50 ml heuning
50 ml melk
50 ml wit- of bruinsuiker

Met hierdie koek het die noodlot my liederlike streep getrek, skryf Annette Human in Wenresepte 3. *Op 9 April 1981 verskyn die resep in* Wenresepte *met hierdie "loflied" daarby: "Dié koek is 'n honderdpersenter – dis doodmaklik, dit lyk heerlik en die bestanddele het jy gewoonlik in voorraad."*

"Maar, o wee, daar gaan lê ons honderdpersenter toe dit uit die oond kom, en my telefoon lui onophoudelik soos die lesers kla. Ek gaan bak die koek 'n tweede keer – en daar sak myne net so erg in en lyk amper soos die Groot Gat by Kimberley. Niemand glo my dat ek wel die resep voor plasing getoets het en dat die koek 'n sukses was nie. Tot vandag toe weet ek nie hoe ek dit reggekry het dat die koek die eerste keer nie ingesak het nie. Omdat dit so 'n lekker koek is, het ek die resep in 1984 weer onder hande geneem en in die rubriek 'Koek van die Week' gebruik. Nou kan ek waarborg dat die resep rêrig flatervry is."

Voorverhit die oond tot 180 °C. Smeer 'n laagkoekpan van 23 cm goed met botter of margarien of spuit met kleefwerende kossproei. Bestuif liggies met 'n bietjie koekmeelblom.

Beslag:
Verhit die smeer en melk saam tot die smeer gesmelt het. Laat afkoel tot louwarm.

Klits die eiers en suiker baie goed saam tot lig en dik. Klits die melkmengsel by. Voeg die meel en sout by en roer tot gemeng – die beslag is dun. Giet dit in die voorbereide pan en stamp dit 3 keer liggies om die groot lugborrels te breek. Bak die koek 35-40 minute in die voorverhitte oond tot gaar en 'n toetspen skoon uit die middel van die koek kom.

Bolaag:
Verhit die bestanddele vir die bolaag saam tot kookpunt en hou dit warm.

Keer die warm koek versigtig op 'n oondvaste bord uit. Skep die warm bolaag dadelik oor. Skakel die oondrooster aan en plaas die koek onder die warm rooster sodat die bolaag kan verbruin – hou dit dop dat dit nie brand nie. Laat die koek afkoel.

Lewer 1 kleinerige koek.

Lekker-lekker lagieskoek

Beslag:
30 ml (2 e) botter of margarien
200 ml water of melk
4 ekstragroot eiers
375 ml (1¹/₂k) strooi- of witsuiker
2 ml (¹/₄ t) vanieljegeursel
500 ml (2 k) koekmeelblom
1 ml (¹/₄ t) sout
12,5 ml (2¹/₂ t) bakpoeier

Vulsel:
30 ml (2 e) koekmeelblom
30 ml (2 e) mielieblom
15 ml (1 e) witsuiker
2 ekstragroot eiers, geskei
1 ml (¹/₄ t) sout
500 ml (2 k) melk
5 ml (1 t) vanieljegeursel
125 ml (¹/₂ k) soetwyn, sjerrie of
   Van der Hum-likeur
± 200 ml lemoen- of
   suurlemoenmarmelade
125 ml (¹/₂ k) room (opsioneel)
1 stafie grondbonetameletjie, fyngerol

Lagies op lagies was in die vroeër jare van Huisgenoot *se* Wenresepte *baie gewild. Daar was hoevele van hulle. Hierdie een met sy koeklae, waaroor marmelade gesmeer en dan saam met melkpap opmekaar gestapel word, kom uit* Wenresepte 3 *deur Annette Human, en is vandag nog net so lekker.*

Voorverhit die oond tot 180 °C. Smeer 2 laagkoekpanne van 23 cm goed met botter of margarien of spuit met kleefwerende kossproei, of bestuif met 'n bietjie meel.

Beslag:
Verhit die smeer en water tot kookpunt. Klits intussen die eiers in 'n groot mengbak tot skuimerig. Klits die suiker geleidelik by en hou aan klits tot die mengsel lig en sponsagtig dik is. Klits die geursel by.
  Sif die meel en sout saam. Vou dit liggies in die eier-mengsel in. Strooi die bakpoeier bo-oor en giet die warm smeermengsel ook oor. Meng dit liggies, maar deeglik.
  Giet die beslag in die voorbereide panne. Bak die koeklae ongeveer 25 minute lank in die voorverhitte oond tot gaar en 'n toetspen skoon uit die middel van die koek kom. Keer die koeklae versigtig op 'n draadrak uit en laat afkoel.

Vulsel:
Meng die meel, mielieblom, suiker, eiergele en sout met 'n bietjie van die melk tot 'n pasta. Verhit die oorblywende melk tot kookpunt. Roer die kookmelk vinnig by die pasta in – gebruik 'n draadklitser – en giet hierdie mengsel dan terug in die kastrol. Roerkook oor matige hitte tot dik en gaar. Haal die kastrol van die stoof af en roer die geursel in. Klits die eierwitte net tot styf en vou dit liggies in die melkpap in.
  Sny die 2 koeklae deur sodat daar 4 lae is. Met elke laag word die volgende prosedure gevolg: Sprinkel die wyn oor, smeer die marmelade oor, smeer die melkvulsel oor en sit die volgende koeklaag op. Klits die room tot styf, versoet dit effens en smeer oor die boonste laag.
  Verkoel die koek goed en strooi tameletjie net voor opdiening oor – dit trek water as dit te lank staan.

Lewer 1 groot, hoë laagkoek.

KAASKOEK
Lekkerste kaaskoek

Kors:
1 pak (200 g) Tennisbeskuitjies,
  fyngedruk
125 ml (¹/₂ k) botter, gesmelt

Vulsel:
4 jumbo eiers
250 ml (1 k) suiker
60 ml (4 e) suurlemoensap
3 houers (250 g elk) gladde maaskaas
1 houer (250 ml) room
125 ml (¹/₂ k) koekmeelblom

Versiersel: (opsioneel)
vars suurlemoenblare of -skil
eierwit
strooisuiker

Suurroombolaag:
500 ml (2 k) suurroom
125 ml (¹/₂ k) witsuiker
7 ml (1¹/₂ t) vanieljegeursel

Bessiesous:
500 g bevrore brame of
  gemengde bessies
50 ml strooisuiker
30 ml (2 e) port

Die lekkerste kaaskoek wat ek nog geproe het, het ek jare gelede by Magdaleen van Wyk, bekende kookboekskrywer van Stellenbosch, geëet. Sedertdien bly dit een van my gunstelingkoeke en het ons al vele resepte daarvoor gepubliseer. Hierdie resep is basies dieselfde as Magdaleen s'n, maar dit het net 'n beskuitjiekors. As ek somtyds so 'n bietjie gesondheidsbewus raak, laat ek selfs die room weg en vervang dan net een of twee van die houers maaskaas deur roomkaas.

Voorverhit die oond tot 180 °C. Smeer 'n losboomkoekpan van 23 cm met botter of margarien of spuit met kleefwerende kossproei.

Kors:
Meng die beskuitjiekrummels en botter goed saam en druk stewig vas op die boom van die voorbereide pan.

Vulsel:
Klits die eiers en suiker tot lig en romerig. Voeg die suurlemoensap by terwyl geklits word. Roer die maaskaas, room en meel in en meng deur.

Giet die beslag in die voorbereide pan. Bak 10 minute lank in die voorverhitte oond, verlaag die oondtemperatuur tot 140 °C en bak 'n verdere uur tot die vulsel stewig maar steeds effens sag in die middel is.

Skakel die oond af, maar laat die kaaskoek in die oond koud word. Verwyder uit die koekpan wanneer dit koud is en plaas op 'n dienbord. Versier die kaaskoek met vars suurlemoenblare of met lang repe suurlemoenskil wat eers in effens geklitste eierwit en dan in strooisuiker gedoop is. Laat droog word en stapel op die koek.

Lewer 1 kaaskoek.

Suurroombolaag
Klits die suurroom, suiker en geursel saam. Skep die mengsel op die warm kaaskoek en laat dit 3 minute staan. Plaas dit in die oond en bak 5 minute. Verkoel die kaaskoek oornag in die koelkas. Versier dit na smaak.

Bessiesous
Laat die bessies en suiker 'n halfuur lank stadig kook. Voeg die port by en laat net weer goed kook. Laat afkoel en sit voor saam met enige gebakte kaaskoek.

Dekadente kaaskoek (bl. 274)

Dekadente kaaskoek

Kors:
125 g botter of margarien
2 pakkies (200 g elk) Tennisbeskuitjies,
   fyngedruk

Vulsel:
3 houers (250 g elk) gladde maaskaas
2 blikkies (397 g elk) kondensmelk
125 ml ($^1/_2$ k) suurlemoensap
250 ml (1 k) suiker
10 ml (2 t) vlapoeier
250 ml (1 k) room, verkoel en styfgeklits
90 ml (6 e) kakaopoeier

Die heerlike kaaskoek met sy ligte en donker laag het ek die eerste keer in 'n klein straatkafeetjie op Robertson geëet. Die koek kry nie eiers in nie.

Voorverhit die oond tot 180 °C. Smeer 'n losboompan van 23 cm met botter of margarien of spuit met kleefwerende kossproei.

Kors:
Smelt die botter en roer die beskuitjiekrummels in. Druk stewig vas op die boom en teen die kante van die voorbereide pan. Verkoel tot benodig.

Vulsel:
Meng al die bestanddele vir die vulsel behalwe die room en kakaopoeier. Vou die room in en giet die helfte van die mengsel in die tertkors. Sif die kakaopoeier by die orige maaskaasmengsel en giet versigtig bo-oor. Bak 30 minute lank in die voorverhitte oond tot ligbruin om kante.

Verwyder uit die oond en laat afkoel. Verkoel tot stewig. Plaas op 'n dienbord en verwyder die ringvorm versigtig.

Lewer 1 groot koek.

Koffievrugtekoek

500 g dadels, gesny
500 g korente
500 g pitlose rosyntjies
250 g glanskersies
100 g neute, gekap
500 ml (2 k) witsuiker
500 ml (2 k) sterk warm swart koffie
125 ml ($^1/_2$ k) sonneblomolie
125 ml ($^1/_2$ k) gouestroop
10 ml (2 t) kaneel
2 ml ($^1/_2$ t) fyn neutmuskaat
2 ml ($^1/_2$ t) sout
2 eiers, geklits
10 ml (2 t) koeksoda opgelos in 15 ml
   (1 e) water
4 x 250 ml (4 k) koekmeelblom
125 ml ($^1/_2$ k) brandewyn (opsioneel)

'n Vrugtekoek wat lekker goedkoop en maklik is om te maak, skryf Annette Human in Wenresepte 3.

Voer die boom en wand 'n koekpan, 25 cm in deursnee, met 3 lae bruinpapier uit. Bind ook 3 lae buite-om die pan vas. Moenie die papier smeer nie.

Voorverhit die oond tot 160 °C en plaas die oondrak net onderkant die middelste posisie in die oond.

Verhit al die bestanddele behalwe die eiers, koeksoda, meel en brandewyn, in 'n dikboomkastrol oor matige hitte tot kookpunt, roer gereeld en kook die mengsel 6 minute lank. Laat dit afkoel tot lou.

Roer die eiers en koeksoda by die vrugtemengsel. Voeg die meel by en roer tot goed gemeng. Skep die beslag in die pan, maak dit in die middel effens hol sodat dit gelyk kan rys.

Bak die koek 'n uur. Verminder die oondtemperatuur tot 150 °C en bak 'n verdere uur. Verlaag die hitte tot 140 °C vir die derde uur en 120 °C vir die laaste uur – bedek die koeke met 'n deksel van bruin papier as hulle bo-op te donker word.

Sprinkel die brandewyn oor die koek na dit uit die oond gehaal is. Laat in die pan afkoel. Draai goed toe in aluminiumfoelie en bêre in 'n lugdigte houer.

Lewer 'n groot vrugtekoek.

Vrugtekoek vir laatslapers

8 x 250 ml (8 k) droëvrugte-koekmengsel
4 x 250 ml (4 k) glansvrugte-
   koekmengsel (dié in 'n glas- of
   plastiekhouer)
1 pakkie (100 g) glanskersies, gehalveer
   (opsioneel)
750 ml (3 k) karamelbruinsuiker
15 ml (1 e) koeksoda
1 L (4 k) water
250 g margarien of botter
375 ml (1½ k) brandewyn
3 ekstragroot eiers, geklits
15 ml (1 e) bakpoeier
6 x 250 ml (6 k) witbroodmeel
5 ml (1 t) sout

Variasie: Indien verkies, kan jy 'n bietjie brandewyn (12,5 ml / 2½ t) per keer een maal per week oor die koek sprinkel.

Voorverhit die oond tot 150 °C. Voer 2 koekpanne van 23 cm met 'n dubbele laag swaar aluminiumfoelie uit. (As ligte aluminiumfoelie gebruik word, voer panne met 3 lae uit.) Smeer elke pan goed of spuit met kleefwerende kossproei.

Plaas die droëvrugte- en glansvrugte-koekmengsel, glanskersies, bruinsuiker, koeksoda, water, margarien en brandewyn in 'n swaarboomkastrol en kook 25 minute lank saam oor lae hitte. Roer af en toe sodat die mengsel nie aanbrand nie. Verwyder van die stoof en laat afkoel. Roer die eiers by die afgekoelde mengsel in. Meng die bakpoeier, witbroodmeel en sout en voeg by die vrugtemengsel. Meng goed.

Verdeel die beslag gelykop tussen die voorbereide panne. Maak effens gelyk bo-op met die agterkant met 'n metaallepel. Bak 3 uur lank in die voorverhitte oond tot gaar en 'n toetspen skoon uit die middel van die koek kom. Laat die koeke 15 minute lank in die panne afkoel.

Keer uit op 'n draadrak waaroor 'n skoon teedoek gegooi is en laat afkoel. Draai in aluminiumfoelie toe en bêre in 'n digte houer.

Lewer 2 koeke.

Kaapse vrugtekoek

2 pakkies (250 g elk) dadels, gesnipper
4½ pakkies (250 g elk) droëvrugte-
   koekmengsel, of 500 g pitlose rosyne,
   375 g goue sultanas en 250 g
   gemengde versuikerde sitrusskil
200 ml brandewyn
450 g botter, by kamertemperatuur
475 ml bruinsuiker
9 groot eiers
4 x 250 + 80 ml (4⅓ k) koekmeelblom
5 ml (1 t) koeksoda
5 ml (1 t) sout
2 ml (½ t) fyn naeltjies
2 ml (½ t) fyn kaneel
2 ml (½ t) fyn wonderpeper
5 ml (1 t) kakao- of koffiepoeier
50 ml gemmerstroop
125 g ingemaakte gemmer, fyngesnipper
125 g (1¼ pakkie) okkerneute, gekap
1 suurlemoen se gerasperde skil
1 bottel (475 g) maraschinokersies,
   gedreineer, halveer en liggies met meel
   bestrooi
60 ml (¼ k) brandewyn

Plaas die dadels en die koekmengsel (of rosyne, sultanas en versuikerde skil) die vorige aand in 'n houer en giet die brandewyn oor. Maak goed toe.

Voorverhit die oond tot 120 °C. Smeer 'n 25 cm-koekpan goed met botter of margarien. Voer uit met 3 lae bruinpapier wat met botter gesmeer is en hou eenkant.

Room die botter en bruinsuiker, voeg die eiers een-een by en klits goed ná elke byvoeging. Sif die droë bestanddele saam en roer by die bottermengsel in. Roer die gemmerstroop in en voeg ook die gemmersnippers, okkerneute, geweekte vrugte en suurlemoenskil by. Meng goed.

Skep 'n laag van die beslag in die voorbereide pan, dan 'n laag kersies. Herhaal die lae tot alles opgebruik is en eindig met 'n laag beslag. Bedek die pan met 'n papierbord.

Bak 4 uur lank in die voorverhitte oond, verwyder dan die papierbord en bak nog 1 uur lank of tot gaar. Verwyder uit die oond en giet 60 ml (¼ k) brandewyn egalig oor die warm koek. Laat die koek heeltemal in die pan afkoel. Keer die koek uit, draai in aluminiumfoelie toe en bêre in 'n digte houer. Giet al om die 6 dae 'n paar doppies brandewyn oor die koek en maak elke keer weer dig toe.

Lewer 1 groot koek.

Mev. McKee se Kerskoek

500 g botter
600 ml strooisuiker
30 ml (2 e) lemoenmarmelade
15 ml (1 e) gouestroop
10 eiers, geskei
750 g (5 x 250 ml + 100 ml) koekmeel-
  blom
500 g korente
500 g gebleikte sultanas
250 g ontpitte rosyne
125 g gemengde sitrusskil
2 ml ($^1/_2$ t) fyn neutmuskaat
knippie sout
30 ml (2 e) rum
5 ml (1 t) vanieljegeursel
2 ml ($^1/_2$ t) amandelgeursel
ekstra rum vir bo-oor sprinkel

Alma McKee het twaalf jaar lank die septer geswaai in die koninklike kombuise van die Britse vorstegesin. Sy is in 1974 dood, maar herinneringe aan haar kookvernuf bly voortleef by koningin Elizabeth, prins Philip, prins Charles en die ander. Tot vandag toe moet die paleiskombuis elke jaar sorg dat "Mrs McKee's Christmas Cake" vir die Kersfees gebak word. Mev. McKee het hierdie heerlike vrugtekoek gewoonlik op 13 November gebak. Die resep het in Wenresepte 2 *deur Annette Human verskyn. Dis 'n taamlike ligte koek wat voorkoms en tekstuur betref en kan tot 'n jaar gehou word. Die resep lewer een groot vrugtekoek van 30 cm in deursnee.*

Voorverhit die oond tot 150 °C. Smeer 'n ronde 30 cm-koekpan of 'n vierkantige 25 cm-pan goed met botter of margarien of spuit met kleefwerende kossproei. Voer die pan met waspapier uit en smeer of spuit weer. Bind 'n driedubbele laag bruinpapier buite-om die pan oor die boom en sye vas.

Room die botter en strooisuiker in 'n baie groot mengbak. Voeg die marmelade en stroop by en meng. Roer die eiergele een vir een by en roer 15 ml (1 e) van die koekmeelblom ná elke eiergeel by. Meng die oorblywende koekmeelblom met die korente, sultanas, rosyne en skil. Voeg hierdie vrugtemeelmengsel, die neutmuskaat, sout, rum, vanielje- en amandelgeursel by die bottermengsel en meng dit goed. Klits die eierwitte tot stywe punte vorm en vou dit met 'n metaallepel in.

Skep die deeg in die voorbereide pan, maak dit bo-op gelyk en bak 3 uur lank in die onderste helfte van die voorverhitte oond tot gaar en 'n toetspen skoon uit die middel van die koek kom.

Sprinkel ekstra rum oor die warm koek nadat dit uit die oond gehaal is. Laat die koek in die pan afkoel. Draai in aluminiumfoelie toe en bêre in 'n lugdigte houer.

Lewer 1 groot vrugtekoek.

Kaapse vrugtekoek (bl. 275)

KOEKBRODE
Koningin Elizabeth-dadelbrood

Beslag:
5 ml (1 t) koeksoda
250 ml (1 k) dadels, fyngesny
250 ml (1 k) kookwater
250 ml (1 k) suiker
60 g botter of margarien,
  by kamertemperatuur
1 eier
375 ml (1½ k) koekmeelblom
5 ml (1 t) bakpoeier
knippie sout
75 ml (5 e) neute, fyngekap
5 ml (1 t) vanieljegeursel

Karamelstroop:
125 ml (½ k) sagte bruinsuiker
125 ml (½ k) vars room
40 g botter of margarien

"Die lekkerste dadelbrood wat ons nog geëet het," was die kommentaar van Huisgenoot *se redaksie toe Annette Human die getoetste broodjie aan hulle voorgesit het. Die resep kom uit* Wenresepte 2.

Voorverhit die oond tot 180 °C. Smeer 'n broodpan van 23 x 13 x 7 cm of spuit met kleefwerende kossproei. Voer die pan met waspapier uit en smeer weer goed.

Beslag:
Strooi die koeksoda oor die dadels. Voeg die kookwater by en meng. Laat dit afkoel. Room die suiker en botter saam. Voeg die eier by en klits tot gemeng. Sif die meel, bakpoeier en sout saam bo-oor die eiermengsel. Voeg die neute en vanieljegeursel by en meng. Voeg die dadelmengsel by en meng. Skep die deeg in die voorbereide pan en maak gelyk.
   Bak die broodjie 1 uur lank op die middelste rak van die voorverhitte oond tot gaar en 'n toetspen skoon uit die middel van die broodjie kom.

Karamelstroop:
Verhit die bruinsuiker, room en botter saam oor lae hitte tot kookpunt. Kook dit 15 minute baie stadig sonder 'n deksel.
   Keer die dadelbrood op 'n draadrak uit, verwyder die waspapier en gooi die warm karamelstroop stadig bo-oor. Laat afkoel voor dit opgedien word.

Lewer 1 mediumgroot dadelbrood.

Piesang-gemmerbrood

125 g botter of margarien
250 ml (1 k) strooisuiker
125 ml (½ k) sagte bruinsuiker
10 ml (2 t) gouestroop
4 ryp piesangs, fyngedruk
2 eiers, geklits
625 ml (2½ k) bruismeel
3 ml (ruim ½ t) koeksoda
5 ml (1 t) fyn neutmuskaat of kaneel
5-10 ml (1-2 t) fyn gemmer
5 ml (1 t) vanieljegeursel
30 ml (2 e) melk
125 ml (½ k) gekapte okkerneute

Twee tradisionele gunstelinge, piesang- en gemmerbrood, is hier in een broodjie saamgevoeg.

Voorverhit die oond tot 180 °C Smeer 'n broodpan van 20 x 12 x 7 cm of spuit met kleefwerende kossproei.
   Room die botter, strooisuiker, bruinsuiker en stroop tot lig. Voeg die piesangmoes en eiers bietjie-vir-bietjie by en klits goed. Sif die droë bestanddele. Meng die vanieljegeursel en melk. Vou die droë bestanddele by die bottermengsel in, dan die gegeurde melk en laastens die neute. Meng liggies deur en skep in die voorbereide pan.
   Bak ongeveer 1 uur lank in die voorverhitte oond tot gaar en 'n toetspen skoon uit die middel van die brood kom. Laat die brood effens in die pan afkoel en keer op 'n draadrak uit om verder af te koel. Sny in skywe en sit met botter voor.

Lewer 1 broodjie.

Japtrap-gemmerbrood

250 ml (1 k) kookolie
3 eiers
250 ml (1 k) gouestroop
250 ml (1 k) louwarm water
5 ml (1 t) koeksoda, in 60 ml (4 e)
  louwarm water opgelos
750 ml (3 k) koekmeelblom
knippie sout
5 ml (1 t) bakpoeier
15 ml (1 e) gemmer
7 ml (1¹/₂ t) gemengde speserye
  of kaneel
250 ml (1 k) witsuiker

Die gemmerbrood is binne minute kant en klaar gemeng en is ook heerlik klam.

Voorverhit die oond tot 180 °C . Smeer 2 broodpanne van 23 x 13 x 7 cm met botter of margarien of spuit met kleefwerende kossproei.

Klits die olie, eiers, stroop en water saam in 'n mengbak tot goed gemeng. Voeg die opgeloste koeksoda by. Sif die droë bestanddele oor en voeg ook die suiker by. Klits tot goed gemeng, ongeveer 5 minute lank. Giet in die voorbereide panne.

Bak ongeveer 45 minute lank in die voorverhitte oond of tot 'n toetspen skoon uit die middel van die brood kom. Laat effens afkoel en keer op 'n draadrak uit. Laat heeltemal afkoel en sit voor saam met botter.

Lewer 2 mediumgroot brode.

Variasie: Vervang 250 ml (1 k) koekmeelblom deur bruinbroodmeel indien verkies.

Suurlemoenbroodjie

100 g botter of margarien
125 ml (¹/₂ k) strooisuiker
1 suurlemoen se gerasperde skil en sap
2 eiers, geskei
300 ml bruismeel
15 ml (1 e) karwysaad (opsioneel)
30 ml (2 e) strooisuiker
1 suurlemoen se sap

Die karwysaad gee aan hierdie brood 'n spesiale geur, maar daarsonder het dit steeds 'n heerlike suurlemoengeur.

Voorverhit die oond tot 190 °C. Smeer 'n broodpan van 22 x 11 x 7 cm met botter of margarien of spuit met kleefwerende kossproei. Voer die boom met waspapier uit en smeer weer.

Room die botter en strooisuiker tot lig en romerig. Voeg die suurlemoenskil by en klits die eiergele een vir een by.

Sif die bruismeel en vou saam met die karwysaad en die suurlemoensap by die bottermengsel in. Klits die eierwitte tot dit sagte punte vorm en vou by die mengsel in.

Skep die mengsel in die voorbereide broodpan en maak bo-op gelyk. Bak 30-35 minute lank in die voorverhitte oond tot gaar of tot 'n toetspen skoon uit die middel van die brood kom. Keer op 'n draadrak uit en strooi die 30 ml (2 e) strooisuiker bo-oor. Besprinkel dan met die sap van 1 suurlemoen.

Lewer 1 mediumgroot brood.

Maoribrood

125 g sagte botter of margarien
200 ml strooisuiker
2 eiers
375 ml (1¹/₂ k) koekmeelblom
5 ml (1 t) bakpoeier
knippie sout
250 ml (1 k) gebleikte sultanas
125 ml (¹/₂ k) melk
1 eier
4 Tennis- of Mariebeskuitjies,
　gekrummel
160 ml (²/₃ k) sagte bruinsuiker
400 ml klapper
2 ml (¹/₂ t) amandelgeursel

Hierdie heerlike koekbroodjie het 'n klapperlaag in die middel, skryf Annette Human in Wenresepte 1. *Vanwaar die naam kan ons nie vasstel nie.*

Voorverhit die oond tot 180 °C. Smeer 'n broodpan van 10 x 28 x 7 cm met botter of margarien of spuit met kleefwerende kossproei.

Klits die botter en strooisuiker tot romerig. Voeg die eiers by en meng. Sif die meel, bakpoeier en sout saam en meng met die sultanas. Roer die meelmengsel en melk beurtelings by die bottermengsel in. Skep die helfte van deeg in die voorbereide pan.

Meng die res van bestanddele en skep bo-op die beslag in die pan. Skep die res van die beslag bo-oor en bak 1 uur in die voorverhitte oond tot gaar en 'n toetspen skoon uit die middel van die koekbrood kom. Laat die broodjie in die pan afkoel en keer na 'n uur op 'n draadrak uit.

Lewer 1 broodjie.

Hongaarse neut-torte

Beslag:
250 ml (1 k) witsuiker
90 ml (6 e) koekmeelblom
5 ml (1 t) bakpoeier
5 ml (1 t) vanieljegeursel
4 ekstragroot eiers
150 g (1¹/₂ pakkie) pekanneute

Versiersel:
125 ml (¹/₂ k) fyn appelkooskonfyt
100 g donkersjokolade
60 g botter
5 ml (1 t) vanieljegeursel

By Masorini Lodge *buite Phalaborwa is hierdie koek baie gewild. Neville Lockhart, voorheen fotograaf by* Huisgenoot, *was veral gek na hierdie koek toe ons daar besoek afgelê het.*

Voorverhit die oond tot 180 °C. Smeer 'n 20 cm-losboom-koekpan met botter of margarien of spuit met kleefwerende kossproei. Voer met bakpapier uit en smeer of spuit weer liggies.

Beslag:
Plaas al die bestanddele vir die beslag in 'n voedselverwerker en verwerk tot die pekanneute fyngekap is. Keer in die voorbereide koekpan uit en maak bo-op gelyk. Bak 35-45 minute lank in die voorverhitte oond tot gaar of tot 'n toetspen skoon uit die middel van die koek kom.

Versiersel:
Verhit die appelkooskonfyt, smeer oor die koek en laat heeltemal afkoel. Smelt die sjokolade en botter saam tot glad. Verwyder van die hitte en roer die vanieljegeursel in. Laat effens afkoel en smeer oor die koek.

Lewer 1 enkellaagkoek.

Suurlemoenbroodjie (bl. 279)

Skons en muffins

Met een basiese skonresep kan jy vele heerlikhede optower en wie kan nou die ongelooflike muffinresep vergeet. Hier's ook allerlei lekker smere om daarby voor te sit.

SKONS
Reuseskons

Basiese skonmengsel:
500 ml (2 k) koekmeelblom
20 ml (4 t) bakpoeier
3 ml (¹/₂ t) sout
60 g botter
1 ekstragroot eier
180 ml (³/₄ k) karring- of suurmelk
melk

Hierdie skons is ideaal om voor te sit vir ontbyt en vorm die basis vir allerlei ander heerlikhede.

Voorverhit die oond tot 220 °C. Sprinkel 'n bakplaat liggies met koekmeelblom.

Sif die meel, bakpoeier en sout saam en vryf die botter met jou vingerpunte in tot die mengsel soos growwe broodkrummels lyk. Klits die eier liggies en vul met karringmelk aan. Voeg by die droë bestanddele en sny met 'n gewone mes in tot 'n sagte deeg vorm.

Vorm liggies met die hande in 'n bal en plaas op 'n meelbestrooide oppervlak. Druk effens platter – dit moet ± 2 cm dik wees – en druk groot skons met 'n glas of groot koekiedrukker uit. Rangskik uitmekaar op die bakplaat en verf met 'n bietjie melk.

Bak 10-15 minute lank in die voorverhitte oond tot uitgerys, gaar en liggies verkleur van bo.

Lewer 4-6 groot skons.

Wenk: Maak gewone melk met 20 ml (4 t) suurlemoensap suur as jy nie karringmelk het nie.

Variasies:
- **Kaasskons:** *Voeg 100 ml gerasperde beleë cheddarkaas en 5 ml (1 t) paprika of 5 ml (1 t) mosterdpoeier en 2 ml (¹/₂ t) rooipeper by die droë bestanddele. Berei verder soos in die basiese resep beskryf.*
- **Bloukaasskons:** *Meng 60 ml (4 e) gekrummelde bloukaas by die beslag en berei verder soos in die basiese resep beskryf.*
- **Olyfskons:** *Voeg 125 ml (¹/₂ k) gekapte calamata-olywe by die droë bestanddele nadat die botter ingevryf is en berei verder soos in die basiese resep beskryf.*
- **Kruieskons:** *Roer 60 ml (4 e) gekapte vars kruie (bv. pietersielie, grasuie, basiliekruid en orego) by die mengsel in. Berei verder soos in die basiese resep beskryf.*

Olyfskons & skons met spinasie (bl. 284)

Skons met spinasie, feta en sondröe tamaties

1 x basiese skonmengsel (bl. 282)
150 g spinasie, gewas, ontstingel en
  gekerf
8 sondroë tamaties in vinaigrette,
  fyngekap
50 g fetakaas, gekrummel

'n Heerlike soutige skon.

Voorverhit die oond tot 220 °C. Sprinkel 'n bakplaat liggies met koekmeelblom.
   Berei die skonmengsel soos beskryf by reuseskons en druk die skons uit. Plaas op bakplate.
   Kook die spinasie tot sag, skep in 'n sif en dreineer baie goed deur die water uit te druk. Meng die gedreineerde spinasie, tamaties en fetakaas. Maak 'n holte in elke skon en skep van die spinasiemengsel daarin. Bak soos beskryf. Sit warm voor saam met botter en ekstra fetakaas indien verkies.

Lewer ± 6 groot skons.

Olyfwiele

1 x basiese skonmengsel (bl. 282)
5 swart olywe
growwe sout
olyfolie
15 ml (1 e) gekapte vars roosmarynblare

Dit lyk mooi en smaak boonop heerlik.

Voorverhit die oond tot 220 °C. Smeer 'n diep muffinpan goed met botter of margarien en spuit met kleefwerende kossproei. Maak die skondeeg aan soos beskryf by reuseskons.
   Rol die skondeeg uit in 'n reghoek van ± 1 cm dik. Verf die deeg liggies met olyfolie. Kap die olywe fyn en druk op die deegreghoek vas. Sprinkel die growwe sout oor en druk die roosmaryn daarop vas. Rol die deeg op soos 'n rolkoek en sny in wiele van 3 cm dik.
   Plaas in die voorbereide holtes van die muffinpan, verf liggies met olyfolie en sprinkel nog 'n bietjie growwe sout en roosmaryn oor.
   Bak 10-12 minute lank in die voorverhitte oond tot gaar of tot die wiele begin verkleur.

Lewer 10-12 wiele.

Heuningskonwiele

1 x basiese skonmengsel (bl. 282)
100 g botter
60 ml (¼ k) heuning
15 ml bruinsuiker

'n Resep wat uit Wenresepte 2 *deur Annette Human kom.*

Voorverhit die oond tot 220 °C. Berei die skondeeg soos beskryf by reuseskons. Rol uit in 'n reghoek, meng die botter en heuning saam en smeer oor die deeg. Rol die deeg op en sny in skywe. Smeer 'n 20-cm laagkoekpan. Pak die skywe in die pan en sprinkel die suiker oor. Bak 20-30 minute lank tot gaar. Laat vir 10 minute afkoel voor dit uitgekeer word.

Lewer 4-6 porsies.

Warmkaas-skonring

1 x basiese skonmengsel (bl. 282)

Kaassous:
125 g botter of margarien
± 300 ml (1¹/₄ k) gerasperde
   cheddarkaas
5 ml (1 t) mosterdpoeier
2 ml (¹/₂ t) rooipeper

Heerlik om voor te sit vir 'n vinnige Sondagontbyt, skryf Annette Human in Wenresepte 1.

Voorverhit die oond tot 200 °C. Smeer 'n oondvaste, ronde 23 cm-skottel met botter of margarien of spuit met kleefwerende kossproei. Maak skondeeg aan soos beskryf by reuseskons (bl. 282).
   Plaas die deeg op 'n meelbestrooide werkoppervlak, druk liggies plat en druk 11-12 skons uit. Plaas die skons teen mekaar in die voorbereide skottel.

Kaassous:
Smelt die botter en kaas saam oor lae hitte en voeg die mosterdpoeier en rooipeper by. Gooi oor die skons en bak 12-15 minute lank in die voorverhitte oond.
   Sit dadelik voor.

Lewer 4-6 porsies.

Kamma-croissants

900 ml koekmeelblom
25 ml (5 t) bakpoeier
2 ml (¹/₂ t) sout
1 ml (¹/₄ t) rooipeper (opsioneel)
125 g botter of margarien
500 ml (2 k) gerasperde cheddarkaas
300-325 ml melk
1 eiergeel

Met skondeeg kan jy hierdie kamma-croissants in 'n japtrap berei. Vir afwisseling kan 'n mense 'n bietjie appelkooskonfyt op die deeg skep voordat jy dit oprol, maar moenie die konfyt smeer nie, skryf Annette Human in Wenresepte 2.

Voorverhit die oond tot 200 °C. Smeer 'n bakplaat goed met botter of margarien of spuit met kleefwerende kossproei.
   Sif die droë bestanddele saam en vryf die botter met jou vingerpunte in tot die mengsel soos broodkrummels lyk. Voeg die kaas en 275-300 ml melk by om 'n stywe deeg te vorm wat uitgerol kan word.
   Verdeel die deeg in 4 ewe groot stukke. Rol elke deegkwart dun uit op 'n meelbestrooide oppervlak sodat dit sirkels van 20 cm in deursnee vorm. Sny die buiterande mooi rond en verdeel elk van die sirkels soos die speke van 'n wiel in 8 ewe groot stukke. Rol elke stuk van die buiterand na die punt toe op. Buig die 32 rolletjies effens om hulle halfmaanvormig te kry en plaas 'n entjie uitmekaar op die voorbereide bakplaat.
   Klits die eiergeel met die orige 25 ml (5 t) melk en bestryk die rolletjies daarmee. Plaas die rolletjies hoog in die oond en bak ongeveer 15 minute lank in die voorverhitte oond tot gaar of goudbruin.

Lewer 32 croissants.

MUFFINS
Ongelooflike muffins

Basiese muffinbêremengsel:
4 x 250 ml (4 k) semels
500 ml (2 k) hawermout
625 ml (2$\frac{1}{2}$ k) kookwater
125 ml ($\frac{1}{2}$ k) kookolie
250 ml (1 k) bruinsuiker
4 eiers, geklits
2 houers (500 ml elk) karringmelk
25 ml (5 t) koeksoda
625 ml (2$\frac{1}{2}$ k) koekmeelblom
625 ml (2$\frac{1}{2}$ k) volkoringmeel
10 ml (2 t) sout

Byvoegings:
gekapte gemengde droëvrugte
gekapte neute of sade
grofgekapte appel, piesang of
   gerasperde geelwortel na smaak

> Wenk vir reuse-muffins: Bak in panne met groot holtes of andersins in dariol-koppies.

Sedert hierdie resep vroeg in die tagtigerjare in Wenresepte 2 *deur Annette Human verskyn het, bak die hele land muffins. Selfs ons in die toetskombuis het dit 'n jaar of wat gelede aangepas sodat dit nou minder suiker en smeer bevat, want dit bly 'n trefferresep, veral omdat die beslag ongeveer 'n maand lank in die yskas gebêre kan word.*

Meng die semels, hawermout en kookwater. Voeg die olie by en laat effens afkoel. Voeg dan die bruinsuiker, eiers en 750 ml (3 k) van die karringmelk by en meng. Meng die orige 250 ml (1 k) karringmelk en die koeksoda by en voeg by. Voeg ook die droë bestanddele by en meng deur.

Skep die mengsel in skoon flesse, maak stewig toe en hou in die yskas tot benodig.

Voorverhit die oond tot 220 °C. Smeer 'n muffinpan met 12 holtes of spuit met kleefwerende kossproei.

Voeg enige van die byvoegings by die beslag – ± 125 ml ($\frac{1}{2}$ k) per 500 ml (2 k) beslag – en skep die voorbereide muffinpan se holtes twee derdes vol. Bak ongeveer 20 minute lank in die voorverhitte oond of tot gaar en 'n toetspen skoon uit die middel van die muffins kom. Laat die muffins effens in die pan afkoel en keer dan op 'n draadrak uit om verder af te koel.

Sit voor saam met botter en gerasperde kaas.

Lewer ± 60 muffins.

Wortel-papawersaadmuffins

250 ml (1 k) koekmeelblom
180 ml ($\frac{3}{4}$ k) volkoringmeel
250 ml (1 k) mieliemeel
15 ml (1 e) bakpoeier
3 ml (ruim $\frac{1}{2}$ t) koeksoda
60 ml ($\frac{1}{4}$ k) papawersaad
250 ml (1 k) appelsap
2 ekstragroot eiers
125 ml ($\frac{1}{2}$ k) heuning
60 ml ($\frac{1}{4}$ k) olie
250 ml (1 k) gerasperde geelwortels

Heuning gee soetigheid en mieliemeel en papawersaad verskaf growwigheid aan hierdie muffins. Die muffins bevat geen melk nie, maar wel appelsap.

Voorverhit die oond tot 190 °C. Smeer 'n muffinpan met 12 holtes met botter of margarien of spuit met kleefwerende kossproei.

Sif die meel, bakpoeier en koeksoda saam. Voeg die semels wat in die sif agtergebly het, asook die papawersaad, by en meng deur.

Meng die appelsap, eiers, heuning en olie en klits goed. Voeg saam met die wortels by die droë bestanddele en vou liggies in tot net gemeng.

Skep die holtes van die muffinpan driekwart vol en bak 20-25 minute lank in die voorverhitte oond of tot 'n toetspen skoon uit die middel van die muffins kom. Laat afkoel en keer op 'n draadrak uit om heeltemal af te koel.

Sit voor saam met botter, kaas en heuning.

Lewer 12-15 muffins.

Appelkrummelmuffins

Bolaag:
60 ml ('/₄ k) koekmeelblom
15 ml (1 e) witsuiker
1 ml ('/₄ t) kaneel
1 ml ('/₄ t) naeltjies
30 ml (2 e) botter
100 g okkerneute, gekap

Beslag:
375 ml (1'/₂ k) koekmeelblom
10 ml (2 t) bakpoeier
2 ml ('/₂ t) koeksoda
7 ml (1'/₂ t) gemengde speserye
2 ml ('/₂ t) sout
125 ml ('/₂ k) witsuiker
2 ekstragroot eiers, geklits
250 ml (1 k) karringmelk
250 ml (1 k) gerasperde kookappel
   (2 klein geskilde appels)

'n Heerlike muffin wat 'n neutkrummellaag bo-oor kry.

Voorverhit die oond tot 180 °C. Smeer 'n muffinpan met 12 holtes of spuit met kleefwerende kossproei.

Bolaag:
Meng die droë bestanddele en vryf die botter met jou vingerpunte in tot goed gemeng. Voeg die gekapte okkerneute by. Hou eenkant.

Beslag:
Sif die meel, bakpoeier, koeksoda, gemengde speserye en sout saam in 'n groot mengbak. Voeg die witsuiker by en meng deur.
   Meng die eiers met die karringmelk en voeg die gerasperde appel by. Voeg by die droë bestanddele en meng liggies tot net gemeng. Skep elke muffinholte drie-kwart vol. Maak 'n effense holte in die middel van elkeen en skep 5 ml (1 t) van die bolaag in.
   Bak 20 minute lank in die voorverhitte oond of tot 'n toetspen skoon uit die middel van die muffins kom. Laat afkoel en keer op 'n draadrak uit om heeltemal af te koel.
   Sit voor saam met botter of geklitste room.

Lewer 12 muffins.

Suurlemoenmuffins

500 ml (2 k) koekmeelblom
10 ml (2 t) bakpoeier
2 ml ('/₂ t) sout
125 g sagte botter
100 ml witsuiker
5 ml (1 t) fyngerasperde suurlemoenskil
1 ekstragroot eier, geklits
250 ml (1 k) melk
200 ml (⁴/₅ k) sultanas (opsioneel)

Bolaag:
80 ml ('/₃ k) sagte bruinsuiker
50 ml ('/₅ k) makadamia- of pekanneute,
   gekap
2 ml ('/₂ t) gerasperde suurlemoenskil

Die muffins se beslag kan tot twee weke lank in die yskas gebêre word.

Voorverhit die oond tot 180 °C. Smeer 'n muffinpan met 12 holtes met botter of margarien of spuit met kleef-werende kossproei.
   Sif die meel, bakpoeier en sout saam. Room die botter en witsuiker saam tot romerig. Voeg ook die suurlemoenskil by. Klits die eier en melk saam en roer dit beurtelings met die meelmengsel by die bottermengsel in. Voeg die sultanas by.
   Skep die holtes van die muffinpan driekwart vol.

Bolaag:
Meng al die bestanddele vir die bolaag en sprinkel oor.
   Bak 20 minute lank of tot 'n toetspen skoon uit die middel van die muffins kom. Laat effens afkoel in die pan en keer op 'n draadrak uit om heeltemal af te koel.

Lewer 12 muffins.

Vinnige speserymuffins

4 x 250 ml (4 k) koekmeelblom
25 ml (5 t) bakpoeier
2 m l ($^1/_2$ t) sout
15 ml (1 e) gemengde speserye
5 ml (1 t) fyn kaneel
200 g margarien
200 ml sagte bruinsuiker
500 ml (2 k) droëvrugtekoekmengsel
1 eier
375 ml (1$^1/_2$ k) melk

'n Heerlike alternatief vir Paasbolletjies. Bak die muffins 'n dag of twee vooraf en bêre in 'n lugdigte houer.

Voorverhit die oond tot 190 °C. Smeer 2 muffinpanne met 12 holtes elk met botter of margarien of spuit met kleefwerende kossproei.

Sif die droë bestanddele saam en vryf die margarien met jou vingerpunte in tot die mengsel soos broodkrummels lyk.

Voeg die bruinsuiker en die droëvrugtekoekmengsel by en meng deur. Klits die eier en melk saam en voeg by die mengsel. Roer liggies deur tot net gemeng – die mengsel moet steeds effens klonterig wees.

Skep die muffinholtes twee derdes vol en bak 20-25 minute lank in die voorverhitte oond of tot 'n toetspen skoon uit die middel van die muffins kom. Laat effens afkoel in die panne en keer op 'n draadrak uit om heeltemal af te koel.

Dien op saam met botter.

Lewer 24-30 muffins.

Fetakaas-spinasiemuffins

375 ml (1$^1/_2$ k) koekmeelblom
10 ml (2 t) bakpoeier
2 ml ($^1/_2$ t) sout
knippie neutmuskaat of rooipeper
250 ml (1 k) gaar spinasie, gekap
250 ml (1 k) fetakaas, gekrummel
100 ml melk
100 ml olie
1 eier

Fetakaas en spinasie bly 'n wonderlike kombinasie.

Voorverhit die oond tot 190 °C. Smeer 'n muffinpan met 12 holtes goed met botter of margarien of spuit met kleefwerende kossproei.

Sif die droë bestanddele saam in 'n mengbak. Voeg die spinasie en kaas by en meng effens.

Klits die melk, olie en eier saam en voeg by die droë bestanddele. Roer tot net gemeng maar nog klonterig. Skep die holtes van die muffinpan twee derdes vol en bak 15-20 minute lank in die voorverhitte oond of tot 'n toetspen skoon uit die middel van die muffins kom.

Sit voor saam met botter.

Lewer ± 12 muffins.

Speserymuffins, wortel-en-papawersaadmuffins en aartappelkrummelmuffins (agter),bl. 286-287

Koekies en soetigheid

Koffiekoekies en koeksisters, vlakoekies en vlaskywe, internetkoekies, brosbrood, tamboesies, fudge, biscotti, truffels of lepelsteeltjies – dié heerlikhede en nog meer is alles hier om jou aan te verlekker.

VAKANSIEKOEKIES
Een resep – vyf soorte koekies

Met hierdie resep kan jy die koekieblikke met min moeite vol kry. Dit is 'n basiese resep en jy voeg net elke keer 'n paar bestanddele by om 'n ander soort koekie te bak.

Basiese koekies

250 g botter of margarien
125 ml ($^1/_2$ k) witsuiker
125 ml ($^1/_2$ k) geelsuiker
1 ekstragroot eier
5 ml (1 t) vanieljegeursel
500 ml (2 k) koekmeelblom
3 ml (ruim $^1/_2$ t) bakpoeier
5 ml (1 t) koeksoda
knippie sout

Voorverhit die oond tot 180 °C. Smeer 'n paar bakplate met botter of margarien of spuit met kleefwerende kossproei.

Room die botter en wit- en geelsuiker saam tot romerig. Voeg die eier en vanieljegeursel by en klits goed. Sif die droë bestanddele saam en voeg by die bottermengsel. Meng goed.

Rol in okkerneutgroot balletjies (besprinkel jou hande met koekmeelblom indien nodig – die mengsel is baie sag) en plaas ver uitmekaar op die voorbereide bakplate. Doop 'n vurk in koekmeelblom en druk die balletjies platter.

Bak ongeveer 15-20 minute lank in die voorverhitte oond of tot die koekies gaar is – pasop vir brand. Laat effens afkoel op die bakplaat en pak dan op 'n draadrak om heeltemal koud te word.

Bêre in lugdigte houers.

Lewer ± 40 koekies.

Variasies:
- **Grondbonekoekies:** *Vervang helfte van die botter deur grondboontjiebotter en gaan verder te werk soos beskryf by die basiese koekieresep. Versier met 'n halwe grondboon indien verkies.*
- **Vlakoekies:** *Verminder die koekmeelblom tot 400 ml en voeg 200 ml vlapoeier by die droë bestanddele. Gaan verder te werk soos beskryf by die basiese koekieresep.*
- **Gemmerkoekies:** *Voeg 40-45 ml (8 t-3 e) fyn gemmer by die droë bestanddele en gaan verder te werk soos beskryf by die basiese koekieresep.*
- **Klapperkoekies:** *Voeg 250 ml (1 k) klapper by die droë bestanddele en gaan verder te werk soos beskryf by die basiese koekieresep.*

Koffie-, grondboontjie-, vla- en klapperkoekies

Skurwejantjies

375 ml (1¹/₂ k) witsuiker
125 g botter of margarien
30 ml (2 e) heuning of gouestroop
500 ml (2 k) hawermout
500 ml (2 k) klapper
250 ml (1 k) koekmeelblom
1 ml (¹/₄ t) sout
1 eier, geklits
10 ml (2 t) koeksoda

"Crunchies" soos van ouds – propvol lekkerte en verspot maklik om te maak. Die resep is reeds in Wenresepte 2 *deur Annette Human gepubliseer.*

Voorverhit die oond tot 180 ºC. Smeer 'n rolkoekpan van ± 40 x 30 x 2 cm of spuit met kleefwerende kossproei.

Smelt die suiker, botter en heuning saam in 'n groot kastrol oor lae hitte. Meng die hawermout, klapper, meel en sout in 'n ander mengbak.

Laat die suikermengsel effens afkoel. Roer die eier en koeksoda vinnig in. Voeg die meelmengsel by wanneer die koeksoda begin skuim en meng goed.

Druk die mengsel met 'n spaan in die pan vas. Bak 20 minute lank op die middelste rak in die voorverhitte oond of tot goudbruin. Haal uit en sny dit dadelik terwyl dit nog warm is in 5 cm-blokkies. Laat die blokkies in die pan afkoel. Bêre in 'n lugdigte houer.

Lewer 48 blokkies.

Troepekoekies

5 x 250 ml (5 k) koekmeelblom
4 x 250 ml (4 k) klapper
750 ml (3 k) hawermout
250 ml (1 k) semels
250 ml (1 k) gekapte neute
5 ml (1 t) sout
4 x 250 ml (4 k) suiker
500 g botter of margarien
4 eiers
10 ml (2 t) vanieljegeursel
50 ml heuning of gouestroop
20 ml (4 t) bakpoeier
15 ml (1 e) koeksoda
4 x 250 ml (4 k) rysvlokkies
  (Rice Krispies)

Die koekies is nie net lekker nie, maar ook voedsaam en die ideale koekies om saam te stuur kamp toe vir die seuns wat destyds besig was met militêre opleiding, skryf Annette Human in Wenresepte 2.

Voorverhit die oond tot 180 ºC. Smeer bakplate met botter of margarien of spuit met kleefwerende kossproei. Plaas die oondrak in die middelste posisie.

Meng die meel, klapper, hawermout, semels, neute en sout in 'n baie groot mengbak.

Room die suiker en botter of margarien in 'n ander mengbak. Voeg die eiers en vanieljegeursel by en meng. Voeg hierdie mengsel by die meelmengsel en meng.

Verhit die heuning effens, verwyder van die hitte en roer die bakpoeier en koeksoda in – dit vorm 'n dik skuim. Voeg dit by die meelmengsel en meng gedeeltelik. Voeg die Rice Krispies by en meng vinnig en liggies; die deeg is styf.

Rol balletjies, 1¹/₂ keer groter as 'n okkerneut, tussen die handpalms. Plaas hulle 5 cm uitmekaar op die voorbereide bakplate; moenie die balletjies platdruk nie.

Bak die koekies 18-20 minute lank in die voorverhitte oond of tot effens bruin. Laat die koekies 10 minute lank op die bakplate afkoel voor hulle met 'n spaan uitgelig en op 'n draadrak geplaas word om heeltemal af te koel.

Bêre in 'n digte houer.

Lewer ± 140 koekies.

Koppie-van-alles-koekies

250 ml (1 k) bruismeel
250 ml (1 k) koekmeelblom
250 ml (1 k) hawermout
250 ml (1 k) witsuiker
250 ml (1 k) klapper
250 ml (1 k) rysvlokkies (Rice Krispies)
250 ml (1 k) ontbytgraanvlokkies
  (Post Toasties)
250 ml (1 k) pekanneute, fyngekap
250 ml (1 k) glanskersies, in kwarte
  gesny
250 ml (1 k) gouestroop
230 g (1 k) margarien
1 ekstragroot eier, geklits

'n Mens sal nie sommer 'n fout maak met die afmeet van die bestanddele vir hierdie koekies nie. Die koekies is heerlik bros.

Voorverhit die oond tot 180 °C. Smeer 2 groot bakplate met botter of margarien of spuit met kleefwerende kossproei.
   Meng die droë bestanddele goed in 'n groot mengbak. Meng die stroop en margarien in 'n mikrogolfbak en plaas 1 minuut lank op 100 persent krag in die mikrogolfoond. Roer tot die margarien gesmelt is, voeg die eier by en voeg dan stadig by die droë bestanddele. Roer aanhoudend. Meng goed.
   Skep teelepels vol redelik ver uitmekaar op die voorbereide bakplate. Druk effens plat met 'n vurk en bak 8-10 minute lank in die voorverhitte oond of tot die koekies gaar is en effens verbruin van bo. Laat 'n rukkie staan, haal versigtig af van die bakplaat met 'n eierspaan en sit op draadrak om heeltemal af te koel. Bêre in lugdigte houers.

Lewer ± 70 koekies.

Internetkoekies

500 g botter
500 ml (2 k) witsuiker
500 ml (2 k) sagte bruinsuiker
4 ekstragroot eiers
10 ml (2 t) vanieljegeursel
4 x 250 ml (4 k) koekmeelblom
5 x 250 ml (5 k) hawermout, fyngemaak
  in die voedselverwerker
5 ml (1 t) sout
10 ml (2 t) bakpoeier
10 ml (2 t) koeksoda
750 ml (3 k) fyngekapte sjokolade
1 stafie (125 g) sjokolade (bv. Bar-One),
  gerasper
750 ml (3 k) pekanneute, grofgekap

Vir hierdie storie moes die Amerikaner, Tammy Orehek $250 opdok! Sy besluit toe om die resep via die internet aan soveel moontlik mense te stuur. En is ons nie al oorval met versoeke om hierdie resep nie!

Voorverhit die oond tot 180 °C. Smeer 'n paar bakplate met botter of margarien of spuit met kleefwerende kossproei.
   Room die botter en voeg die wit- en bruinsuiker by terwyl aanhoudend geklits word. Voeg die eiers een-een by en klits goed na elke byvoeging. Voeg die vanieljegeursel by en meng deur. Voeg die droë bestanddele by en meng goed deur. Voeg al die sjokolade en pekanneute by en meng goed deur.
   Rol die deeg in okkerneutgroot balletjies en plaas ver uitmekaar op die bakplate. (Moenie die koekies platdruk nie, want hulle sprei baie.) Bak 12-15 minute lank in die voorverhitte oond of tot gaar en bruin bo-op. Laat die koekies effens afkoel op die plate en plaas hulle dan op 'n draadrak om verder af te koel. Bêre in lugdigte houers.

Lewer 135 groot koekies.

Bobaas gemmerkoekies

500 ml (2 k) gouestroop
450 g sagte botter of margarien
2 eiers
50 ml bruinasyn
50 ml fyn gemmer
15 ml (1 e) kaneel
5 ml (1 t) fyn kruienaeltjies
500 ml (1 k) ligte bruinsuiker
8 x 250 ml (8 k) koekmeelblom
37,5 ml koeksoda
10 ml (2 t) sout

Hierdie resep het 'n eerste prys gewen in Huisgenoot *se reseptewedstyd van 1983, skryf Annette Human in* Wenresepte 2.

Meng die stroop, botter, eiers, asyn en speserye in 'n skottel. Roer die bruinsuiker in. Sif die meel, koeksoda en sout saam en meng met die botter-suikermengsel. Meng goed en bedek die deeg. Laat 'n paar uur in die yskas rus.
    Voorverhit die oond tot 200 °C. Smeer bakplate met botter of margarien of spuit met kleefwerende kossproei.
    Rol die deeg in okkerneutgroot balletjies. Plaas die balletjies 'n entjie uitmekaar op die voorbereide bakplate. Bak ongeveer 12 minute lank op die middelste rak van die voorverhitte oond of tot mooi bruin. Laat effens afkoel op die bakplate en plaas dan op 'n draadrakkie om heeltemal af te koel. Bêre in lugdigte houers.

Lewer 240 koekies.

Geglaseerde gemmerblokkies

Deeg:
125 g (ongeveer 6 stukke)
  gemmerkonfyt
12 heel glanskersies
250 g botter of margarien, gesmelt
1 eier, geklits
25 ml (5 t) gemmerstroop
625 ml (2¹/₂ k) koekmeelblom
250 ml (1 k) strooisuiker
25 ml (5 t) fyn gemmer
10 ml (2 t) bakpoeier

Glasering:
500 ml (2 k) versiersuiker, gesif
50 ml warm water
15 ml (1 e) gemmerstroop

Jy moet hierdie koekies eerder "kompulsiewe" koekies noem, was die kommentaar van 'n voormalige adjunk-redakteur van Huisgenoot, *André Rossouw, aan Annette Human toe sy hierdie koekies in die toetskombuis getoets het. Kompulsiewe koekies is 'n goeie naam hiervoor, want dis so lekker dat 'n mens nie die wilskrag het om op te hou eet daarvan nie, skryf sy in* Wenresepte 3.

Voorverhit die oond tot 190 °C. Smeer 'n rolkoekpan van 40 x 27 x 2 cm met botter of margarien of spuit met kleefwerende kossproei.

Deeg:
Snipper die konfyt en kersies fyn. Voeg dit by die smeer en laat die mengsel afkoel tot lou. Roer die eier en stroop by.
    Sif die meel, strooisuiker, gemmer en bakpoeier saam oor die eiermengsel en meng tot 'n deeg – moenie bekommerd wees as dit olierig lyk nie.
    Druk die deeg in die voorbereide rolkoekpan vas. Bak dit 20 minute lank in die voorverhitte oond.

Glasering:
Meng die versiersuiker, water en stroop tot 'n gladde pasta. Giet dit oor die gemmerkoek sodra dit uit die oond kom en sprei dit tot teen die kante oop.
    Sny die gemmerkoek in reghoeke van 5 x 3 cm wanneer dit 'n bietjie afgekoel het, maar nog nie heeltemal koud is nie.

Lewer ± 60 blokkies.

Koffiekoekies

2 kg (14 x 250 ml + 60 ml of 14$^1/_4$ k)
  koekmeelblom
7 ml (1$^1/_2$ t) sout
625 ml (2$^1/_2$ k) geelsuiker
750 g botter of margarien
100 g harde kookvet of Holsum
400 ml gouestroop
25 ml (5 t) koeksoda
250 ml (1 k) sterk swart koffie
10 ml (2 t) vanieljegeursel

Fudgevulsel:
25 ml (5 t) kitskoffie
25 ml (5 t) kookwater
250 ml (1 k) witsuiker
125 g botter of margarien
75 ml (5 e) melk

Hierdie resep wat in Wenresepte 3 *deur Annette Human
verskyn, bly die beste koffiekoekieresep wat daar is. Die
deeg is net reg om mooi koekies met 'n koekiespuit te bak.*

Meng die meel, sout en geelsuiker in 'n groot mengbak.
Vryf die botter en kookvet met die vingerpunte in tot die
mengsel soos broodkrummels lyk. Voeg die stroop by en
meng deeglik. Los die koeksoda in 'n klein bietjie koffie
op en voeg saam met die orige koffie en geursel by die
meelmengsel. Meng goed om 'n sagte deeg te vorm.
Bedek en verkoel oornag.
     Voorverhit die oond tot 200 °C. Smeer 'n aantal bakplate
liggies met of spuit met kleefwerende kossproei.
     Heg 'n koekievorm vooraan 'n koekiespuit en spuit 'n
entjie van mekaar op voorbereide bakplate. Rol deeg
andersins dun uit op 'n meelbestrooide oppervlak en sny in
vingers, of gebruik 'n oopgesnyde mosterdblikkie.
     Rangskik die vingers 'n entjie uitmekaar op die voor-
bereide plate en bak ongeveer 12 minute lank in die
voorverhitte oond tot gaar en goudbruin. Laat die vingers
effens op bakplate afkoel en plaas op draadrakke om
heeltemal af te koel.

Fudgevulsel:
Los die koffie in die kookwater op en voeg die res van die
bestanddele by. Verhit onbedek tot kookpunt terwyl geroer
word en laat 5 minute lank kook. Verwyder van die stoof
en klop met 'n houtlepel tot dik en koud. Plak die koekies
twee-twee hiermee aan mekaar vas. Bêre in digte houers.

Lewer ± 350 enkelbeskuitjies en 250 ml (1 k) vulsel.

Romany Creams

750 g botter of margarien
750 ml (3 k) witsuiker
6 x 250 ml (6 k) bruismeel
4 x 250 ml (4 k) klapper
4 x 250 ml (4 k) fyn droë
  graanvlokkiekrummels (Post Toasties)
200 ml kakaopoeier
250 ml (1 k) kookwater
200 g melksjokolade, in blokkies
  gebreek

Dié koekies, waarvoor die resep al in Wenresepte 1 *verskyn,
lyk en smaak nes hul gekoopte eweknie, maar is net brosser.*

Voorverhit die oond tot 180 °C. Smeer 'n paar bakplate of
spuit met kleefwerende kossproei.
     Room die botter en suiker in 'n groot mengbak. Sif die
bruismeel, voeg die klapper en krummels by en meng.
Meng die kakaopoeier in die kookwater tot 'n pasta en laat
effens afkoel. Meng die kakao- met die bottermengsel.
Voeg die meelmengsel by en meng baie goed.
     Rol balletjies van ongeveer 3 cm in deursnee, plaas op
die voorbereide bakplate en druk met 'n vurk plat. Bak
ongeveer 15 minute lank in die oond. Smelt sjokolade oor
kookwater of in die mikrogolfoond by 70 % krag en smeer
op die helfte van die koekies. Plak die ander helfte bo-op.

Lewer ± 100 koekies.

Biscotti

175 g gepelde amandels
125 g ongesoute botter, versag
250 ml (1 k) suiker
2 eiers, liggies geklits
skil van 1 lemoen
15 ml (1 e) lemoenlikeur
7 ml (1½ t) bakpoeier
2 ml (¼ t) sout
730 ml (ongeveer) koekmeel
70 ml growwe polenta
15 ml koljandersaad, gekneus
  (opsioneel)

Sjokoladekoppetjies:
250 ml (1 k) room
200 g donkersjokolade
2 eiergele
15 ml (1 e) brandewyn

Biscotti is die Italiaanse woord vir beskuitjie.
Een van Daleen van der Merwe, Huisgenoot *se assistent-kosredakteur se staatmakerresepte. Heerlik om na ete voor te sit saam met koffie. Die kosskrywer Errieda du Toit hou daarvan om dit saam met sjokoladekoppietjies voor te sit pleks van poeding.*

Voorverhit die oond tot 170 °C en smeer 'n groot bakplaat liggies.

Rooster die amandels 5-10 minute lank en kap ⅓ van die neute op, hou eenkant. Room die botter en suiker saam tot goed gemeng. Meng die eiers, lemoenskil, likeur, bakpoeier en sout by en klits goed.

Roer 570 ml van die meel, asook die polenta, geroosterde amandels en koljandersaad by. Keer die deeg op 'n skoon oppervlak uit en knie tot die deeg glad is. Voeg die res van die meel bietjie vir bietjie by net totdat 'n sagte deeg wat nie klewerig is nie verkry is.

Verdeel die deeg in 4 ewegroot stukke en rol elkeen in 'n rol van 5 cm wyd en 2-3 cm hoog. Plaas op die voorbereide bakplaat en bak totdat dit begin bruin word om die kante, sowat 20-25 minute.

Laat 10 minute afkoel en sny dan elke rol diagonaal in 1 cm snye. Plaas die snye op die bakplaat en bak 10 minute tot ligbruin van kleur.

Sjokoladekoppetjies

Verhit die room stadig op die stoof – moenie dit laat kook nie. Breek die donkersjokolade bietjie-vir-bietjie hierby en roer tot dit heeltemal gesmelt is. Verwyder van die hitte, roer die eiergele en brandewyn in en giet in espresso-koppietjies. Plaas in die yskas en geniet saam met biscotti.

Biscotti

Basiese brosbrood

200 ml mielieblom
500 ml (2 k) koekmeelblom
knippie sout
250 g botter by kamertemperatuur
125 ml ('/₂ k) strooisuiker
ekstra strooisuiker

Dis die Skotte wat brosbrood gewild gemaak het en oraloor is mense gaande oor hierdie bros koekies. Brosbrood word veral op Nuwejaarsdag voorgesit en is ook die ideale geskenk.

Voorverhit die oond tot 200 °C. Smeer 'n vierkantige koekpan van 21 cm of 'n bakplaat met margarien of botter of spuit met kleefwerende kossproei.
Sif die mielieblom, koekmeelblom en sout 2 keer saam. Klits die botter ongeveer 2 minute lank tot lig en donsig. Voeg die strooisuiker geleidelik by terwyl aanhoudend geklits word. Voeg die meelmengsel by en meng liggies om 'n sagte deeg te vorm. Voeg meer meel by indien nodig.
Druk die deeg in die voorbereide pan of plaat vas en merk in blokkies van 2 cm x 2 cm. Bestrooi met ekstra strooisuiker en bak 10 minute lank bone oond. Verlaag die oondtemperatuur tot 160 °C en bak ongeveer 30 minute lank tot 'n ligte strooikleur. Strooi ekstra strooisuiker oor, laat afkoel en sny die blokkies deur. Bêre in 'n digte houer.

Lewer 36 blokkies.

Suurlemoenvingers

Brosbroodlaag:
500 ml (2 k) koekmeelblom
125 ml ('/₂) versiersuiker
1 ml ('/₄ t) sout
200 g botter by kamertemperatuur

Bolaag:
4 ekstragroot eiers
375 ml (1'/₂ k) witsuiker
100 ml (²/₅ k) suurlemoensap
15 ml (1 e) gerasperde suurlemoenskil
75 ml (5 e) koekmeelblom
3 ml (ruim '/₂ t) bakpoeier

versiersuiker vir bo-oor sif

Die besonderse koekskyfies bestaan uit 'n broskors met 'n soetsuurlagie oor. Die resep het die eerste keer in Wenresepte 2 *deur Annette Human verskyn en daarna het ons verskeie keer ook resepte hiervoor ontvang.*

Voorverhit die oond tot 180 °C. Spuit 'n bakplaat van 32 x 23 x 2 cm met kleefwerende middel.

Brosbroodlaag:
Sif die meel, versiersuiker en sout saam. Vryf die botter met jou vingerpunte in tot die mengsel soos broodkrummels lyk. Druk in die voorbereide bakplaat vas en bak 20-25 minute lank in die oond of tot gaar en ligbruin van bo.

Bolaag:
Klits die eiers tot skuimerig. Voeg die suiker by en klits goed. Voeg die res van die bestanddele vir die bolaag by en klits goed. Giet oor die gebakte kors en bak nog 25 minute lank of tot gaar en tot die bolaag gestol is. Laat effens afkoel, sif versiersuiker oor en sny versigtig in vingers.

Lewer 25-30 vingers.

Kaneelvierkante (bl. 300)

Kaneelvierkante

1 x brosbroodlaag (sien
   suurlemoenvingers bl. 298)

Kaneelbolaag:
120 g botter
250 ml versiersuiker
25 ml (5 t) fyn kaneel
20 ml (4 t) heuning
knippie sout

'n Heerlike variasie op die suurlemoenvingers.

Berei die brosbroodvingers soos beskryf by die
suurlemoenvingers.

Vervang die bolaag deur die kaneelbolaag:
Smelt die botter en voeg die res van die bolaag se bestand-
dele by. Klits goed en smeer oor die warm brosbroodlaag
sodra dit uit die oond kom. Laat afkoel tot die versiersel nie
meer loperig is nie en sny dan in vierkante of lang vingers.

Lewer sowat 40 blokkies.

Griekse neutballetjies

250 g botter
75 ml (5 e) strooisuiker
500 ml (2 k) koekmeelblom
2 ml ($^1/_2$ t) sout
10 ml (2 t) amandelgeursel
1 pak (100 g) fyn amandels
gesifte versiersuiker om in te rol

*By Blue Bay Lodge op Saldanha word hierdie lekker
koekies saam met koffie voorgesit.*

Voorverhit die oond tot 160 °C. Meng al die bestanddele
tot 'n gladde deeg. Vorm in okkerneutgroot balletjies en
pak op 'n bakplaat. Verkoel 'n halfuur.
   Bak 30 minute lank in die oond tot net gaar, maar
steeds lig van kleur. Rol in die gesifte versiersuiker terwyl
nog warm. Laat op draadrakke afkoel.

Lewer 25-30 koekies.

Rotsskuimpies

3 ekstragroot eierwitte
250 ml (1 k) strooisuiker
500 ml (2 k) ontbytgraanvlokkies
   (Post Toasties)
250 ml (1 k) ongesoute grondbone

*Die resep het sy ontstaan gehad toe dit destyds in die
oorlogsjare taboe was om meel in koekies te gebruik.*

Voorverhit die oond tot 100 °C. Bestuif 2 bakplate met
mielieblom.
   Klits die eierwitte tot sagte punte vorm. Voeg die
strooisuiker lepelsgewys by terwyl aanhoudend geklits
word. Vou daarna die graanvlokkies en grondbone met 'n
metaallepel in. Skep lepels vol van die mengsel op die
voorbereide bakplaat en bak in die voorverhitte oond tot
heeltemal uitgedroog – ongeveer 2 uur. Laat heeltemal
afkoel en bêre in 'n lugdigte houer.

Lewer 30 skuimpies.

Konfytvierkante

250 g botter of margarien, by
   kamertemperatuur
250 ml (1 k) witsuiker
2 ekstragroot eiers
15 ml (1 e) vanieljegeursel
4 x 250 ml (4 k) koekmeelblom
20 ml (4 t) bakpoeier
2 ml (1½) sout
appelkooskonfyt
versiersuiker

Die resep, wat in Wenresepte 3 *deur Annette Human verskyn, kry eintlik 'n droëvrugte-koekmengsel in. Konfyt werk egter baie makliker en vinniger.*

Voorverhit die oond tot 180 °C. Smeer 'n rolkoekpan van 40 x 27 x 2 cm met botter of margarien of spuit met kleefwerende kossproei.

Meng die smeer, suiker en eiers goed. Voeg die geursel by en meng. Sif die meel, bakpoeier en sout saam. Voeg dit by die eiermengsel en meng tot 'n sagte maar ferm deeg. Druk ²/₃ van die deeg in die voorbereide pan vas. Smeer fyn appelkooskonfyt oor. Rasper die oorblywende deeg grof bo-oor – moenie dit vasdruk nie.

Bak ongeveer 25 minute lank in 'n voorverhitte oond tot ligbruin. Laat dit afkoel. Sif versiersuiker bo-oor en sny dit in vingers.

Lewer ± 40 vingers.

Sjokoladevierkante

Kors:
250 g botter
200 ml strooisuiker
625 ml (2½ k) koekmeelblom
1 ml (¼ t) sout
5 ml (1 t) bakpoeier
25 ml (5 t) kakaopoeier

Vulsel:
1 blik (380 g) karamelkondensmelk
25 ml (5 t) gouestroop
30 ml (2 e) botter
25 ml (5 t) witsuiker
5 ml (1 t) vanieljegeursel

Die koekies is amper soos die bekende konfytvierkante – die deeg het net so 'n titsel sjokolade by en die vulsel is karamelkondensmelk!

Voorverhit die oond tot 160 °C. Smeer 'n bakplaat van 30 x 23 cm met botter of margarien of spuit met kleefwerende kossproei.

Kors:
Klits die botter en strooisuiker saam tot lig en romerig.

Sif die droë bestanddele saam, voeg by die bottermengsel, meng goed deur en vorm in 'n bal.

Verdeel die deeg in 2 gelyke dele. Rol een deel toe in kleefplastiek en plaas in die yskas tot benodig. Druk die ander deel vas in die voorbereide bakplaat.

Vulsel:
Meng al die bestanddele vir die vulsel in 'n kastrol en verhit oor lae hitte tot al die suiker en botter gesmelt is. Giet oor die deeg in die pan en versprei egalig.

Rasper die ander helfte van die deeg bo-oor die vulsel en bak 30 minute lank in 'n voorverhitte oond of tot gaar. Laat effens afkoel en sny in blokkies. Laat staan om heeltemal af te koel en verwyder dan uit die bakplaat. Bêre in 'n lugdigte houer.

Lewer ± 50 blokkies.

Karringmelk-koeksisters

Stroop:
8 x 250 ml (8 k) suiker
1 L (4 k) water
50 ml gouestroop
2 stukke pypkaneel
2 ml ($^1/_2$ t) kremetart
2 ml ($^1/_2$ t) wynsteensuur

Deeg:
5 x 250 ml (5 k) koekmeelblom
30 ml (2 e) bakpoeier
knippie sout
1 ml ($^1/_4$ t) fyn neutmuskaat
60 ml ($^1/_4$ k) botter
1 houer (500 ml) karringmelk
olie vir diepbraai

Tydens 'n kongres wat Tuisnywerhede Suid-Afrika in 1997 in die Kaap gehou het, doen ons 'n artikel "Bak vir jou sak". Hierdie koeksisters is een van die staatmakerresepte.

Stroop:
Meng al die bestanddele vir die stroop in 'n groot kastrol. Verhit, terwyl gedurig geroer word, tot die suiker gesmelt is. Verhit tot kookpunt en kook dan 10 minute lank sonder om te roer. Laat afkoel en verkoel tot yskoud.

Deeg:
Sif die meel, bakpoeier, sout en neutmuskaat saam. Vryf die botter met jou vingerpunte in tot die mengsel soos broodkrummels lyk. Giet die karringmelk by en meng tot 'n sagte deeg. Knie goed deur en draai in kleefplastiek toe. Laat 1 uur rus.
   Rol die deeg 3-5 mm dik uit en sny in stroke van 4 cm breed. Sny elke strook in 7 cm lang stukke. Sny 3 bene in elke stuk sodat dit by een punt steeds vas is. Vleg elke stuk lossies en druk die 3 bene by die punt stewig vas. Bedek die uitgerolde deeg en ongebakte koeksisters met 'n klam doek.
   Braai 'n paar koeksisters op 'n keer in verhitte diep olie tot gaar en goudbruin, skep met 'n gaatjieslepel uit en dompel dadelik in yskoue stroop. Laat 'n paar minute lank in die stroop lê en skep met 'n gaatjieslepel uit. Plaas op 'n draadrak op 'n skinkbord sodat orige stroop kan afloop. Bêre onbedek in die yskas. Dien yskoud op.

Lewer minstens 50 koeksisters.

Broodsisters

1 x stroop (sien karringmelkkoeksisters hierbo)
1 dag oue brood
olie vir diepbraai

As 'n mens dié stroopvingers toe-oog eet, sal jy sê dis koeksisters, skryf Annette Human in Wenresepte 1.

Berei 'n koue stroop soos beskryf by die karringmelk-koeksisters.
   Sny 'n dagoud brood in snye van 1 cm en sny die korsies af. Sny dan in 4 ewe groot vingers. Braai broodvingers in warm, diep kookolie tot ligbruin aan weerskante en doop warm in koue stroop. Plaas op 'n draadrak op 'n skinkbord sodat orige stroop kan afdrup.

Lewer 100 broodsisters.

Karringmelk-koeksisters

Kitskoeksisters

Stroop:
625 ml (2¹/₂ k) witsuiker
250 ml (1 k) water
15 ml (1 e) suurlemoensap
5 ml (1 t) vanieljegeursel

Deeg:
375 ml (1¹/₂k) koekmeelblom
22 ml bakpoeier
1 ml (¹/₄ t) sout
25 ml (5 t) botter of margarien
150 ml melk
1 bottel (750 ml) kookolie

Jy kan die koeksisters binne 'n uur maak as jy eers die slag ken, verduidelik Annette Human in Wenresepte 3.

Stroop:
Verhit die suiker en water in 'n diep kastrolletjie oor lae hitte sonder 'n deksel tot kookpunt en roer dit kort-kort tot die suiker gesmelt is. Kook die stroop 7-8 minute lank stadig sonder 'n deksel – dit moenie vinnig kook nie, want dan gaan dit te dik wees. Haal die kastrolletjie van die stoof af en roer die suurlemoensap en geursel in. Hou dit eenkant.

Deeg:
Sif die meel, bakpoeier en sout saam. Frummel die smeer daarin. Sny die melk met 'n slaplemmes in die fummels in tot 'n deeg vorm – werk liggies!
Rol die deeg op 'n meelbestrooide oppervlak ongeveer 5 mm dik uit. Sny dit in smal repies en vleg koeksisters daarmee, of gebruik 'n koeksistersnyer.
Verhit die olie in 'n mediumgroot kastrol tot taamlik warm – nie rookwarm nie. Plaas 3-4 koeksisters op 'n keer daarin en bak hulle eers aan die een en dan aan die ander kant tot 'n diep goudbruin. Skep die koeksisters met 'n gleuflepel uit en dompel hulle dadelik in die stroop – wat teen dié tyd tot louwarm afgekoel het. Wanneer die stroop deur die koeksisters getrek het, skep hulle met 'n dreineer-spaan uit en plaas hulle op 'n draadrak op 'n skinkbord of bak sodat orige stroop kan afdrup. Eet die koeksisters koud.

Lewer ± 30 koeksisters.

Skilferkorsskywe

1 rol skilferdeeg, ontdooi
300 g marsepein
200 ml klapper
100 ml glanskersies, gehalveer
2 eierwitte, effens geklits
6 groot sjokoladevlokstafies (Flake)

Marsepein en klapper saam met sjokolade vorm die vulsel vir skilferdeeg. Heerlik!

Voorverhit die oond tot 220 °C. Smeer 'n bakplaat met botter of margarien of spuit met kleefwerende kossproei.
Rol die deeg uit in 'n reghoek van 25 x 30 cm. Rol die marsepein ook in 'n reghoek uit wat effens kleiner as die deeg is. Plaas bo-op die deeg. Meng die klapper en net genoeg eierwit om dit te bind en smeer bo-oor. Sprinkel die glanskersies oor. Plaas die sjokoladestafies in die middel af. Vou die deeg toe sodat die kante goed oormekaar vou. Verf die kante met orige eierwit en druk stewig vas. Druk die ente vas. Plaas op die voorbereide bakplaat. Smeer met eierwit en strooi strooisuiker oor die deeg en maak diagonale snitte.
Bak ongeveer 30 minute lank in 'n voorverhitte oond tot die deeg uitgepof en goudbruin is. Verwyder uit die oond en sny in skywe.

Genoeg vir 6 mense.

Skilferkorsskywe

Vlaskywe

1 pak (200 g) waterbeskuitjies
   (Cream Crackers)
1 L (4 k) melk
250 ml (1 k) wit suiker
50 g botter of margarien
125 ml ($^1/_2$ k) koekmeelblom
100 ml mielieblom
10 ml (2 t) vlapoeier
2 ml ($^1/_2$ t) sout
100 ml koue water
3 eiers, geskei
5 ml (1 t) vanieljegeursel
 500 ml (2 k) versiersuiker, gesif
± 40 ml kookwater

> *Variasie:*
> *Tamboesies: Sny 'n rol skilferdeeg in vierkante. Bak tot uitgepof en gaar. Splits elke deegvierkant en gebruik as korse . Berei verder voor soss beskryf by vlaskywe.*

Dis geen groot werk om hierdie vlaskywe te maak nie – jy berei vinnig 'n vlavulsel en gebruik Cream Crackers as die kors, vertel Annette Human in Wenresepte 2.

Smeer 'n vlak glasbak van 35 x 25 x 5 cm met botter of margarien of spuit met kleefwerende kossproei. Pak 15 beskuitjies in rye van 5 x 3 op die boom van die bak en sorg dat die halveringslyne van die beskuitjies almal in dieselfde rigting lê.
    Verhit die melk in 'n groot kastrol tot kookpunt. Voeg die suiker, botter of margarien by en roer tot gesmelt. Haal van die stoof af.
    Meng die meel, mielieblom, vlapoeier, sout en koue water deeglik. Voeg die eiergele by en klits goed. Klits van die melkmengsel geleidelik by die vlamengsel. Giet terug in die kastrol by die res van die melk. Roer aanhoudend oor lae hitte, bring tot kookpunt en kook ongeveer 5 minute lank tot dik. Haal van die stoof af en roer die vanieljegeursel in. Klits die eierwitte styf en vou liggies by die vlamengsel in met 'n metaallepel.
    Giet die warm vla oor die beskuitjies. Bedek met 'n verdere 15 beskuitjies, ook in rye van 5 x 3 gepak – sorg dat dit in dieselfde rigting lê as die onderlaag. Laat afkoel en plaas in die yskas om heeltemal koud te word.
    Meng die versiersuiker met kookwater tot 'n smeerbare versiersel. Smeer oor beskuitjies. Hou in yskas tot benodig. Sny skywe so groot soos 'n halwe beskuitjie.

Lewer 30 skywe.

Adamsoesies (Poffertjies)

60 g botter of margarien
125 ml ($^1/_2$ k) kookwater
125 ml ($^1/_2$ k) bruismeel
knippie sout
2 mediumgroot eiers

In Wenresepte 3 *deur Annette Human skryf Danie Haumann van Kaapstad na aanleiding van 'n soesieresep in* Huisgenoot: *"Ek weet nie waarom die Evasgeslag resepte altyd so moeilik laat lyk nie. Dis maak presies sus en so vir op 'n haar so lank – enige voornemende pofferbakker sal dadelik afgeskrik word. Hier by my lê 'n baie ou reseppie wat 6 reuse-poffers of 18 mediumgrotes lewer. Ek wil liewer nie tel hoeveel delikate kleintjies dit gaan maak nie. Die hele proses van aanmaak gaan so vinnig dat 'n mens moet oppas dat jy nie jou vingers met die spuitsak verbrand nie!*

Smelt die botter in die kookwater op die stoof en voeg die bruismeel eensklaps by. Roer met 'n paar vinnige rondomtalie-hale van die lepel. Die kleierige pasta sal alles aan die lepel bly kleef – maak nie saak nie. Haal van die stoof af en voeg die eiers een-een by met 'n kniebeweging van die lepel eerder as 'n roerbeweging.

"Dan, wanneer die tweede eier bygewerk is, roer ek die deeg of pasta, wat maar goed styf kan wees, nog so 'n paar keer om en spuit of vorm die pasta op gesmeerde papier op 'n bakplaat. (Onthou om baie plek om elke vormpie te laat, want hierdie pasta swel erger op as 'n broeis brulpadda.)"

"Steek dit in 'n goed warm oond van ongeveer 190 °C en bak dit ongeveer 30 minute lank tot die poffers nie meer water sweet nie en lekker bruin is. As jy klein snytjies sny of gaatjies met 'n breinaald prik wanneer hulle uit die oond kom, help dit om stoom af te laat."

Vul met room of dik vla indien verkies en rond af met 'n glansversiersel: Sif die versiersuiker en kakao saam. Roer die botter by en maak aan met die kookwater tot 'n dik glansversiersel. Skep oor elke soesie.

Glansversiersel:
300 ml versiersuiker
75 ml kakao
15 ml botter
30 ml kookwater

Hertzoggies

Kors:
450 ml (1³/₄ k) koekmeelblom
37,5 ml strooisuiker
10 ml (2 t) bakpoeier
1 ml ('/₄ t) sout
125 g botter of margarien, by
  kamertemperatuur
3 eiergele van ekstragroot eiers
15 ml (1 e) koue water

Vulsel:
60-75 ml ('/₄ k / 5 e) fyn appelkoos-
  konfyt
3 eierwitte van ekstragroot eiers
300 ml (1¹/₄ k) witsuiker
500 ml (2 k) klapper

Dis die beste en mooiste gebakte Hertzoggies wat sy nog teengekom het, vertel Annette Human in Wenresepte 2. *Terloops, Hertzoggies is genoem na genl. J.B.M. Hertzog wat van 1924 tot 1939 eerste minister van die Unie van Suid-Afrika was. Dit was waarskynlik sy gunsteling koekies.*

Voorverhit die oond tot 180 °C. Smeer die holtes van kolwyntjiepanne met botter of margarien of spuit met kleefwerende middel.

Kors:
Sif die meel, strooisuiker, bakpoeier en sout saam. Vryf die botter liggies met die vingerpunte hierin tot goed gemeng. Klits die eiergele en water effens, voeg by die meelmengsel en meng tot 'n sagte, hanteerbare deeg; voeg nog 'n bietjie water by as die deeg te styf is. Knie die deeg goed, bedek en laat eenkant staan.

Rol die deeg dun uit op 'n meelbestrooide oppervlak. Druk groot sirkels met 'n koekiedrukker uit en voer die holtes daarmee uit.

Vulsel:
Skep 'n klontjie appelkooskonfyt in die middel van elke deegkorsie. Klits die eierwitte tot goed styf. Klits die suiker geleidelik by. Roer die klapper by. Skep lepels vol van die vulsel op die appelkooskonfyt in die korsies.

Bak die koekies 20-25 minute lank op die middelste rak van die voorverhitte oond. Laat hulle effens in die panne afkoel en haal dan versigtig uit om op 'n draadrak af te koel.

Lewer 30 koekies.

Lui Hertzoggies

Kors:
500 ml (2 k) koekmeelblom
10 ml (2 t) bakpoeier
knippie sout
125 g botter
125 ml ($^1/_2$ k) suiker
1 ekstragroot eier, effens geklits
fyn appelkooskonfyt

Bolaag:
3 eierwitte
300 ml (1$^1/_4$ k) strooisuiker
500 ml (2 k) klapper
5 ml (1 t) vanieljegeursel

> *Variasie:*
> *Vervang die appelkooskonfyt met*
> *'n blik karamelkondensmelk.*

Dis nou wat 'n huisvrou doen wanneer sy lus is vir Hertzoggies, maar te lui is vir al die uitrol.

Voorverhit die oond tot 180 °C. Spuit 'n bakplaat van 33 x 23 x 2 cm met kleefwerende kossproei.
Sif die meel, bakpoeier en sout saam. Klits die botter en suiker tot sag en romerig. Voeg die eier by en ook die droë bestanddele lepelsgewys. Meng goed. Druk die deeg in die voorbereide bakplaat vas en laat 15 minute lank in die yskas staan. Smelt appelkooskonfyt en smeer oor die deeg.

Bolaag:
Klits die eierwitte tot sagte punte vorm. Voeg die strooisuiker lepelsgewys by terwyl aanhoudend geklits word. Voeg die klapper by en vou saam met die vanieljegeursel in. Skep in 'n spuitsak en spuit rosies bo-op die appelkooskonfyt, of smeer oor die appelkooskonfyt. Bak 20-25 minute lank in die voorverhitte oond of tot die punte van die rosies begin verkleur. Laat effens afkoel en sny in blokkies of vingers. Bêre in 'n lugdigte houer.

Lewer ± 40 blokkies.

Lepelsteeltjies

500 ml (2 k) koekmeelblom
2 ml ($^1/_2$ t) sout
1 ml ($^1/_4$ t) bakpoeier
625 ml (2$^1/_2$ k) gerasperde cheddarkaas
250 g botter
± 60 ml (5 e) fyn appelkooskonfyt

Hierdie soetsout kaaskoekies is deur almal in die land gebak nadat dit in Wenresepte 3 van Annette Human verskyn het.

Voorverhit die oond tot 200 °C. Smeer die holtes van heel klein kolwyntjiepanne met botter of margarien of spuit met kleefwerende kossproei.
Sif die meel, sout en bakpoeier saam. Voeg die kaas by en meng. Voeg die smeer by en meng tot 'n deeg. Rol in okkerneutgroot balletjies en plaas in die klein kolwyntjiepannetjies. Druk 'n gaatjie met die steel van 'n houtlepel in elke balletjie, maar moenie deur die deeg druk nie. Skep 'n mespunt appelkooskonfyt in die gaatjie. Bak ongeveer 15 minute lank in die voorverhitte oond tot gaar. Laat afkoel op 'n draadrak en bêre in 'n lugdigte houer.

Lewer ± 60 koekies.

Lui Hertzoggies

Maklike fudge

160 g botter of margarien
75 ml (5 e) gouestroop
1 blik (397 g) kondensmelk
1 kondensmelkblik (325 ml) warm melk
6 x 250 ml (6 k) suiker
250 ml (1 k) koekmeelblom
2 ml (¹/₄ t) kremetart
5 ml (1 t) vanieljegeursel

Hierdie resep, wat in Wenresepte 2 *deur Annette Human verskyn het, is ideaal vir diegene wat sukkel om fudge te maak.*

Smelt die botter en stroop saam in 'n groot swaarboomkastrol oor lae hitte. Voeg die kondensmelk en melk by en meng. Meng die suiker en die meel voeg by die melkmengsel en meng deeglik.

Verhit en roer die mengsel aanhoudend oor lae hitte tot kookpunt. Voeg die kremetart by sodra dit kook. Kook dit ongeveer 25 minute lank oor lae hitte (tot die sagtebalstadium) en roer aanhoudend met 'n houtlepel om te voorkom dat dit aanbrand. Haal van die stoof af en roer die vanieljegeursel in. Klop dit met 'n houtlepel tot dit begin styf word.

Gooi die fudge in 'n gesmeerde bak van minstens 28 x 18 x 3 cm en maak dit gelyk. Sny in blokkies voor dit heeltemal hard is.

Lewer ± 72 blokkies.

Mikrogolf-fudge

1 pak (500 g) versiersuiker, gesif
1 blik (397 g) kondensmelk
100 g margarien
5 ml (1 t) vanielje- of karamelgeursel

Die was oorspronklik 'n Huisgenoot-*resep wat een van ons lesers aangepas het om in die mikrogolfoond te maak. Dit was nog altyd 'n sukses. Die resep is in 'n 600 W-mikrogolfoond getoets.*

Smeer 'n bak van 22 x 22 cm met botter of margarien of spuit met kleefwerende kossproei.

Plaas die versiersuiker, kondensmelk en margarien in 'n groot mikrogolfbak. Mikrogolf 2 minute lank op 100% krag en roer met 'n draadklitser tot goed gemeng.

Mikrogolf 'n verdere 10 minute lank op 100% krag en roer goed nadat die helfte van die kooktyd verstreke is. Voeg die vanieljegeursel by wanneer die kooktyd verstreke is en klop met 'n houtlepel tot effens dik.

Giet die mengsel in die voorbereide bak, laat staan tot afgekoel en sny in blokkies.

Lewer 25 blokkies.

> *Variasie: Voeg 15 gekapte glanskersies en 15 gekapte okkerneute saam met die geursel by.*

Mikrogolf-fudge

Maklike truffels

125 g botter of margarien
250 ml (1 k) versiersuiker
100 ml kakaopoeier
1 pak (200 g) Mariebeskuitjies,
  fyngemaak
125 ml (¹/₂ k) fyn appelkooskonfyt
5 ml (1 t) vanieljegeursel of likeur van
  jou eie keuse
klapper om in te rol

Maak treffertruffels deur die beskuitjiemengsel rondom heel glanskersies, stukkies neut of blokkies sjokolade te fatsoeneer. Die resep kom uit Wenresepte 3 van Annette Human.

Room die smeer. Sif die versiersuiker en kakaopoeier saam bo-oor en meng. Voeg die beskuitjies, konfyt en geursel by en meng deeglik.

Rol die mengsel in okkerneutgroot balletjies en rol elkeen in klapper. Bewaar in 'n toe houer in die yskas.

Maak ± 35 truffels.

Sjokoladetruffels

1 plak (100 g) donkersjokolade, in
  blokkies gebreek
50 ml botter
15 ml (1 e) rum
2 eiergele
125 ml (¹/₂ k) fyn amandels of
  fyngemaakte Mariebeskuitjies
450 ml (1 ³/₄ k) versiersuiker
drinksjokolade (nie kakaopoeier nie)

Dié truffels word met egte sjokolade gemaak.

Smelt die sjokolade saam met die botter oor kookwater of in die mikrogolfoond op 70% krag tot gesmelt. Roer nou en dan.

Voeg die rum en eiergele by en meng goed. Voeg die amandels of fyn beskuitjies by en meng goed. Sif die versiersuiker by en meng. Laat ongeveer 1 uur lank op 'n koel plek staan. Rol in klein balletjies en rol elkeen in drinksjokolade. Verkoel.

Lewer ± 35 truffels.

Vrugtetruffels

1 pak (100 g) pekanneute
100 g pitlose rosyne
100 g sultanas
1 lemoen se gerasperde skil
1 plak (100 g) bruinmelksjokolade,
  gesmelt
1 plak (100 g) witsjokolade

Taamlik soet, maar heerlik.

Kap die neute en vrugte baie fyn. Plaas in 'n mengbak en voeg die lemoenskil en die gesmelte sjokolade by. Meng goed en vorm in klein balletjies. (Indien die sjokolade weer verstyf voor die balletjies gevorm is, kan die mengsel 'n paar sekondes weer in die mikrogolfoond verhit word). Rangskik die balletjies op 'n bakplaat en verkoel.

Smelt die wit sjokolade en doop elke balletjie halfpad daarin. Laat hard word.

Lewer 25 balletjies.

Maklike truffels

Sjokoladebondeltjies

500 ml (2 k) suiker
100 g botter of margarien
125 ml (¹/₂ k) melk
125 ml (¹/₂ k) kakaopoeier
750 ml (3 k) hawermout
250 ml (1 k) droë klapper
5 ml (1 t) vanieljegeursel

As kinders het ons gereeld hierdie koekies help maak.

Smeer 'n paar velle waspapier met botter of margarien of spuit met kleefwerende kossproei.
Plaas die suiker, margarien, melk en kakao in 'n groot kastrol. Verhit tot kookpunt terwyl gedurig geroer word en kook dan 5 minute lank.
Meng intussen die hawermout en klapper. Verwyder die kakaomengsel van die stoof en roer die hawermoutmengsel en vanieljegeursel in.
Skep teelepels vol van die mengsel op die waspapier en laat afkoel. Bêre in 'n lugdigte houer.

Lewer 50 koekies.

Beskuitjiefudge

1 pak (200 g) Mariebeskuitjies
250 g botter of margarien
1 pak (500 g) versiersuiker, gesif
75 ml (5 e) kakaopoeier, gesif
1 eier, geklits

*Die fudge is werklik binne minute kant en klaar.
Verder is dit ook ekonomies om te maak en ideaal vir koekverkopings, skryf Annette Human in* Wenresepte 3.

Smeer 'n bakplaat of vierkantige koekpan met botter of margarien of spuit met kleefwerende kossproei.
Rol die beskuitjies met 'n rolstok tot taamlik fyn. Smelt die botter in 'n diep kastrol. Voeg die versiersuiker en kakaopoeier by en roer dit oor matige hitte tot glad. Klits die eier vinnig by. Haal die mengsel van die stoof af en roer die beskuitjies in. Skep in die voorbereide bakplaat en laat afkoel. Sny in blokkies wanneer styf en bewaar in die yskas.

Variasie: Kap 100 g peperment-sjokolade fyn en meng by die mengsel in.

Lewer ± 60 blokkies.

Neut-dadelblokkies

500 g botter of margarien
375 ml (1¹/₂) witsuiker
2 pakkies (200 g elk) dadels, fyngekap
2 eiers, geklits
7 ml (1¹/₂ t) vanieljegeursel
30 ml (2 e) kakaopoeier
2 pakkies (100 g elk) Brasiliaanse neute, grofgekap
2 pakke (200 g elk) Mariebeskuitjies, fyngedruk

Hierdie mengsel kan jy in blokkies sny of dit in 'n koekpan skep sodat dit soos 'n plat koek lyk.

Smeer 'n bakplaat van 27 x 37 cm met botter of margarien of spuit met kleefwerende kossproei.
Verhit die botter en die suiker oor lae hitte tot die suiker gesmelt is – roer gereeld. Voeg die dadels, eiers, vanielje-geursel, kakaopoeier en neute by en meng goed. Laat 2 minute lank afkoel en roer die Mariebeskuitjies vinnig in.
Skep in die voorbereide bakplaat en druk met die agterkant van 'n lepel vas. Sny in blokkies wanneer stewig.

Lewer ± 50 groot blokke.

Rysvlokkieblokkies

250 g botter of margarien
250 ml (1 k) witsuiker
500 g dadels, fyngesny
1 eier, effens geklits
1 pak (300 g) rysvlokkies (Rice Krispies)
fyn klapper

Almal, oud en jonk, hou van hierdie ongebakte dadel-blokkies, skryf Annette Human in Wenresepte 3.

Smeer 'n pan van 35 x 22 x 3 cm met botter of margarien of spuit met kleefwerende kossproei.

Smelt die botter en suiker oor matige hitte – roer gedurig tot die suiker gesmelt is. Voeg die dadels by en roer tot sag en gemeng. Haal die kastrol van die stoof af. Roer die eier vinnig in. Voeg die rysvlokkies by en meng vinnig. Strooi 'n bietjie klapper op die boom van die voorbereide pan. Druk die dadelmengsel stewig daarin vas. Strooi ook klapper bo-oor. Laat goed koud word in die yskas. Sny in blokkies.

Lewer ± 60 blokkies.

Vrugteyskasblokkies

115 g botter of margarien
125 ml ($^1/_2$ k) sagte bruinsuiker
1 blik (397 g) kondensmelk
5 ml (1 t) vanieljegeursel
125 ml ($^1/_2$ k) ontpitte of pitlose rosyne
125 ml ($^1/_2$ k) gebleikte sultanas
125 ml ($^1/_2$ k) korente
125 ml ($^1/_2$ k) glanskersies, in kwarte gesny
125 ml ($^1/_2$ k) neute, gekap
2 pakke (200 g elk) Tennisbeskuitjies, in stukkies gebreek

Die yskasblokkies lyk ook mooi as 'n mens 'n bietjie klapper oorsprinkel, vertel Annette Human in Wenresepte 1.

Smeer 'n pan van 18 x 28 x 3 cm met botter of margarien of spuit met kleefwerende kossproei.

Smelt die botter en suiker saam in 'n groot kastrol oor lae hitte. Roer die kondensmelk en geursel in en haal van die stoof af. Voeg die res van die bestanddele by en meng goed. Druk die mengsel met 'n eierspaan styf vas in die voorbereide pan en laat 24 uur in die yskas. Sny in blokkies van 3 x 4 cm.

Lewer 21 blokkies.

Sjokolade-yskaskoek

5 plakke (500 g) donker of melk-sjokolade, in stukke gebreek
250 g botter
2$^1/_2$ pakkies (250 g) gemengde neute
1$^1/_3$ pak (175 g) sponsvingers, in stukke gebreek
20 ml (4 t) brandewyn (opsioneel)
3 eiers, geklits
175 g droëappelkose, in klein stukkies gesny

> *Variasie: Die mengsel kan ook in 'n vierkantige koekpan geskep en dan in blokkies gesny word.*

Hierdie ongebakte sjokoladekoek is een van die "Koeke sonder kwellings", 'n artikel wat ons in 1995 publiseer. Ek het dit al 'n paar maal ook vir 'n verjaardagpartytjie gemaak.

Smeer 'n 20 cm-losboompan met botter of margarien of spuit met kleefwerende kossproei.

Smelt die sjokolade en botter in die mikrogolfoond by 70 % krag of oor kookwater tot heeltemal gesmelt. Laat ongeveer 5 minute lank afkoel. Voeg die res van die bestanddele by en meng goed tot alles met sjokolade bedek is. Skep in die voorbereide pan. Bedek en laat oornag in die yskas staan. Verwyder uit die pan en sny in skyfies.

Lewer 'n mediumgroot koek.

Register